*Für meine Eltern*
*in memoriam*

Thomas Bayer

# Alles Liebe!

52 etwas andere Andachten und Geschichten
über Gott und die Welt und die Liebe

tredition

© 2019 Thomas Bayer
Umschlag, Illustration: tredition
Foto: Kathrin Bayer-Klever
Verlag & Druck: tredition GmbH, Hamburg
ISBN: 978-3-7482-3704-4

# Inhalt

## Vorwort:

„Alles Liebe" – in diesen Wunsch verpacken wir alles, was wir einem uns nahestehenden Menschen an Gutem mitgeben möchten: Gesundheit, Kraft, Geduld, Hoffnung, gutes Gelingen, Freude.

„Alles Liebe" – da steckt eine wunderbare Botschaft drin: Ich mag dich, du bist mir wichtig, ich bin in Gedanken bei dir, ich nehme Anteil an dem, was dich beschäftigt, was dich freut oder ärgert, was dich bedrückt oder was dich hoffen lässt.

„Alles Liebe" – mit diesem Wunsch und allem, was sich dahinter verbirgt, schickt uns auch der Gott der Liebe auf die Reise durch unser Erdenleben.

„Alles Liebe" – das lässt sich auch so verstehen, dass alles Liebe ist, dass alles von der Liebe bestimmt ist, dass alles von der Liebe herkommt; dass die „Liebe" *der* Punkt ist, aus dem sich die Welt aus den Angeln heben lässt, ja dass die „Liebe" *den* Faktor X darstellt, nach dem seit Urzeiten Wissenschaftler und Philosophen suchen.

„Alles Liebe" – das bedeutet, dass vor dem Anfang und am Anfang allen Seins die „Liebe" war.

„Alles Liebe" – das heißt dann weiter: Alles ist aus der Liebe entstanden. Allem gibt die "Liebe" einen Sinn. In allem, was existiert, steckt die „Liebe" drin, auch und gerade in uns Menschen.

„Gott ist die Liebe" lesen wir in der Bibel. Vielleicht verhält es sich aber genau umgekehrt. Nicht, Gott ist die Liebe, sondern: Die Liebe ist Gott. Die Liebe ist das, was die Menschen später Gott genannt haben.

Diese Aussage könnte das Gottesbild zurechtrücken, das seit zwei Jahrtausenden und länger, der Menschheit verkündet wird.

Wenn die „Liebe" Gott ist, dann geht es diesem Gott nicht um Sünden zählen, nicht um Strafe, nicht um Gericht, nicht um Unterwerfung, nicht um einen moralisch einwandfreien Lebenswandel, nicht um strenge Befolgung von Geboten, nicht um Verzicht und Askese und fromme Übungen, nicht um liturgisch korrekte Gottesdienste, nicht um Angst machen und nicht um Einschränkung, *sondern* es geht um nichts anderes als um die Liebe, die liebt, unabhängig von Sympathie und Antipathie.

Die vorliegenden Andachten und Geschichten drehen sich nun alle in irgendeiner Form um diese Liebe und wurden in den letzten Jahren im Rahmen der sogenannten „5 nach 5" Andachten gehalten. Zu diesen kurzen Besinnungen wird seit Jahrzehnten an jedem Werktag um fünf Minuten nach 17 Uhr in die Evangelischen Spitalkirche mitten in der Fußgängerzone von Bayreuth eingeladen.

So wie dort, will auch dieses Buch Impulse zum Nach- und Weiterdenken geben. Dazu wünsche ich allen Leserrinnen und Lesern: Alles Liebe!

Bayreuth, Altjahresabend 2018

# Die Liebe wird ein Mensch

Gott passt auf kein Papier

Erwartungen

Die Sache mit der „Herzen's Tür"

Den laden wir auch mal ein

Vier Kerzen

Es wird Friede sein

Leben mitten im Leben

Järv Lauri

Segen

## Gott passt auf kein Papier

Ein Sprichwort sagt: „Kinder und Narren erzählen die Wahrheit". Nun, bei den Narren bin ich mir nicht ganz sicher, ob das immer stimmt, aber dass das andere Sprichwort „Kindermund tut Wahrheit kund" häufig zutrifft – diese Erfahrung habe ich schon des Öfteren machen dürfen. In der Begegnung mit Kindern habe ich immer wieder feststellen können, dass sie die Welt ganz anders als Erwachsene betrachten und dass in ihrer Beobachtungsgabe und in ihrer Phantasie nicht selten eine tiefe Weisheit verborgen liegt. Eine Weisheit und Wahrheit, die uns als Erwachsene scheinbar abhanden gekommen sind. So erinnere ich mich gut daran, als mir vor Jahren ein kleiner Junge im Kindergarten ein Bild geschenkt hat:

„Da", hat er gesagt, „das hab ich für Dich gemalt!" Ich schaue mir das Werk an und bin im ersten Moment etwas verwirrt, denn „blöd" wie ich als Erwachsener bin, kann ich nicht erkennen, was das Gemälde darstellen soll. So frage ich vorsichtig nach: „Kannst Du mir mal helfen, was auf deinem Bild zu entdecken ist. Ich komme nicht so recht darauf." „Na", sagt das Kind und schaut mich dabei etwas vorwurfsvoll an. „Das ist doch der liebe Gott!" (Und ich als Pfarrer müsste das ja wohl am ehesten erkennen können) So nicke ich etwas unbeholfen, so dass mein kleiner Künstler noch erklärend hinzufügt: „Aber natürlich hat er nicht ganz aufs Papier gepasst!" Natürlich!

Da hat er Recht, mein kleiner Freund aus dem Kindergarten. Das größte Papier der Welt würde nicht ausreichen, damit Gott darauf Platz hätte. Und genau das empfinden wir Erwachsenen ja so häufig als ein großes Problem. Wir würden Gott so gerne fassen, ihn begreifen, ihn verstehen, ihn vor uns hinstellen (wie ein Bild), damit wir ihn betrachten können. Wir hätten Gott gerne etwas handlicher, so auf Augenhöhe und mit klaren Grenzen. Wir hätten Gott gerne so, dass er auf ein Blatt Papier passt.

Aber Gott ist größer. Er ist so groß, dass er auf kein Blatt der Welt passt. Er ist so groß, dass er uns vielleicht sogar manchmal Angst macht. Er ist so groß, dass wir ihn gar nicht sehen und erkennen können. Er ist so groß, dass wir ihm gar aus dem Wege gehen wollen. Er ist so groß, dass manch einer meinte, man müsste ihn in riesigen Tempeln und Kathedralen einsperren.

Aber Gott wollte uns in seiner Größe dennoch ganz nahe sein. Und deshalb, deshalb hat er sich an Weihnachten ganz klein gemacht. So klein, wie ein neugeborenes Kind. Er ist ein Mensch geworden. Er ist Mensch geworden, nun aber nicht, damit wir ihn wie die Fotos von unseren Kindern und Enkeln in unserer Brieftasche mit uns herumtragen und bei Bedarf vorzeigen können. Er ist ein Mensch geworden, nicht damit er zu einem Gegenstand für fromme Betrachtungen wird. Er ist ein Mensch geworden, nicht damit wir ihn zum Werbeträger des Einzelhandels machen.

Nein! Er ist ein Mensch geworden, damit er Platz findet in unserem kleinen Leben. Er ist Mensch geworden, damit er in unseren Alltag einziehen kann. Er ist Mensch geworden, weil er unser guter Wegbegleiter sein will in den Höhen und in den Tiefen unseres Lebens. Der große und allmächtige Gott, der auf kein Papier der Welt passt – an Weihnachten macht er sich extra für uns ganz klein und wird „niedrig und gering" wie es in einem Lied heißt.

Doch wie passt das zusammen? Wie passt das zusammen: Der ewige Gott – der doch ganz gegenwärtig ist. Der allmächtige Gott – der doch in Christus unsere Ohnmacht teilt. Der gewaltige Gott – der sich im Säuseln des Windes zu erkennen gibt. Der starke Gott – der gerade in den Schwachen mächtig sein möchte. Der Gott – der gerade in der vermeintlichen Gottesferne uns seine besondere Nähe schenkt. Der im Unglück uns seine Führung erkennen lässt und der im Tod doch das Leben bringt?

Wie passt das zusammen? Das lässt sich nicht begreifen. Das passt nicht in unser Denken. Das ist eine Zumutung, die auf kein Blatt Papier passt.

Deshalb lässt sich Gott nicht denken. Gott lässt sich nur glauben. Und das ist häufig schwer genug. Aber es gibt einen Platz, wo Gott genau hinein passt. Das ist unser Herz. Immer dann, wenn wir ihn da hineinlassen, wird es Weihnachten, weil dann der große und der scheinbar oftmals so ferne Gott für uns ganz lebendig wird, auch wenn er nicht auf ein Blatt Papier passt.

# Erwartungen

Nach dem Kirchenjahr wird mit dem Sonntag des ersten Advents ganz offiziell die Vorweihnachtszeit eingeläutet. Nun gut, wir hinken da mittlerweile zwar zeitlich und deutlich hinter dem Einzelhandel hinterher, dennoch möchte ich freundlich daran erinnern, dass früher der Advent wirklich erst mit dem 1. Advent begonnen hat. Aber keine Angst, es folgt jetzt keine von diesen häufig zu hörenden Schelten, dass die Vorweihnachtszeit ihren Sinn als besinnliche und stille Zeit verloren hat. Nein, ich will Ihnen heute einfach mal ein paar Gedanken weitergeben, die mir zu dem Wort „Advent" eingefallen sind.

Advent. Wörtlich übersetzt heißt das: Ankunft, ankommen. Und in einem etwas erweiterten Sinn: Warten und Erwartungen. Advent bedeutet also: Wir warten voller Erwartungen auf die Ankunft, auf die Geburt des Menschen Jesus von Nazareth. Und wenn wir ganz genau sein wollen, dann bedeutet Advent eigentlich: Wir **erinnern** uns daran, denn die Geburt Jesu liegt ja schon über 2000 Jahre zurück. Wir erinnern uns an die letzten vier Schwangerschaftswochen einer jungen Frau mit Namen Maria, die wir uns nach damaligen Maßstäben wohl als ein junges Mädchen von etwa 13 oder 14 Jahren vorstellen müssen und die nun wahrscheinlich im Jahr 6 vor Christus ihr erstes Kind zur Welt gebracht hat.

Wir erinnern uns an dieses Ereignis, weil wir - obwohl es sich seither milliardenfach wiederholt hat - daran glauben (oder glauben wollen), dass mit diesem Kind, das damals das Licht der Welt erblickte, die Liebe des Anfangs, die wir Gott nennen, - dass dieser Gott selbst ein Mensch wurde und so auf unsere Welt kam.

Fast unbemerkt ging damals ein Jahrhunderte langer Advent zu Ende. Denn in den Menschen aus dieser Zeit lebte schon lange vor dem ersten Weihnachten die Hoffnung, dass sich Gott endlich in einem Menschen offenbart, der zum Messias, der zum Christus wird, der Gerechtigkeit und Frieden in die Welt der Menschen bringt.

Viele Textstellen des Alten Testaments legen von dieser Hoffnung Zeugnis ab und erzählen vom Warten auf den Advent, vom Warten auf die Ankunft Gottes in unserer Welt. In der Adventszeit heute erinnern wir uns also – wie in jedem Jahr - an diese Zeit des Wartens. Und an Weihnachten feiern wir dann das Ende dieser Wartezeit und bekennen als Christen, dass der Advent Gottes, dass die Ankunft Gottes in unserer Welt wirklich stattgefunden hat.

Doch wie bei den Menschen vor 2000 Jahren verbinden auch wir mit diesem Ereignis Erwartungen. Die Menschen damals erwarteten Frieden und Gerechtigkeit. Was erwarten *wir*?

Das mit der Gerechtigkeit und dem Frieden hat ja schon zur Zeit Jesu nicht richtig hingehauen. Der politisch motivierte Justizmord an Jesus durch die römische Besatzungsmacht macht dies nur allzu deutlich. Und wenn wir auf die Geschichte der letzten zwei Jahrtausende zurückblicken, dann wird uns da eher eine fortlaufende Geschichte von Krieg und Ungerechtigkeit erzählt, von Ausbeutung und Unterdrückung, von Folter und bestialischen Morden und von Gewalttaten, die noch heute zum Himmel schreien.

So kann die Frage nicht ausbleiben: Hat sich überhaupt irgendetwas seit dem ersten Weihnachtsfest unter uns Menschen zum Besseren verändert? Leben wir nicht nach wie vor in einer Welt, in der die Regeln des Fressens und Gefressen-werdens gelten? Gilt nicht nach wie vor das Recht des Stärkeren? Ist nicht nach wie vor der Mensch der größte Feind des Menschen? Stehen wir nicht unmittelbar vor dem Ende des sozialen Friedens, weil die Spaltung von Arm und Reich immer größere Ausmaße annimmt? Bringen wir unseren Kindern nicht immer vehementer bei, ihre Ellbogen zu gebrauchen, um in diesem Leben bestehen zu können? Sind nicht Hass, Lügen, Verleumdung, Betrug, Diskriminierung und Mobbing salonfähig geworden – wie es uns etwa die Aufmärsche von Pegida und AfD demonstrieren? Plustern nicht immer mehr Staatenlenker in Ost und West ihr gefiedertes Machtgebaren im Gewand von Arroganz und Selbstverliebtheit auf und spielen mit Frieden und Zukunft der Weltbevölkerung? Lernen wir nicht gerade auch von ihnen, sich möglichst rücksichtslos durchzusetzen und nur die eigene Meinung gelten zu lassen?

Anders gefragt: Ist die Liebe des Anfangs, die wir Gott nennen, nicht letztlich umsonst in unsere Welt gekommen? Ich kann mich dieses Eindrucks immer seltener erwehren. Ich spüre, wie die Angst vor der Zukunft meiner Kinder und Enkel immer mehr Raum in mir gewinnt. Ich höre die Stimme des Zweifels in mir, die mir zuflüstert, dass die Existenz der Liebe Gottes nur eine Wunschvorstellung darstellt. Manchmal ärgere ich mich über mich selbst, weil ich nicht so gleichgültig wie viele anderen sein will und kann. Ich sehe in der Verzweiflung, die gelegentlich über mich kommt, eine sich anbahnende Ohnmacht, die mich in Versuchung führt, einfach zu resignieren: Es wird schon irgendwie weitergehen. Nach mir die Sintflut. Ich kann ja doch nichts ändern.

Wir verbinden viele Erwartungen mit der Adventszeit. Wir verbinden viele Hoffnungen mit Weihnachten. Aber kommt in dieser Haltung auch Gott vor? Spielt Gott in unseren Erwartungen noch eine Rolle? Haben wir schon aufgegeben, von Gott überhaupt etwas zu erwarten, weil er schon so oft unsere Erwartung ignoriert zu haben scheint?

Manchmal wünschte ich mir, das Weihnachtsfest einfach abzuschaffen: Keine Stille Nacht mehr, keine Glocken und Lieder, kein

Krippenspiel und keine Choräle, keine Engel und kein „O du fröhliche", kein Lichterbaum und keine frohe Botschaft. Dann denke ich mir: Betet doch einfach den Weihnachtsmann von Coca Cola an, denn mit dem lassen sich eh leichter Geschäfte machen.

Vielleicht, ja vielleicht würde uns dann bewusst werden, dass die Liebe des Anfangs, die wir Gott nennen, deshalb an Weihnachten ein Mensch geworden ist, nicht nur um uns seine Liebe anzubieten und zu schenken, sondern dass wir auf seine Liebe nun auch mit unserer Liebe antworten. Die Liebe zu Gott, die Liebe zu unseren Mitmenschen, die Liebe zu uns selbst. Denn, was könnte denn die Liebe, und allein die Liebe, mit uns machen? Was könnte sie in uns bewirken? Nun, eben genau das, was dem Wesen der Liebe entspricht. Und was ist das Wesen der Liebe? Sie gibt Kraft und Mut, schenkt Hoffnung und Glaube, schafft Vergebung und Versöhnung, bringt Freude und Glück. Sie tröstet und baut auf; sie inspiriert und weckt unsere Kreativität, sie zaubert ein Lächeln in unser Gesicht und lässt nicht nur Kinderaugen leuchten. Und sie trägt uns durch unser ganzes Leben, weil sie ja in uns wohnt, als Geschenk der Liebe des Anfangs.

Warum besitzen wir die Fähigkeit zu lieben? Warum glauben wir alle an die Liebe, obwohl man sie nicht sehen kann? Warum ist die Liebe so wichtig, obwohl wir sie für unser Überleben gar nicht nötig hätten und sie von der Evolution längst hätte ausgelöscht werden müssen?

Warum? Vielleicht denken Sie mal über diese Warum-Frage nach. Und vielleicht erweisen Sie sich heuer mal als ganz mutig, und packen unter dem Weihnachtsbaum als erstes dieses Geschenk der Liebe aus, die Gott in jeden von uns hineingelegt hat und zum Zeichen dafür, sich zur menschgeworden Liebe gemacht hat. Probieren

Sie es aus. Auch wenn natürlich nicht alle Probleme damit auf einmal gelöst werden, verspreche ich Ihnen: Wer aus und mit der Liebe Gottes zumindest anfängt zu leben, für den wird jeder Tag zum Advent, für den kann jeder Tag zu Weihnachten werden.

# Die Sache mit der „Herzen's Tür"

Als ich in diesen Tagen meine Besuche im Krankenhaus machte, kam ich auch an das Bett von einer etwas älteren Frau. Sie hatte eine schwere Zeit hinter sich, konnte nun aber schon wieder strahlen, da es ihr besser ging und sie am nächsten Tag entlassen werden sollte. Wir unterhielten uns eine Weile und dann zeigte sie mir voll Rührung und Stolz einen großen Porzellanengel, der auf ihrem Nachttisch stand. „Den haben mir meine zwei Enkelkinder geschenkt. Es soll ein Schutzengel sein. Ich habe zwar schon einen kleinen, aber meine Enkel haben gemeint: Oma, wenn es dir so schlecht geht, dann brauchst du einen großen Schutzengel!"

Kinder mögen große Dinge. Und ich erinnere mich noch daran, als meine Kinder kleiner waren, dass das Hauptgeschenk an Weihnachten immer auch das größte sein musste. Großes imponiert. Großes macht Eindruck. Großes wird häufig gleichgesetzt mit: Besonders viel, besonders stark, besonders wichtig oder besonders wertvoll.

Auch wenn wir erwachsen werden, steckt dieses Denken häufig noch in uns drin und alles, was groß ist, findet nach wie vor unsere Bewunderung. Größe findet Beachtung. So staunen wir etwa über den größten Wolkenkratzer, die Zeitung berichtet über den größten Christstollen, der Sportler träumt davon, wie sein größter Erfolg aussehen könnte, im Fernsehen sucht man nach dem größten Star und in der entsprechenden Jahreszeit weiß einer davon zu berichten, dass er das größte Volksfest oder den größten Christkindlmarkt besucht hat.

Größe findet Beachtung. Größe erntet unsere Bewunderung. Größe kann aber auch (im wahrsten Sinne des Wortes) blenden:

Wenn ich in das Licht einer großen Lampe blicke, dann werde ich gezwungen die Augen zu schließen. In das Licht einer kleinen Kerze aber kann ich schauen. Einen großen Schutzengel kann ich zuhause aufstellen, aber einen kleinen kann ich in meiner Tasche mit mir herumtragen. Eine einzelne, kleine Blume kann mehr Freude schenken als ein riesiger Blumenstrauß

Das Große findet meist unsere Beachtung, aber das Kleine, das Unscheinbare entpuppt sich nicht selten als das eigentlich Wertvolle, das Wichtige, das Wesentliche.

Woran mag das liegen?

Nun, ich denke, dass es daran liegt, dass das Kleine viel besser in unser manchmal so enges Herz passt. Und vielleicht ist Gott an Weihnachten gerade deshalb in einem kleinen Kind Mensch geworden, weil er nicht als der große Superstar auf unserer Welt auftreten wollte, sondern vielmehr in unserem Herzen ankommen möchte. Dort möchte er wohnen, da will er auf- und angenommen sein, da soll Weihnachten stattfinden, damit dann das Kleine in uns groß, das Schwache in uns stark, das Traurige zur Freude, das Angstvolle zur Hoffnung und das Gleichgültige in uns zur Liebe werden kann.

*„Komm, o mein Heiland Jesu Christ, meins Herzens Tür dir offen ist.*
*Ach zieh mit deiner Gnade ein; dein Freundlichkeit auch uns erschein.*
*Dein Heil'ger Geist uns führ' und leit' den Weg zur ew'gen Seligkeit.*
*Dem Namen dein, o Herr, sei ewig Preis und Ehr."* (EG 1,5)

# Den laden wir auch mal ein

Im Religionsunterricht hat eine Pfarrerin mal die Geschichte von der Hochzeit zu Kana (Joh. 2,1-11) durchgenommen. Sie erklärte den Kindern, wie damals zur Zeit Jesu eine Hochzeit gefeiert wurde: Dass sie eine ganze Woche dauerte, dass nicht nur Verwandte eingeladen waren, sondern meist der ganze Ort, manchmal sogar mehrere hundert Leute und dass sich die Familien häufig hoch verschuldeten, weil sie ihre ganze Ehre daran setzten, die vielen, vielen Gäste gut und reichlich zu bewirten.

Sie machte deutlich, welche Katastrophe es bedeutete, als damals der Wein bei der Hochzeit zu Kana auszugehen drohte, denn das wäre eine große Schande für die Brauteltern geworden. Dann erklärte sie den Schülern, wieviel Wasser damals in die sechs Steinkrüge passte, von denen der Evangelist Johannes berichtet. Weiter erzählte sie, wie nun Jesus von seiner Mutter darum gebeten wurde, den Gastgebern aus ihrer Verlegenheit zu helfen und er daraufhin dieses erste Wunder vollbrachte, gut 300 Liter Wasser in besten Wein zu verwandeln.

Um nun auch das etwas Anstößige daran aus den Kindern heraus zu locken, - 300 Liter Wein lassen durchaus an ein größeres Besäufnis denken - fragte sie in der Klasse: „Was haben wohl die Leute damals gedacht, als Jesus so viel Wasser in Wein verwandelt hat?"

Darauf meldete sich ein Junge und meinte: „Die Leute haben sicher gedacht: *Den laden wir auch mal ein!*"

Ich denke, schöner und richtiger kann man den Sinn dieser Geschichte gar nicht umschreiben. Sie möchte Mut machen, Jesus einzuladen: In die Hoch-Zeiten und die Tief-Zeiten unseres Lebens. Denn wenn wir mit Jesus die Mensch gewordene Liebe Gottes einladen, dann kann sich etwas verwandeln: In uns, in unseren Ansichten, in unserem Verhältnis zu unseren Mitmenschen und in unserer Beziehung zu Gott.

Weihnachten ist eine gute Gelegenheit, sich daran zu erinnern, dass uns die Liebe Gottes verwandeln kann in Menschen, die diese Liebe weitergeben, dass wir in all dem, womit wir das Weihnachtsfest überfrachtet haben, nicht vergessen auch das eigentliche „Geburtstagskind" einzuladen. Und dass wir das umsetzen und leben, was wir mit einer Strophe des bekanntesten Adventsliedes jedes Jahr singen:

*„Komm o mein Heiland Jesu Christ, meins Herzens Tür dir offen ist.*
*Ach zieh mit deiner Gnade ein; dein Freundlichkeit auch uns erschein."*
(EG 1,5)

# Vier Kerzen

Alle Jahre wieder feiert die halbe Welt Weihnachten. Der Einzelhandel macht in den Wochen davor seinen Jahreshauptumsatz, in vielen Orten wird gewetteifert, wer den größten Tannenbaum oder den schönsten Christkindlesmarkt, die längste Lichterkette oder das liebste „Christkind" ins Rennen schickt. Jeder wünscht zwar jedem ein frohes, friedliches, schönes und besinnliches Fest, aber häufig kann man sich des floskelhaften Eindrucks dieser Wünsche nicht erwehren. Das mag mit daran liegen, dass dem größten Fest des Jahres in unserer Zeit eine zunehmende Orientierungslosigkeit anhaftet, die sich im Grunde um die eine Frage dreht: Was feiern wir da eigentlich? Welche Bedeutung steckt hinter der vielleicht doch noch vielen vertrauten Weihnachtsgeschichte (Lk. 2,1-20), die mit den Worten beginnt: *„Es begab sich aber zu der Zeit, dass ein Gebot von dem Kaiser Augustus ausging, dass alle Welt sich schätzen ließe"*. Was verkündet uns diese seltsame Geschichte der Heiligen Nacht?

Auf diese Frage wurde schon mit unzähligen Geschichten, Spielszenen, Liedpredigten, Bildbetrachtungen, Krippenspielen, und mit mehr oder weniger verständlichen, theologischen Abhandlungen geantwortet. Vielleicht war darunter auch die Metapher von den „Vier Kerzen", die eine besondere Symbolik erfahren, wenn man ihnen „Namen" gibt.

Die erste Kerze heißt **Vertrauen**
Es ist gut, dass diese Kerze brennt. Denn Vertrauen ist so wichtig für unser Leben miteinander und untereinander. Vertrauen ist der Anfang von jeder guten Beziehung und es tut gut, wenn man vertrauen kann. Es tut gut, wenn es Menschen gibt, denen man sich anvertrauen kann. Es tut gut, wenn es jemanden gibt, bei dem man sich

mal einen Kummer von der Seele reden kann. Und es tut gut, wenn ich zumindest einen Menschen kenne, bei dem ich darauf vertrauen kann, dass er mir beisteht, wenn ich einmal Hilfe benötige.

Vertrauen ist gut.

Doch jedes Menschenleben schreibt auch Geschichten, in denen Vertrauen missbraucht wurde. Wir alle kennen das, wie wir enttäuscht wurden und die Hand, von der wir meinten, sie für einen anderen ins Feuer legen zu können, noch heute Brandnarben aufweist. Und so haben wir gelernt: Trau keinem! Vorsicht ist geboten! Verlass dich nur auf dich selbst!

Mit solchen Gedanken des Misstrauens wird dieser Kerze der „Sauerstoff" entzogen. Das Vertrauen stirbt und das Licht des Vertrauens erlischt!

Die zweite Kerze heißt **Freude**

Es ist gut, dass diese Kerze brennt. Freude ist das Lachen der Seele. Und es gibt so vieles, worüber wir uns freuen können:

Da sind vielleicht die Arme des Partners, der Kinder oder Enkel, die mich umarmen und uns wohlige Nähe spüren und Liebe erfahren lassen. Da ist vielleicht die Freude, wenn wir mit Freunden und Bekannten zusammen sind, wenn wir netten Besuch bekommen und der Vorhang des Alleinseins zur Seite geschoben wird. Da ist vielleicht die Freude nach überstandener Krankheit, die Freude einer unverhofften Begegnung, eines überraschenden Anrufs, eines schönen Gesprächs oder die Freude über ein kleines Geschenk, das man nicht erwartet hat. Es gibt viele Gründe sich zu freuen. Und es ist schön, dass es die Freude gibt.

Doch die Freude scheint uns immer nur für kurze Zeit geliehen. Nachlassen der Kräfte, Krankheit und Tod geliebter Menschen, Angst vor den dunklen Mächten schlafloser Nächte, Sorge um Menschen, die uns nahe stehen, Streit, Ärger, Zurückweisung und Enttäuschungen – sie alle rauben der Flamme dieser Kerze seine Grundlage.

Die Freude stirbt und das Licht der Freude erlischt.

### Die dritte Kerze heißt **Frieden**

Es ist gut, dass diese Kerze brennt. Es leben immer weniger Menschen unter uns, die noch leidvoll erfahren mussten, was Unfriede, was Krieg bedeutet. Wir dürfen nicht genug dankbar dafür sein, dass wir Krieg im eigenen Land nur noch aus den Geschichtsbüchern kennen und die vielen Kriegsgebiete in unserer Zeit weit entfernt sind. Es ist ein Stück Lebensqualität, wenn wir mit unserer Familien, mit den Nachbarn oder Kollegen in Frieden zusammenleben dürfen. Und es kann ein wahrlich ergreifendes Gefühl sein, wenn wir in uns Frieden spüren und wenn wir zufrieden sind.

Doch der Frieden wird immer wieder gestört. Nach wie vor wird er in vielen Ländern der Erde als Fortsetzung der Politik mit anderen Mitteln angesehen. Noch immer lassen wir uns von Argumenten einlullen, die Gewalt als ein notwendiges Mittel verteidigen, um wirtschaftliche und religiöse Macht- und angebliche Sicherheitsinteressen durchzusetzen.

Aber Kämpfe erfahren wir auch in nächster Nähe. Da gibt es die Ehe- und Scheidungskriege, den Kampf gegen Behörden oder den Kleinkrieg gegen die, die wir nicht mögen. Und manchmal führen wir auch Kriege gegen uns selbst, weil wir uns selbst nicht ausstehen können.

Und so bringt manch kalter Luftzug das Licht des Friedens zum Flackern und lässt es schließlich erlöschen.

Die vierte Kerze heißt **Hoffnung**

Wie gut, dass wenigstens diese eine Kerze noch brennt. „Die Hoffnung stirbt als letztes", heißt es. Die Hoffnung hält einen Menschen am Leben, so sagt man. Die Hoffnung auf bessere Zeiten, der Hoffnungsschimmer, hoffentlich – die Hoffnung ist eine starke Kraft. Immer wieder ist sie in unserem Leben zur Antriebsfeder geworden:

Nach einem Verlust wieder neu anzufangen, nach der Diagnose gegen die Krankheit anzukämpfen, nach einem verkorksten Jahr auf das neue zu setzen, nach dem Scheitern es noch einmal zu wagen.

Es ist gut, dass es immer noch die Hoffnung gibt. Doch: Ist dieses Licht nicht auch schon erloschen? Die Krankheit, die einem allen Lebensmut raubt? Die falsche Entscheidung, die mein Leben verkorkst hat? Die Flucht in den Alkohol, weil alles so hoffnungslos erscheint? Schicksalsschläge, die einem jeden Lebensmut rauben? Der Streit, der kein Ende nimmt. Die Schuld, die keine Vergebung erfährt?

Eigentlich müsste diese Kerze auch verlöschen. Aber wenn jetzt auch noch die Hoffnung stirbt, dann gibt es gar kein Licht mehr unter uns, dann hat die Finsternis endgültig die Herrschaft übernommen.

*„Mache dich auf, werde Licht. Denn dein Licht kommt!"* (Jes. 60,1) Gott will uns nicht im Dunkeln sitzen lassen. Er überlässt uns nicht den Mächten der Finsternis. Deshalb ist er an Weihnachten in dem Kind Jesus selbst ein Mensch geworden, und hat mit ihm ein Licht angezündet.

Weil wir Gott nicht gleichgültig sind, breitet er als der Gekreuzigte seine Arme für uns aus und schenkt uns mit Ostern das Licht der Hoffnung, das alle Dunkelheiten überstrahlt. Weil unser Gott ein Gott der Liebe ist, überlässt er uns nicht der Hoffnungslosigkeit. Und mit dieser Hoffnung können wir nun auch die anderen Lichter wieder anzünden.

Den *Frieden* – wir können ihn zum Leuchten bringen
Die *Freude* – wir können sie entflammen
Das *Vertrauen* – wir können es neu wagen und schenken.

**Deshalb können wir auch voll Hoffnung beten:**
Guter und liebender Gott, wir danken dir, dass Du mit Weihnachten ein Licht der Hoffnung angezündet hast – auf der Welt und in unserem Leben.
Du kennst unsere Sehnsucht nach *Vertrauen*, das uns die Angst nimmt
nach *Freude*, die das Leben erwärmt und lebenswert macht,
nach *Frieden*, den nur du uns geben kannst,
und nach *Hoffnung*, die allem Sinn gibt.
Lass diese Sehnsucht nicht ohne eine Antwort von Dir und komm in unser Leben und mache es hell.

# Es wird Friede sein

Gerade die Advents- und Weihnachtszeit war und ist für mich auch immer eine Zeit der Geschichten. Geschichten, die versuchen, das Geheimnis von Weihnachten ein wenig zu lüften und uns dabei etwas nachdenklich stimmen.

So eine Geschichte möchte ich Ihnen nun erzählen. Man könnte sie als eine „moderne" Weihnachtsgeschichte bezeichnen, in der es auch um die Geburt eines kleinen Menschen geht und die, wie die biblische Weihnachtsgeschichte, in der Nähe von Bethlehem angesiedelt ist. Ich möchte sogar so weit gehen und sagen, dass diese Geschichte vielleicht gerade in diesem Moment genauso stattfindet.

*Das ganze Land befand sich wie im Krieg: Schießereien, Ausgangsverbote, Gewalttätigkeiten, Straßensperren, Streik, Terror und Arbeitslosigkeit beherrschten die Menschen. Rund um die Stadt Bethlehem regierten nur Angst, Gewalt, Hunger und Hoffnungslosigkeit. Besonders schlimm waren die Nächte: Niemand wagte sich dann auf die Straße.*

*In der Nähe der Hirtenfelder bei Za'atara, dort wo einst Jesus geboren sein soll, lebten Beduinen in ihren Zelten, nahe einer kleinen Quelle, die jetzt im Winter etwas kräftiger sprudelte. Es wurde nachts empfindlich kalt, trotz des Feuers, das die Dunkelhäutigen im Küchenzelt entzündet hatten.*

*Im Schein der kurzen Feuerflammen wälzte sich Mirjam unruhig auf ihrem einfachen Lager. Sie war ungefähr 15 Jahre alt, und die Stunde ihrer Niederkunft schien gekommen. „Yussuf", stöhnte sich, „Yussuf", und suchte vergeblich nach seiner Hand.*

*Der junge, dunkelbraune Mann in dem hellen Burnus stand unentschlossen am Zeltpfosten, ein wenig abseits von seiner jungen Frau. Was hier geschehen musste, war nicht Männersache. Bei der Geburt eines Kindes hatte ein Mann nichts zu suchen, obwohl er Mirjam am liebsten zärtlich in seine Arme genommen hätte.*

*Hannah, die Sippenälteste, beugte sich zur jungen Frau hinunter und massierte beruhigend ihren schmalen Leib, der sehr wenig von einer Schwangerschaft erkennen ließ. Der Gesichtsausdruck der Alten war besorgt. Sie wandte sich an Joach, ihren Mann, der mit seinen Brüdern und Vettern ein wenig hilflos am Zelteingang kauerte, rauchte und die knöchernen Würfel warf. „Mirjam muss ins Hospital gebracht werden. Schnell. Das ist keine normale Geburt. Ich kann ihr nicht mehr helfen."*

*Der alte Peugeot holperte auf der Wüstenpiste mit Mirjam, die in Decken gehüllt auf der Ladepritsche lag, Richtung Bethlehem. Yussuf saß unbeholfen daneben. Er traute sich noch immer nicht, die Hand seiner jungen Frau zu halten, wie er es gerne getan hätte. Mirjam stöhnte bei jedem Schlag des Wagens auf. Joach fuhr so sorgsam er nur konnte, aber der Weg war schlecht und von den gelegentlichen kräftigen Regenfällen dieses Winters ausgespült. Außerdem war höchste Eile geboten, wenn er das totenbleiche Gesicht der werdenden Mutter sah. Kurz vor Bethlehem geriet der Wagen im Christendorf Beit Sahur in eine israelische Polizeisperre. Noch bevor ein junger Soldat in kugelsicherer Weste die seltsame Wagenladung kontrollieren konnte, überraschte sie ein Steinhagel. Junge Palästinenser bewarfen von den flachen Dächern aus den Militärposten.*

*Yussuf warf sich über seine Frau und über das Kind, das nicht kommen konnte. Die israelischen Soldaten antworteten mit Gummigeschossen und Tränengas. Von einem Stein seiner Landsleute getroffen, sank Joach am Steuer zusammen. Mirjam wimmerte nur noch leise vor sich hin; sie atmete kurz und schwer.*

*„Sie stirbt!" schrie Yussuf und schüttelte einen Militärpolizisten, den er an seiner kugelsicheren Uniform gepackt hatte, „sie stirbt, weil sie ihr Kind nicht bekommen kann."*

*Itzhak, der Israeli, begriff sofort. Er schob den blutüberströmten Joach zur Seite, steuerte den Peugeot durch den Steinhagel und jagte dann auf der nun asphaltierten Straße hinauf nach Bethlehem. Es war stockdunkel geworden. Der Wagen schleuderte zwischen brennenden Autoreifen und aufgehäuften Felsbrocken in die Stadt, die an einen Steilhang aufgebaut war. In der Ferne leuchtete der Stern über einem großen Gebäude auf der Spitze eines Hügels: das Babyhospital von Bethlehem. Aber er schien unerreichbar, so tröstlich auch sein Licht erstrahlte.*

*Wieder ein Militärposten. „Stop!" gebot der Polizist und schaute verwirrt auf den Fahrer des palästinensischen Wagens in israelischer Uniform. „Sie stirbt! Meine Frau stirbt", jammerte Yussuf. Er hatte jetzt seine Frau in den Arm genommen und fest an sich gedrückt. Itzhak, der Israeli, hielt den Peugeot nicht an und durchbrach hupend die Absperrung, um schneller in das Krankenhaus zu kommen. Schüsse aus der Maschinenpistole verfolgten ihn. Metall splitterte, eine Sirene heulte auf und gab Alarm. Der junge Soldat raste die Bergstraße hoch, das große Eisentor des Hospitals mit dem Davidstern öffnete sich und schloss sich sofort wieder. Krankenpfleger kamen mit einer Trage, dann ein Arzt und die Hebamme.*

*Dann kehrte eine große Ruhe ein im weiten, überdachten Innenhof. Yussuf, der Palästinenser, und Itzhak, der Israeli, saßen nebeneinander im hellen Gang des Hospitals, und beide lasen den Spruch an der Wand, der dort in Arabisch und Hebräisch geschrieben stand:*

„Das Werk der Gerechtigkeit wird der Friede sein, der Ertrag der Gerechtigkeit sind Ruhe und Sicherheit für immer. Mein Volk wird an seiner Stätte des Friedens wohnen, an stillen und ruhigen Plätzen" (Jes. 32,17-18).

*Ihre Augen begegneten sich und gaben einander wortlos ein Zeichen von Hoffnung und Zuversicht. Die Türe des Kreißsaals öffnete sich nach geraumer Zeit. Die Hebamme ging auf Yussuf zu und sagte: „Es ist ein Mädchen. Kommen Sie. Mutter und Kind geht es gut." Da wandte sich der*

*Beduine dem Israeli zu, führte die rechte Hand an Stirne und Brust und sagte: „Salam, Schalom. Es wird Friede sein." Dann nahm er den Soldaten an der Hand und führte ihn in das Zimmer: „Jetzt ist es auch dein Kind", sagte er mit rauer Stimme …*

# Leben mitten im Leben

Der amerikanische Dichter Truman Capote, dessen berühmtestes Buch „Frühstück bei Tiffany" Sie vielleicht kennen, lässt in seiner Kurzgeschichte „Eine Weihnachtserinnerung" eine Frau zu dem Erzähler folgendes sagen:

„Weißt du, was ich immer gedacht habe? Ich habe früher immer gedacht, der Mensch müsste erst krank werden und im Sterben liegen, ehe er Gott zu Gesicht bekommt. Und ich habe mir immer vorgestellt, wenn ER dann kommt, dann wäre es so, als schaute man durch farbiges Glas. Dann sieht man die Sonne in vielen Farben und in großem Glanz. Und das ist mir immer ein großer Trost gewesen.

Aber heute – heute würde ich wetten, dass es gar nicht so kommt. Ich wette, zu allerletzt begreift jeder Mensch, dass Gott sich bereits gezeigt hat.

Es ist so. Einfach alles, alles – Wolken und Gras und die ganze Erde – ist ER. Alles, was der Mensch schon immer gesehen hat, heißt auch: Er hat IHN schon längst gesehen. Und das tröstet mich noch mehr."

Die Welt sehen, heißt Gott sehen. Man muss nicht warten bis man alt oder krank ist oder der Tod an die Tür klopft. Und so ist es auch mit dem Leben, von dem Johannes in seinem Evangelium Jesus sagen lässt: *„Ich lebe und ihr sollt auch leben!"* (Joh. 14,19)

Das heißt: Das Leben ist schon da. Es wartet nicht irgendwo und irgendwann auf mich, sondern es ist schon hier in meinem Leben. Gott selbst und Gottes Leben mit mir ist schon mitten in meinem Leben, mitten drin an diesem Tag und an den kommenden Tagen und im neuen Jahr, und auch nicht nur an den Festtagen.

Wo finden wir nun dieses Leben mitten im Leben? Wenn wir uns umblicken, dann entdecken wir meist als erstes bedrohliche Bilder,

Bilder von Gewalt, Terror und Tod überall auf der Welt und Bilder von unseren je eigenen Ängsten, von Leid und Ohnmacht.

Solche Bilder kennen wir. Sie blicken uns entgegen aus den Nachrichtensendungen im Fernsehen oder tauchen in unseren nächtlichen Träumen auf. Der Tod hat viele Facetten und bereits im tiefsten Mittelalter wurde die Liedzeile gedichtet „Mitten wir im Leben sind mit dem Tod umfangen" (EG 518).

Es scheint sich seit jener Zeit nicht viel geändert zu haben, denn: Wo sind sie, die Bilder vom Leben, auf die die Worte Jesu hoffen lassen; wo sind sie, die Bilder des Lebens und der Auferstehung mitten im Leben?

Ich habe mich auf die Suche gemacht und bin m.E. fündig geworden. Von drei Bilder-Funden möchte ich im Folgenden erzählen.

Dem ersten Bild möchte ich den Titel geben:
**„Grenzenlose Erleichterung".**

Das ist ein Bild des Lebens, das uns der Gott der Liebe manchmal schenkt; und ich hoffe, dass nicht wenige das auch schon einmal erlebt haben: Grenzenlose Erleichterung.

Da wartet ein Mensch voll Bangen auf die Diagnose und dann kommt die gute Nachricht. Da bringt die Tochter, nach einer schwierig verlaufenden Schwangerschaft, ein gesundes Kind zur Welt. Da besteht ein Enkel seine wichtige Prüfung. Da findet sich eine vertrauenswürdige Person, die für einen älteren Menschen den „Schreibkram" erledigt.

Erleichterung – grenzenlose Erleichterung. Da spürt man, wie das Leben uns vom Boden anhebt, ja wie es uns lieb hat und neue Zuversicht schenkt. Grenzenlose Erleichterung – wann immer wir sie erfahren dürfen, werden wir an das Wort Jesu erinnert: *„Ich lebe und ihr sollt auch leben!"*

Das zweite Bild möchte ich überschreiben mit:
**„Größtmögliche Hingabe".**
Die geschieht häufig im Stillen. Als Beispiele fallen mir dazu etwa
Menschen ein, die wie selbstverständlich ihre pflegebedürftigen Eltern oder Elternteile versorgen; andere, die voll Liebe und Hingabe
für und mit ihrem behinderten Kind leben. Ich denke auch an all die
ehrenamtlichen Helfer, die Zeit, Geld, Geduld und „Nerven" op-
fern, um Geflüchteten auf dem Weg zur Integration beizustehen und
dabei selbst Diffamierung und Anfeindung seitens der „Ewig-Gest-
rigen" aushalten müssen.
Manchmal frage ich mich oder die Betreffenden direkt, woher sie die
Kraft dazu nehmen. Was sie dazu ermutigt, gegen den Strom der
Gleichgültigen anzuschwimmen. Woher ihr trotziges „Dennoch"
gegen den Zeitgeist der Shit-Storm-Jünger kommt.

Als Antwort erhalte ich, meist nach einem ersten Achselzucken,
dass sie gar nicht auf die Idee kommen, anders zu handeln, und außerdem fühlen sie sich durch solche Hingabe nicht ärmer, sondern
erleben sie stets als Bereicherung ihres Lebens.

Größtmögliche Hingabe – auch das ist ein Bild des Lebens. Natürlich darf man nicht verschweigen, dass Pflege auch eine große
Last sein, dass vergebliche Mühe mürbe machen kann und dass jede
Form von Hingabe auch ihre Grenzen haben darf. Hingabe besitzt
viele Facetten. Entscheidend ist das verbindende Element, die Hingabe als Lebensgeschenk zu betrachten, als Geschenk zum Leben,
als Geschenk zum Leben mitten im Leben.

Das dritte Bild trägt die Bezeichnung:
**„Wissen, geliebt zu sein."**
Das Gefühl und das Wissen, geliebt zu sein ist ein großes Glück
und hat schon viele Menschen wieder aufgerichtet. Es gibt ja Zeiten
in unserem Leben, - und ich denke jetzt mal ganz konkret an Men-

schen, die in einem Senioren- oder Pflegeheim zuhause sind - da gelingt einem immer weniger, da spürt man richtiggehend, wie durch das fortschreitende Alter die Kräfte nachlassen; da fühlt man sich überflüssig, wertlos, zu nichts mehr recht zu gebrauchen; da kränkelt man oder es überfällt einen die Angst, in irgendeiner Form abhängig und bedürftig zu werden. Das alles gibt es und man kann es nicht einfach wegwischen oder sonst wie verscheuchen.

Aber dann gibt es eben auch die ganz andere Erfahrung, manchmal mitten im Gefühl des Elends und der Depression: Da bekennt sich einer zu mir; da sagt mir jemand, dass er mich mag; da werde ich gelobt; da erfahre ich Wertschätzung. Da wächst mit einem mal mitten aus den Tränen und dem Gefühl des Minderwertigen ein ganz anderes Gefühl: Das Wissen, geliebt, geschätzt und geachtet zu sein. Ich bin doch was wert, es ist für andere wichtig, dass es mich gibt, dass ich da bin. Und plötzlich spüre ich wieder, wie mitten im Leben das Leben in mir pulsiert.

Drei Beispiele für Bilder vom Leben. Sie wollen erzählen, dass es um uns herum sehr wohl Leben gibt, dass wir mitten im Leben sehr wohl auch vom Leben umgeben sind und dass mir Leben gegeben ist, das ich nicht mir selbst verdanke. Denn kaum jemand kann sich selbst aus den Schattenseiten seines Lebens ins Licht tragen. Alle brauchen dazu andere Menschen, ihre vielleicht nur kleinen Gesten der Zuwendung und ihre ganz alltägliche Liebe. Oder: Wir selbst geben diese kleinen Zeichen der Zuwendung, sprechen nicht nur von Liebe, sondern leben sie und werden davon selbst zum Leben mitten im Leben erweckt.

Die Bilder sind nicht das Leben. Aber sie ermuntern mich, sie ermuntern uns, nach diesem Leben in unserem Alltag zu suchen. Wo erlebe ich Erleichterung? Wo gelingt mir Hingabe? Wo und vom wem erfahre ich, geliebt zu sein? Wie die Antworten auf diese Fragen auch konkret aussehen werden, wir dürfen gewiss sein, dass der

Gott der Liebe  gleichsam in ihnen mit eingewebt ist und mit ihm das ganze Leben Jesu, das ja von Hingabe und Liebe geprägt war.

*„Ich lebe und ihr sollt auch leben"*, sagt Jesu – das ist sein Versprechen und das ist unsere Hoffnung, dass er uns immer wieder dazu verhilft, das Leben mitten im Leben zu entdecken und zu sehen.
Denn Menschen, die aus der *Hoffnung* leben, sehen weiter.
Menschen, die aus der *Liebe* leben, sehen tiefer.
Und Menschen, die aus dem *Glauben* leben, sehen alles in einem anderen Licht.

# Järv-Lauri

Ich möchte Ihnen eine Geschichte erzählen. Sie spielt zwar an Weihnachten, könnte aber auch eine ganz gut passende Geschichte zum Jahreswechsel sein. Genaugenommen ist sie aber irgendwie auch meine und Ihre Geschichte, weil sie davon erzählt, dass es seinen Sinn haben kann, wenn unser Lebensweg nicht immer geradeaus geht, auch und gerade, weil wir uns dies häufig wünschen.

„Järv-Lauri" – so ist diese Erzählung überschrieben; eine eigenartige Weihnachtsgeschichte aus dem hohen Norden Europas und: Eine meiner Lieblingsgeschichten.

*Im hohen Norden Europas, im schwedischen Lappland, findet man eine ganz besondere Art von Kirchen, sogenannte „Kotenkirchen". Sie sind den einstigen Behausungen der Lappen (oder besser Samen, wie sie sich nennen) nachempfunden und sehen aus wie rundliche Hütten, gebaut aus Baumstämmen, Erde, Fellen, Tüchern und einem Rauchloch.*

*Diese Kotenkirchen stehen meist in einsamen Gegenden und wenn Gottesdienst angekündigt ist, kommen die Menschen dort aus allen Himmelsrichtungen zusammen.*

*Unsere Geschichte erzählt nun von Asser Karlsson, einem Hilfsprediger, der damit beauftragt war, an Weihnachten in einer dieser entfernt gelegenen Kotenkirchen den Weihnachtsgottesdienst zu halten.*

*Karlsson hatte in der Kotenkirche von Rukkajärvi gepredigt und die Kote war so voll von Menschen gewesen, dass wirklich keiner mehr hinein passte. Nun stand der Prediger am Ausgang und drückte den Leuten die Hände und sie wünschten einander: „Guds frid! Gottes Friede und ein gesegnetes Christfest."*

*Danach hob ein gewaltiger Lärm an, denn die Gottesdienstbesucher warfen ihre Schneeskooter an – Motorschlitten, die schon seit geraumer Zeit die Akjas, die Rentierschlitten, ersetzten.*

*Auch Asser Karlsson fuhr einen solchen Schneeskooter, einen Metall-schlitten mit Steuerkufen, der von schnellen Gummiraupen geschoben wurde. Er wollte sich zur Rückfahrt rüsten, als plötzlich Järv-Lauri neben ihm stand – ein alter Lappe, klein und runzlig, schielend und kauend. Er roch nach Kotenrauch, Kautabak, Fisch, Hund, Rentier und auch nach Schnaps.*

*„Du hast noch einen Platz im Skooter – nimm mich mit bis nach Karats, Pastor", sagte er.*

*Asser richtete sich auf. Hatte der Alte den Verstand verloren? Bis nach Karats? Wenn er ihn mitnahm, bedeutete dies, dass er den so übel riechen-den alten Mann stundenlang neben sich haben würde. Unmöglich! Asser hatte sich auf die Rückfahrt gefreut. In aller Ruhe hätte er durch die Polar-nacht fahren und die grandiose Natur bewundern können. Schon die Her-fahrt hatte ihm Freude gemacht. Er hatte mit seinem Chef, dem Probst, alles besprochen. Eigentlich sollte ihn jemand auf der 6-8 stündigen Fahrt be-gleiten, aber Asser meinte, er kenne sich ganz gut mit Motoren aus.*

*Und nun sollte also aus der schönen Fahrt durch die weiße Weite nichts werden, weil Järv-Lauri mitgenommen sein wollte. Das konnte er schlecht ablehnen – was würden die anderen denken. So zwang er sich zu einem Lächeln und sagte: „Dann steig mal ein, Lauri."*

*Er ließ den Motor an, der Skooter brummte los und gleitete immer schneller werdend über verschneites kahles Land auf einen langen See zu, der die beste Fahrbahn bildete. Der Schnee war führig, der Skooter ließ sich mühelos steuern. Etwa Minus 30 Grad Kälte – aber eine trockene Kälte, die man gut ertragen kann, wenn man entsprechend gekleidet ist.*

*„Wen wollen Sie denn besuchen, Lauri?" fragte Asser.*

*„Warum sagst du Sie zu mir und nicht du – magst du mich nicht?" fragte der Lappe statt einer Antwort.*

*„Oh, entschuldige, du weißt doch, ich bin neu hier."*

*„Ich dachte, es wäre gut, mal in Karats zu sein", sagte Lauri. „Wir müs-sen auf die Richtung achten. Wenn der See zu Ende ist, fahren wir nach links."*

„Nach links?" fragte Asser ungläubig. „Das kann doch wohl nicht stimmen. Ich denke, wir sollten uns mehr nach rechts halten!"

„Fahr nach links", sagte Lauri. „Das heißt, der Skooter ist dein, fahr du, wie du willst. Ich sage: fahr nach links!"

Asser schien dies völlig unsinnig zu sein – er erinnerte sich genau, dass er bei der Herfahrt nach links abgebogen war, um den See zu erreichen. Trotzdem lenkte er den Skooter nach links.

Lauri nickte zufrieden.

Sie fuhren eine ganze Zeit lang, dann nahm wieder ein See seinen Anfang, ein längerer als der vorige.

„Wohin nun?" fragte Asser.

„Fahr nur!" war die Antwort. „Geradeaus!"

Und nach einer weiteren halben Stunde schweigender Fahrt, meinte Lauri dann: „Nun wieder nach links!"

„Was denn? Ich denke, wir sind schon viel zu weit nach links abgebogen, Lauri. Sollten wir nicht lieber in einem großen Bogen nach rechts fahren?"

„Wenn du willst, kannst du es. Ich sage: nach links!"

Der Alte war wohl nicht mehr ganz richtig im Kopf? Trotzdem folgte Asser seinem Rat. Aber wohl war ihm nicht dabei. Wo befanden sie sich eigentlich? Er kannte die Route schon längst nicht mehr.

„Nun herum nach rechts", sagte Lauri nach einiger Zeit.

Na, endlich. Warum dieser Zickzack, dieser unendliche Bogen? Der Alte wollte wohl nur mal nach Herzenslust ausfahren. Asser steuerte weiter nach rechts.

„Nein, jetzt geradeaus", sagte Lauri.

„Du weißt den Weg?", fragte Asser.

Lauri sah ihn nur von der Seite an. Wie alt mochte er sein? Sechzig? Dann war er wohl noch mit den Rentierherden kreuz und quer nach einem bestimmten Plan durch die Einöde gezogen und wusste sicher genau, wo er sich jetzt befand. Asser versuchte sich damit zu beruhigen, versuchte seine Angst zu unterdrücken.

*So sah also die schöne Heimfahrt aus.*

*Er hatte nicht mehr die geringste Ahnung von Weg und Richtung. Verflixter Lauri! Welcher böse Geist hatte ihn wohl geschickt? Jetzt wollte er wieder nach links. Und dann wieder scharf nach rechts – auf diese Weise wurde die Strecke ja doppelt so lang. Es war sehr kalt geworden. Reichte das Benzin? Nun, den Reservekanister besaß man auf jeden Fall.*

*Mitten auf einem kleineren See begann der Motor des Skooters plötzlich wie verrückt zu brummen – während der Schlitten die Fahrt verlangsamte und stehen blieb.*

*Panne! Das hatte noch gefehlt. Eine Panne hier mitten in der eisigen Kälte. Fast hätte Asser geflucht, und das in der Christnacht.*

*„Ist wohl etwas kaputt?", sagte Lauri und sah Asser an.*

*„Natürlich! Ich habe den Schlitten nicht gestoppt!" fauchte Asser den Alten an und stieg ab. Er schraubte die Motorkappe ab und leuchtete den Motor mit der Taschenlampe aus. Da hatte er's! Der Keilriemen. Gerissen. Und er wusste, es gab keinen Ersatz, außerdem fehlten auch Klammern, um den alten, der unter dem Getriebe lag, zu flicken. Was nun? Wo befand man sich überhaupt?*

*„Du weißt doch hier alles, Lauri – was machen wir nun?" fragte er den Lappen.*

*Lauri nahm sein Bündel aus dem Skooter und bedeutete Asser, ihm zu folgen.*

*Wollte der Verrückte jetzt zu Fuß weiter? Vierzig oder gar fünfzig Kilometer? Asser stapfte jedoch hinter dem kleinen Mann her, der zuweilen nur laut schnaufte, sonst aber kein Wort vernehmen ließ.*

*„Sag doch etwas, Lauri!"*

*„Zu kalt" erwiderte der nur, und er hatte Recht.*

*So stapften sie durch den Schnee, der ihnen zeitweilig bis an die Hüften reichte, bis sie einen Wald erreichten. Dort ging es etwas besser. Asser Karlssohn betete, wenn man sein Stammeln um einen guten Ausgang dieses Abenteuers so nennen durfte.*

*„So", sagte plötzlich Lauri im dunklen Wald. „Wir sind da!"*

Sie standen vor einer alten Lappenkote, die der Touristenverein als Schutzhütte unterhielt.

Drinnen begann Lauri gleich ein Feuer zu schüren. Dann holte er mit einem alten Topf, den er in seinem Bündel trug, von draußen Schnee herein und setzte ihn auf die Flammen.

„Was hast du?" fragte er und nahm eine Rentierkeule aus seinem Proviantbeutel. „Hast du was?"

Natürlich, Asser hatte eine eiserne Ration dabei: Kekse, Kaffeepulver, Knäckebrot, Hartkäse, eine Dose Fleisch.

„Gut!" sagte Lauri.

„Ja – aber was soll denn hier aus uns werden, Lauri?" fragte der Prediger.

„Wir essen und trinken und schlafen!"

„Und dann?"

Der alte Mann sah den Prediger tiefgründig an. „Zweifelst du wirklich daran, dass Gott uns hilft?" fragte er.

„Natürlich nicht. Aber was werden wir tun?"

„Essen und schlafen, am Feuer. Das ist wichtig. Wenn es kalt wird und du aufwachst, dann leg Holz nach. Ich hole noch ein paar Äste herein."

Natürlich hatte er Recht, der Lauri – dachte Asser. Nach all der Aufregung musste man erst mal ausruhen und neue Kraft gewinnen.

Lauri brachte Holz und kochte starken, salzigen Lappenkaffee, dazu aßen sie getrocknetes Rentierfleisch.

„Bist du traurig?", fragte ihn schließlich der Lappe.

„Traurig? Warum, Lauri?"

„Nun, weil alles so gekommen ist – und nicht so, wie du es dir gedacht hattest. Hätten wir nicht die Panne gehabt, wärst du nun schon bald in Karats."

„Ja, dort wäre ich sogar schon, wenn wir nicht so verrückt im Zickzack gefahren wären!" Der Zorn wollte in Asser wieder aufsteigen. Doch Lauri schüttelte den Kopf.

„Nein", sagte er, „dort wärst du nie angekommen!"

„Wie meinst du das?"

„Du kannst besser denken als ich", war die Antwort und Lauri lächelte nur.

„Und wie kommen wir weiter, Lauri?"

„Wir kommen weiter. Sollte Gott uns nicht helfen?"

„Du hast Recht, Lauri. Wir wollen beten."

Da reichte ihm der Alte die Hand und flüsterte. „Hab keine Angst! Bete und schlafe dann!"

Sie krochen eng aneinander, häuften Streu über sich und schliefen wirklich.

Assers Armbanduhr zeigte 2 Uhr, als er erwachte. Er sah Lauri am Feuer stehen und sich zum Hinausgehen fertig machen.

„Wo willst du hin, Lauri?"

„Frag nicht – schlaf weiter und hab keine Angst!"

„Du lässt mich doch nicht allein?"

„Hab keine Angst!"

Und hinaus war er.

In Asser's Kopf jagten sich wieder die Gedanken, und Unruhe und Zuversicht lösten sich dabei ab. Keinen Tag länger wollte er in diesem verdammten Eiskeller verbringen, wenn er hier heil heraus kam. Im nächsten Augenblick schämte er sich dafür, tat Abbitte, trank etwas und fühlte sich ruhiger.


Es war kurz vor 12 Uhr mittags, als er draußen Schritte vernahm. Er eilte zur Klapptür, hob sie und rief: „Lauri!"

„Ja". Der Lappe kam in die Kote. Reif hing in seinem schütteren Bart, seine Wimpern waren ebenfalls weiß vor Raureif.

„Da bin ich wieder", sagte er und legte einen Pappkarton neben das Feuer.

Eine Woge der Freude durchlief Asser Karlsson.

„Kilrem", stand auf dem Karton, „Keilriemen".

„Aber wo bist du denn gewesen, Lauri"? fragte er.

„Im Lager – bei den Raketensoldaten.“

„Du hast gewusst, dass es hier irgendwo ist?“

„Das weiß doch jeder – sie brüllen uns doch immer an, wenn wir Sumpf-brombeeren suchen. Trinken wir Kaffee?“

„Lauri!“

Asser hatte sich erhoben. Er ging auf den alten Lappen zu und schloss ihn in die Arme. „Lauri!“

„Es ist ein neuer Keilriemen – sie wollten erst nicht. Aber als ich ihnen dann...“

„Lauri!“

„Wir legen ihn nachher auf und fahren weiter.“

„Dass du mitgefahren bist – Lauri, dafür danke ich Gott!“

Lauri hielt die Hände über das Feuer.

„Du bist jung, Pastor“, sagte er, „du bist noch sehr jung – und stammst nicht aus unserem Land. Oft geht es gut. Meistens. Aber nicht immer. Und da kann man doch einen so jungen Pastor nicht allein los fahren lassen – noch dazu an Weihnachten. Ich habe doch so viel Zeit.“

„Du bist – nur meinetwegen eingestiegen, Lauri?“

„Was soll man denn zu Weihnachten tun, wenn man niemand hat. Be-greifst du nun, warum wir im Zickzack fuhren? Es ging immer in der Nähe einer Kote oder Hütte vorbei. Weiter ist oft näher, sagte mein Vater, und er hatte recht. Doch nun wollen wir heißen Kaffee trinken – mit Zucker, auf deine Art.

„Ja, Lauri. Und dann fahren wir zu mir nach Hause nach Karats.“

Wie oft fahren wir auf scheinbar unnötigen Wegen in unserem Leben Zickzack. Aber manchmal können wir vielleicht erkennen und verstehen, dass es in unserem Leben eine Stimme oder eine Hand gibt, die uns letztlich einen guten Weg führt.

## Segen

Der gnädige und barmherzige Gott:
Er sei **vor** dir,
um dir stets den Weg des Guten zu weisen.
Er sei **neben** dir,
um dich in die Arme zu schließen und dich zu behüten.
Er sei **hinter** dir,
um dich vor der Macht des Bösen zu bewahren.
Er sei **unter** dir,
um dich aufzufangen, wenn du fällst.
Er sei **in** dir,
um dich zu trösten, wenn du traurig bist.
Er sei **um** dich herum,
um dich mit seiner Liebe zu tragen
Er sei **über** dir,
um dich und Dein Leben immer wieder neu zu segnen.

So segne und behüte euch der menschgewordene Gott:
Der Vater, der Sohn und der Heilige Geist.
Amen

# Liebe,

# Leid und Tod

## Simon von Kyrene

Eine Besonderheit der Bibel, die wir ja auch als „Wort Gottes" bzw. als „Heilige Schrift" bezeichnen, besteht nicht nur darin, dass wir in ihr Weisheiten und Wahrheiten finden, die für alle Menschen zu allen Zeiten gelten, sondern dass sie uns auch von Menschen erzählt, in deren Schicksal wir vielleicht da und dort Teile unseres eigenen Lebensweges erkennen. Man könnte auch sagen: In der Bibel spiegelt sich manchmal unser eigenes Leben. Wenn wir die verschiedenen Personen betrachten, die Großen wie die Kleinen, die Bekannten und Unscheinbaren, lässt sich nicht selten von ihrem Schicksal eine Verbindungslinie zu unserem Leben herstellen.

Wie nah kann uns beispielsweise ein Petrus kommen, der häufig das große Wort führte und nach seiner „Verleugnung" von Jesus sich ganz klein fühlte. Oder, wie gut verstehen wir einen Thomas, der so massive Probleme damit hatte, nicht zu sehen und doch zu glauben.

Ich möchte Ihre Aufmerksamkeit nun einmal auf eine Person lenken, die im neutestamentlichen Zeugnis nur mit einer Randbemerkung gewürdigt wird. Eine Person, die im wahrsten Sinne des Wortes nur am Rand stand, eigentlich nur beobachten wollte und doch für einen kurzen Moment zum Beteiligten am vielleicht bewegensten Ereignis der Menschheitsgeschichte wurde. Die Rede ist von einem Mann namens Simon von Kyrene, von dem es in der Passionsgeschichte (Mk. 15,21) heißt:

*„Und sie führten Jesus hinaus, dass sie ihn kreuzigten. Und zwangen einen, der vorüberging, mit Namen Simon von Kyrene, der vom Feld kam, den Vater des Alexander und des Rufus, dass er ihm das Kreuz trage."*

Um diesem Menschen der Passionsgeschichte näher zu kommen, sollten wir zunächst einmal eintauchen in jenen ersten Karfreitag, der sich möglicherweise auf den 3. April des Jahres 33 datieren lässt. Jesus ist verurteilt worden. Er ist verurteilt worden zur schlimmsten Todesart, die damals im Römerreich angewendet wurde, zum Tod am Kreuz. Nur Schwerverbrechern und Sklaven wurde dieser langsame Erstickungstod aufgebürdet.

Um nun diesen langen Leidensweg etwas abzukürzen, wurden die Todeskandidaten nicht selten zuvor gegeißelt und geschlagen, um ihre Körper zu schwächen, damit der Tod schneller eintreten konnte.

So geschah es nun auch mit Jesus, als feststand, dass er diesen schweren Weg gehen musste.

Todesurteile wurden in der Regel sofort vollstreckt und so entspricht es durchaus den damaligen Gepflogenheiten, dass es nach der Verurteilung gleich hinausging zur Hinrichtungsstätte, die nach jüdischem Gesetz außerhalb der Stadtmauern liegen musste. Genauso üblich war es, dass der Verurteilte sein Kreuz selbst dorthin trug, wobei wir uns vorstellen müssen, dass nicht das ganze Kreuz, sondern „nur" der Querbalken getragen wurde.

Der Weg nach Golgatha geht stets leicht bergan. Jesus, der in den Tagen zuvor wohl kaum geschlafen hatte, war durch die Geißelung sicher bereits so geschwächt, dass er die Last des Balkens nicht mehr den ganzen Weg tragen konnte und unterwegs unter der Last zusammenbrach. Solche Zusammenbrüche kamen wohl immer wieder vor, so dass die Soldaten wohl auch kaum von dem Sturz des Delinquenten überrascht waren. So wird denn auch berichtet, dass sie sogleich den Nächstbesten packten und ihn zwangen den Balken zur Exekutionsstätte zu schleppen.

Von einem Moment auf den anderen wurde ein Zuschauer, der gerade auf dem Heimweg war, zum aktiv Beteiligten des für die Weltgeschichte so bedeutsamen Ereignisses. Mit Ausnahme des Evangelisten Johannes, der wohl diese Schwäche Jesu unerwähnt lassen wollte, berichten alle Evangelien von dieser Szene und nennen den Namen dieses Mannes: Simon von Kyrene.

Viel mehr als den Namen erfahren wir nicht von diesem Menschen. Es lässt sich nur vermuten, dass er wahrscheinlich später zur ersten nachösterlichen Gemeinde gehörte und über diesen Weg sein Name und der seiner Söhne in die Evangelien gelangte. Aber auch, wenn wir über sein Leben nichts erfahren, so können wir dennoch den Versuch wagen, uns in diesen Menschen hineinzuversetzen. Drei Gedanken sind mir dazu in den Sinn gekommen:

Einen ersten Gedanke verbinde ich mit den Worten: *„Sie zwangen ihn!"*

Es gibt wohl niemanden unter uns, der nicht weiß, was es bedeutet irgendwelchen Zwängen ausgeliefert zu sein. Wir alle kennen Zwänge, wir alle unterliegen Zwängen.

Es fängt schon damit an, dass viele unter uns jeden Morgen zu einer bestimmten Zeit aufstehen müssen, weil sie irgendwann auf ihrer Arbeitsstelle auftauchen müssen. Nicht wenige sind gezwungen, ihre tägliche Tablettenration einzunehmen, damit ihre Körperfunktionen im Gleichgewicht gehalten werden. Ein anderer ist gezwungen, Diät zu halten und der Wochenrhythmus vorwiegend älterer Menschen wird häufig geprägt vom Zwang notwendiger Arztbesuche und damit verbundenen Wartezeiten.

Mancher empfindet es vielleicht als Zwang, sich bestimmten Ordnungen zu unterwerfen, sieht sich gezwungen mit einem Handicap zu leben oder bewertet gar sein ganzes Dasein als Zwang, weil er sich im falschen Körper wähnt, in der falschen Umgebung wohnt, mit seinem Aussehen nicht zufrieden ist, zu wenig Gehirn abbekommen hat und alles nicht so läuft, wie er sich das wünscht. Und jeder Zwang kann zum Kreuz werden, das es täglich zu tragen gilt.

Wie reagieren wir darauf?

Nun, die einen werden sich ihrem Schicksal ergeben, andere wiederum womöglich dagegen aufbegehren. Vielleicht hätte Simon von Kyrene sich im ersten Moment auch gerne dagegen gewehrt, wäre am liebsten davongelaufen. Wer will schon gerne das Kreuz anderer tragen? Hat man mit dem je eigenen nicht schon genug zu schleppen? Doch es blieb ihm ja nichts anderes übrig.

Manchmal ist es nötig das „Ja" zu seinem Schicksal zu finden und darauf zu hoffen, vielleicht einen tieferen Sinn dafür zu entdecken. Ich kann mir vorstellen, dass dieser Simon von Kyrene, als er nach Ostern zur urchristlichen Gemeinde stößt, dort mehr über diesen Jesus, dessen Kreuz er getragen hat, erfuhr und diese Begegnung mit ihm dann in einem ganz neuen Licht sehen konnte. Ja, dass das Jesuswort *„Wer mir nachfolgen will, der nehme sein Kreuz auf sich"* (Mt. 16,24) plötzlich einen ganz neuen und konkreten Sinn für ihn ergab.

So könnte dieses „Und sie zwangen ihn" zu einer ersten Botschaft an uns werden, die lauten könnte: Die Zwänge unseres Lebens, wie Leid, Krankheit, Unfrieden oder jede Art von Beschwernisse, die wir häufig als sinnlos und Ausdruck eines blinden Schicksals interpretieren, sie lassen sich einbetten in die Geschichte, die Gott mit Jesus geschrieben hat und mit jedem einzelnen von uns schreibt.

Als „Kreuz der Nachfolge" ermutigen sie dazu, den je eigenen Sinn, der dahinter steht, zu suchen. Natürlich drängt es uns immer zuerst danach, dass Zwänge aufhören, dass Leid an sein Ende kommt und uns unsere „Kreuze" abgenommen werden. Wenn das geschieht, wenn Gebete erhört werden, wenn unser Klagen eine

Antwort findet und gleichsam die Sonne wieder scheint, dann ist man leicht versucht, einfach einen glücklichen Haken dahinter zu setzen und die Suche nach einem tieferen Sinn wird als unnötig abgetan. Wenn die „Sonnenfinsternis" aber bleibt, dann bleibt meist auch die Frage nach dem „Warum". Dann erscheint die beschwerliche Suche nach einer Antwort unausweichlich. Dann müssen wir uns entscheiden, ob dem „Warum" der Kampf angesagt wird mit Ärger, Wut, Anklage, Gottesleugnung oder dumpfer, lebensfeindlicher Resignation, oder ob wir das „Kreuz der Nachfolge" auf uns nehmen und darauf vertrauen lernen, dass der Gott der Liebe beim Tragen hilft, indem er uns Kraft, Mut und Hoffnung schenkt oder uns einen „Simon von Kyrene" über den Weg schickt, der unseren Weg mit uns geht.

Das führt uns hin zu einem zweiten Gedanken.

Simon von Kyrene wird uns als zufälliger Beobachter des Kreuzweges Jesu vorgestellt. Eigentlich ist er unbeteiligter Zuschauer, einer, der nur mal gucken will. Irgendwie scheint dies ja in uns Menschen drin zu stecken. Wo immer sich etwas Ungewöhnliches ereignet, stets findet sich in Windeseile eine neugierige Gemeinde ein, fasziniert etwa von einem Hausbrand oder einem Verkehrsunfall. Da steht sie dann die Gruppe der Gaffer und in höchster Aufmerksamkeit werden möglichst alle Vorgänge gefilmt und fotografiert, nicht wenige in der Hoffnung, damit einen „Volltreffer" auf *You Tube* zu erzielen.

Überhaupt gefällt uns die Rolle als unbeteiligter Zuschauer scheinbar besonders gut, wie anders wäre es zu erklären, dass sich Millionen täglich vor dem Fernseher versammeln und es „geil" finden, wenn da Bilder gezeigt werden, wie eine Tsunamiwelle hundert- oder tausendfachen Tod bringt, wie Islamisten ihre Geiseln köpfen, wie Kameras die fliegenübersäten Köpfe von verhungernden Kindern einfangen, wie Bomben über Wohngebieten explodie-

ren, wie einmal mehr ein gekentertes Schlauchboot mit den dazuge-
hörigen Leichen von ertrunkenen Flüchtlingen angeschwemmt
wird, wie Überlebende eines Giftgasangriffs nach Luft schnappen
oder uralte Kulturgüter einfach mal so in die Luft gesprengt werden.
Nahtlos geht es dann weiter mit Mord und Todschlag in einem der
zahllosen Krimis, wenn man sich nicht zur Abwechslung mal eine
Rosemunde-Pilcher-Schnulze gönnt.

Wir betrachten das alles mit zunehmender Gleichgültigkeit und
bleiben auch dann Zuschauer, wenn Frauen belästigt werden, wenn
ein Zusammengeschlagener am Boden liegt, wenn Mitmenschen gemoppt werden, wenn Jagd auf Ausländer gemacht und dabei stolz
der Hitlergruß gezeigt wird, wenn menschenverachtende Parolen
geschrien und wenn Obdachlose angezündet werden.

Bei allen durchaus vielfachen Ausnahmen, habe ich doch den
Eindruck, dass wir auf dem Weg sind, eine Gesellschaft von Zuschauern und Wegschauern zu werden. Die Mentalität „Was geht
mich das an?" geht mehr und mehr eine Symbiose mit einer „verba-
len und physische Gewalt ohne Grenzen" ein. Alles, was mich nicht
betrifft, kann mir egal sein; auf alles, was mich ärgert, darf ich mit
Shitstorms, hirnlosen Parolen, Fakes, Baseballschlägern oder Brand-
beschleunigern in Asylbewerberheimen reagieren. Wir sind in unserer Gesellschaft dabei, einen nicht folgenlosen Tausch einzugehen:
Gewalt anstelle von Mitgefühl, Menschenverachtung statt Mitmenschlichkeit, Gewalt anstelle von Mitleid, Rechthaberei statt Verantwortung, Hass anstelle von Zuwendung.

Wir können nur vermuten, was Simon von Kyrene durch den
Kopf gegangen ist, als der geschundene Jesus vor ihm mit dem
Kreuzesbalken zusammengebrochen ist – Schaulust oder Mitleid?

Hätte er auch ohne Zwang einen Drang zur Nächsten-Hilfe gespürt, überkam ihn das Gefühl der Dankbarkeit, nur Zuschauer sein

zu dürfen, flammte Hass gegen die römische Gewaltherrschaft in ihm auf oder erfreute er sich an dem Spektakel?

Wir wissen es nicht. Wir wissen nur, dass er in diesem Moment einem anderen Menschen geholfen hat, sein Kreuz zu tragen. Wir wissen, dass er am Ende des Weges dieses Kreuz wieder abgeben durfte, damit ein anderer daran aufgehängt wird. Und es lässt sich gut vorstellen, dass er kurze Zeit später erkennen durfte, welche Bedeutung dieses Kreuz auch für ihn hat. Dass es nicht auf den Tod, sondern das Leben hinweist; dass es nicht ein Symbol der Strafe darstellt, sondern der Liebe, der Liebe Gottes, die in Jesus ein Mensch wurde und die uns dazu ermutigen soll und will, einander beim Tragen unseres je eigenen Kreuzes zu helfen.

Denn das Verwunderliche an der Nächstenliebe besteht ja darin, dass die Last des Kreuzes, die wir einem anderen zu tragen helfen, sich nicht verdoppelt, sondern auch unser eigenes Bündel dadurch leichter wird.

Denken wir nur daran, welche Hilfe es sein kann, als Trauernder einem anderen Trauernden zur Seite zu stehen - das Kreuz wird nicht schwerer, es wird zumindest etwas leichter.

Und ein dritter und letzter Gedanke:

Wir alle müssen manches Kreuz in unserem Leben tragen. Das scheint unverbrüchlich zu unserem Dasein dazuzugehören. Es gibt wohl kein Leben ohne Kreuz und Leid. Aber, und das zeigt diese kleine Szene mit Simon von Kyrene auch, wenn wir sie weiterdenken: Wir mögen manches Kreuz tragen müssen, aber wir kommen nicht daran um.

Als Simon von Kyrene den Hügel von Golgatha erreicht hat, kann er seine Last abgeben. Er übergibt den Balken an Jesus. Der wird darauf gekreuzigt, er stirbt daran den Tod, aber letztlich nur, um drei Tage später diesem Geschehen einen ganz neuen Sinn zu geben, der nun jedem Leben eine neue Richtung geben kann. Einen Sinn, der hineinreicht bis in unser Dasein mit all seinen Belastungen. Denn jedes Kreuz, das uns auferlegt ist, steht nun unter der Hoffnung und Verheißung, dass es einen gibt, der uns beim Tragen hilft und der es uns einmal ganz abnehmen wird. Denn mit dem Tod Jesu am Kreuz zeigt uns Gott ja letztlich vor allem seine Liebe. Diese Liebe bringt alles an sein Ende, jetzt oder in der Zukunft: Das Ende allen Leids, das Ende aller Schmerzen, das Ende allen Unfriedens. Die Liebe bringt alles an sein Ende, nur nicht das Leben. Das beginnt dort. Da, wo mit Jesus zwar die Liebe Gottes gekreuzigt wurde, aber nur, um am Ostermorgen umso heller zu erstrahlen.

## Befiehl du deine Wege

*Es war einmal ein Bauer, der hatte für die Feldarbeit ein altes Pferd. Eines Tages entfloh das Pferd in die Berge, und als alle Nachbarn des Bauern sein Pech bedauerten, antwortete er nur: Pech? Glück? Wer weiß?*

*Eine Woche später kehrte das Pferd mit einer Herde Wildpferde aus den Bergen zurück und diesmal gratulierten die Nachbarn dem Bauern zu seinem großen Glück. Aber der Bauer antwortete nur: Pech? Glück? Wer weiß?*

*Als der Sohn des Bauern versuchte, eines der Wildpferde zu zähmen, fiel er vom Rücken des Pferdes und brach sich ein Bein. Jeder hielt das für ein großes Pech. Nicht jedoch der Bauer, denn der sagte nur: Pech? Glück? Wer weiß?*

*Ein paar Wochen später marschierte die Armee ins Dorf und zog jeden tauglichen jungen Mann ein, den sie finden konnte. Als sie den Bauernsohn mit seinem gebrochenen Bein sahen, ließen sie ihn zurück.*
*War das nun Glück? Oder Pech? Wer weiß?*

Ich mag diese kleine Geschichte. Macht sie doch sehr anschaulich, dass sich häufig Glück oder Pech erst im Nachhinein erweisen. An vielen Beispielen lässt sich das nachweisen:

Da gibt es z.B. das Glück eines Lottogewinns. Doch es ist immer wieder zu hören, wie dieser unverhoffte Reichtum so manches Leben und manche Familie zerstört hat.

Da gibt es z.B. das Glück der großen Liebe. Doch nicht selten hat sich die als großer Irrtum herausgestellt.

Oder: Da meint einer das Glück einer tollen Karriere gefunden zu haben. Doch mit der Zeit stellt sich heraus, dass der stressige Job zum Gesundheitskiller geworden ist.

Oder andersherum:

Vorwiegend ältere Männer, die noch den 2. Weltkrieg mitmachen mussten, konnten mir davon erzählen, wie etwa das „Pech" einer Verwundung sich im Nachhinein als Glück zum Überleben erwies.

Oder, da hat einer den Zug oder das Flugzeug verpasst, das dann verunglückt ist.

Oder, ein persönliches Erlebnis, wie sich das Pech einer anfänglich vergeblichen Wohnungssuche später als Glück erwiesen hat, weil ich erst am Ende genau *die* Unterkunft fand, die zu mir passte.

Wir sind schnell dabei die Ereignisse unseres Lebens oder das Schicksal zu deuten und einzuordnen. Da ist dann von Pech, Strafe oder der Ungerechtigkeit des Lebens die Rede, oder vom größten Glück. Und für den ersten Moment hilft es ja auch ein wenig, damit umzugehen. Doch den tiefen Sinn, der möglicherweise dahinter steckt, den begreifen wir häufig erst viel später.

Darum tun wir gut daran, uns für die Sinnfindungen unseres Lebens immer ein wenig offen zu halten. Diesem „Wer weiß?" Raum zu geben und uns damit letztlich der Führung Gottes anzuvertrauen.

Sicher mag manches scheinbar sinnlos zu bleiben. Wir finden keinen Sinn, wenn ein Mensch Tagein Tagaus vor sich hin vegetiert. Wir finden keinen Sinn, wenn ein irregeleiteter Mensch mit einem Lastwagen in eine Menschenmenge fährt. Wir finden keinen Sinn, wenn ein Kind stirbt. Und wir verlieren vielleicht allen Sinn, wenn der Lebenspartner uns verlässt.

Manchmal bekommen wir keine Antwort auf die Sinnfrage. Manchmal müssen wir warten bis uns nach unserem irdischen Dasein alles klar wird. Manchmal.

Ich denke, den Menschen um Jesus erging es an jenem ersten Karfreitag ähnlich. Der Tod Jesu am Kreuz, er war für sie so sinnlos. Er machte ihr Leben sinnlos. Er stellte die größte Katastrophe ihres Lebens dar. Da kam keiner auf die Idee zu fragen: Pech? Glück? Wer weiß? Nein, alles schien verloren, und niemand rechnete damit, dass dieser brutale Justizmord noch irgendeinen Sinn erhalten sollte.

Doch dann kam der Ostermorgen. Das Unmögliche geschieht. Jesus wird von den Toten auferweckt. Und nun erstrahlt sein Leben, sein Leiden und Sterben plötzlich in einem ganz anderen Licht. Die Katastrophe wird zur großen Hoffnung, Trauer wandelt sich zur Freude, der Sinnlosigkeit der vielen kleinen Tode, die wir in unserem Alltag sterben, wird die Botschaft vom Leben entgegengesetzt.

Und so denke ich, dass dies auch ein Geheimnis von Ostern ist: nicht erst nach unserem Tod werden wir das Leben haben und auferstehen, sondern schon hier und jetzt:
In jedem Abschied,
in jeder Trauer,
in Momenten der Gottverlassenheit,
in aller Depression und Niedergeschlagenheit,
im Dunkel der Sinnlosigkeit,
in vielen Enttäuschungen und unerfüllten Sehnsüchten,
in jedem Scheitern.
Nicht erst nach unserem Tod werden wir das Leben haben und auferstehen, sondern schon hier und jetzt kann es Gott Ostern in unserem Leben werden lassen, wenn wir diesem „Wer weiß?" Raum

geben und damit die Tür unseres Herzens für Gott und sein Handeln öffnen.

Daran erinnert uns z.B. auch das Jesus-Wort, wenn er sagt: *„Was bei den Menschen unmöglich ist, das ist bei Gott möglich"*. (Lk. 18,27) Daran hat wohl auch Paul Gerhardt gedacht als er sein vielleicht bekanntestes Lied schrieb: „Befiehl du deine Wege" (EG 361).

*Befiehl du deine Wege und was dein Herze kränkt*
*der allertreusten Pflege des, der den Himmel lenkt.*
*Der Wolken, Luft und Winden gibt Wege Lauf und Bahn,*
*der wird auch Wege finden, da dein Fuß gehen kann.*

*Dem Herren musst du trauen, wenn dir's soll wohlergeh'n.*
*Auf sein Werk musst du schauen, wenn dein Werk soll besteh'n.*
*Mit Sorgen und mit Grämen und mit selbsteigner Pein,*
*lässt Gott sich gar nichts nehmen, es muss erbeten sein.*

*Auf auf gib deinem Schmerze und Sorgen gute Nacht,*
*lass fahren, was das Herze betrübt und traurig macht;*
*bist du doch nicht Regente, der alles führen soll,*
*Gott sitzt im Regimente und führet alles wohl.*

# Todsicher

Ich bin mal wieder in Eile. Rasch habe ich meine Sachen zusammengepackt. Ich kontrolliere noch, ob ich alle wichtigen Dinge dabei habe: Geld, Zigaretten, Hausschlüssel? Doch noch während ich zum Auto haste, blinkt plötzlich wie eine innere Stimme die Frage auf: Hast du auch die Kerze in der Küche gelöscht?

Klar, habe ich die ausgemacht. Da bin ich mir sicher.

Oder vielleicht doch nicht?

Doch, ich bin mir eigentlich ziemlich sicher.

Ich lasse den Motor an, lege den ersten Gang ein – habe ich die Kerze wirklich gelöscht? Und wenn nicht – was könnte da alles passieren?

Jetzt mach dich nicht verrückt. Du musst los! Du bist eh schon zu spät dran. Und während ich entschlossen das Lenkrad packe, wird das innere Blinklicht immer größer und intensiver, und ich sehe mich selbst, wie ich den Motor abstelle, zurück zum Haus spurte, aufsperre, in die Küche eile, um dann festzustellen: Die Kerze ist aus!

Ich vermute, Ihnen sind solche Szenen nicht unbekannt. Da wird die Fahrt in den Urlaub nach wenigen Kilometern abgebrochen, weil plötzlich Zweifel aufgekommen sind, ob auch wirklich alle Fenster zugemacht wurden.

Da wird auf einen Schlag das Gespräch mit der Nachbarin panikartig abgebrochen, weil man nicht sicher ist, ob man das Bügeleisen auch wirklich abgestellt hat.

Da rase ich – das ist mir wirklich vor einiger Zeit passiert – vom Einkauf zurück, weil ich mir plötzlich sicher war, dass ich den Topf mit dem kochenden Wasser nicht vom Herd genommen habe.

Sicher ist sicher, sagen wir – und um ganz auf „Nummer Sicher" zu gehen, geben wir dem kleinen Funken „Zweifel" nach, um wirklich hundert Prozent sicher zu sein.

„Sind sie sicher, dass Sie diese Antwort nehmen wollen?" fragt Günter Jauch bei seiner Sendung „Wer wird Millionär?", und allein diese Frage bringt jegliche Sicherheit ins Wanken.

„Sind Sie sicher, dass Sie wirklich den Angeklagten bei der Straftat gesehen haben", so fragt der Verteidiger den Zeugen, und versucht auf diese Weise die belastende Aussage in sich zusammenfallen zu lassen.

„Das ist so sicher, wie das Amen in der Kirche", so sagen wir manchmal. Ich könnte ja beim nächsten Gottesdienst mal jedes „Amen" weglassen. Ob sich da jeder sicher sein könnte, dass ich mich das nicht traue?

Sicher ist sicher, sagen wir. Aber was ist schon sicher? Was ist schon gewiss? Was ist Realität, was ist Illusion? Was ist Wahrheit?

Sicher ist z.B. auch, dass unsere Augen, denen wir höchste Autorität zusprechen, uns häufig nur etwas vorgaukeln. Eine Unzahl von optischen Spielereien belegen dies bis hin zu Zauberern und Magiern, die uns glauben machen, sie könnten Gegenstände verschwinden lassen oder leicht bekleidete Damen zersägen.

Was ist sicher? Was ist Wahrheit? Was ist verbürgt?
Wenn wir in die Geschichte schauen und ihre Zeugnisse studieren, dann meinen wir, gerade dort der sicheren, der verbürgten Wahrheit zu begegnen. Alte und älteste Dokumente können nicht falsch sein, so sind wir überzeugt, legen sie doch Zeugnis ab von historischen Wahrheiten. Doch ist das so?

Vor ein paar Tausend Jahren waren die Menschen sich sicher, dass die Erde eine Scheibe ist. Vor ein paar hundert Jahren wurde man als Ketzer verbrannt, wenn man die Meinung vertrat, dass die Erde nicht den Mittelpunkt des Weltalls darstellt.

Wenn ich Sie frage, wer Amerika entdeckt hat, werden die meisten unter ihnen wohl mit großem Vertrauen in ihre Geschichtskenntnisse antworten: „Das war Christoph Columbus", obwohl wir heute wissen, dass bereits die Wikinger Jahrhunderte vorher in die sogenannte neue Welt gesegelt sind und als Entdecker dieses Kontinents gelten.

Wer die in Stein gemeißelten Heldentaten und Kriegserfolge der altägyptischen Pharaonen bewundert, wird von der neueren Forschung belehrt, dass diese Geschichtsschreibung zum großen Teil erstunken und erlogen war. Und dies waren keine Einzelfälle.

Durch die Jahrtausende war es gang und gebe, Geschichte umzuschreiben, Dokumente zu fälschen, Entscheidendes weg zu lassen. Denn seit jeher schrieben ja immer nur die „Sieger" und auf deren Seite auch immer nur „Männer" die Geschichte. So können wir fast sicher sein, dass deren Geschichtsschreibung sicher nicht stets der Wahrheit entsprach.

Was ist sicher? Was ist Wahrheit? Wo sind Zweifel angebracht, weil der Verdacht aufkommt, dass wir selbst mit feststehenden Wahrheiten letztlich nur manipuliert werden?

In den letzten Jahren hatten auf dem Literaturmarkt vor allem solche Romane besonderen Erfolg, die sich mit dem Wahrheitsgehalt der christlichen Botschaft beschäftigten. „Sakrileg – Der Davinci-Code" z.B. wurde zum Bestseller. Millionen strömten in die Kinos, um die Verfilmung zu sehen und ein Heer von Hobbyhistorikern machte sich auf die Suche, ob an der Geschichte etwas dran ist, die uns da erzählt wird. Vielleicht waren Maria Magdalena und Jesus ja doch ein Paar, waren heimlich verheiratet und setzten Kinder in die Welt, deren Nachfahren noch heute unter uns leben?

Lagern nicht tief gehütete Geheimnisse in den vatikanischen Archiven, die uns ganz andere Wahrheiten (als wir sie kennen) vorenthalten wollen und die Fantasie beflügeln, ob nicht „alles" ganz anders gewesen ist oder zumindest gewesen sein könnte?

Aber, wer kann schon sicher sein. Was ist sicher?

Wenn wir in dieser Richtung weiter denken, werden wir wohl irgendwann an den Punkt kommen, an dem wir in Abwandlung altgriechischer Philosophenweisheit wohl erkennen müssen: Ich bin sicher, dass nichts sicher ist.

Ist wirklich nichts sicher? Gibt es wirklich nichts, woran wir uns felsenfest halten können? Die absolute Wahrheit, an der niemand und nichts rütteln kann? Etwas, das wirklich todsicher ist?

Die Antwort darauf geben wir uns schon in der Frage. Genau das ist todsicher: der Tod. Alle Menschen, alles Leben vor uns, ist irgendwann einmal zu Ende gegangen. Auch wenn vielleicht bei der ein oder dem anderen schon einmal der Gedanke Raum gewonnen hat: „Alle müssen sterben, nur ich, ich ja vielleicht mal nicht" – so lehrt uns doch unsere Erfahrung etwas anderes: Das, was in unserem Leben ganz sicher ist, das ist der Tod. Daran können wir uns halten, darauf können wir vertrauen, damit können wir fest rechnen. Da dürfen wir sicher sein. Der Tod ist todsicher!

Diese Weisheit verbindet uns mit allen Menschen zu allen Zeiten. Und dass der Tod todsicher ist, das wussten auch die Menschen um Jesus. Und als am Abend des ersten Karfreitags der Leichnam Jesu vom Kreuz abgenommen wurde, war jedem und jeder klar: Das ist das Ende, das unwiderrufliche, das absolut sichere Ende. Und die wenigen Frauen und Jüngerinnen, die sich diesem Tod stellten und das taten, was man für einen Toten noch tun kann - den Leichnam für das Begräbnis herrichten, den Toten in ein Grab zu legen, den ehemals Lebenden nun für seine ewige Ruhe zu betten – was sollten sie sonst tun? Der Tod ist nun einmal todsicher.

Doch nachdem zwei Nächte vergangen waren, geschieht etwas. Etwas Unbeschreibliches, etwas, das selbst an der letzten Sicherheit zweifeln lässt. Wie die anderen drei Evangelisten so erzählt auch Markus am Ende seines Evangeliums davon (Mk. 16,9-14):

*„Als aber Jesus auferstanden war früh am ersten Tag der Woche, erschien er zuerst Maria von Magdala, von der er sieben böse Geister ausgetrieben hatte.*
*Und sie ging hin und verkündete es denen, die mit ihm gewesen waren und Leid trugen und weinten. Und als diese hörten, dass er lebe und sei ihr erschienen, glaubten sie es nicht.*
*Danach offenbarte er sich in anderer Gestalt zweien von ihnen unterwegs, als sie über Land gingen. Und die gingen auch hin und verkündeten es den andern. Aber auch denen glaubten sie nicht.*
*Zuletzt, als die Elf zu Tisch saßen, offenbarte er sich ihnen und schalt ihren Unglauben und ihres Herzens Härte, dass sie nicht geglaubt hatten denen, die ihn gesehen hatten als Auferstandenen."*

Die Nachricht von Ostern ist so unerhört, so unglaublich, dass die einzig vernünftige Reaktion darauf nur sein kann: Das glaube ich nicht! Bei aller Freundschaft, bei allem Wohlwollen: Das kann nicht sein.

Sicher, die Jüngerinnen und Jünger haben mit und durch Jesus ganz ungewöhnliche Erfahrungen gemacht. Erfahrungen, die den Rahmen ihres Vorstellungsvermögens und bewährten Wissens sprengten. Jesus war auf eine ganz andere, aufregende, oft Anstoß erregende, aber auch befreiende Weise Mensch. Aber „auferstanden

von den Toten"? Da kann es doch erst einmal nur Zweifel, Ableh-
nung und Unglaube geben, so unglaublich ist das. Daran nicht zu
glauben ist selbstverständlicher als daran zu glauben.

Doch dann machen die, die zuerst nicht daran glauben konnten,
die Erfahrung, dass ihr Jesus wirklich auferstanden ist. Dass Gott ihn
wirklich ins Leben zurückgerufen hat. Und diese Erfahrung ist so
stark, dass sie nun sicher sind: Gott hat uns die letzte Sicherheit, die
Sicherheit, dass der Tod todsicher ist, genommen. Der Zweifel an
der Auferstehung Jesu wandelt sich zum Zweifel am Tod als letzte
Sicherheit. Und dieser Zweifel wird so stark, dass diese einfachen
und für heutige Verhältnisse ungebildeten Menschen, sich hinstellen und davon Zeugnis ablegen, dass selbst die letzte Sicherheit
nicht sicher ist.
Der Tod bedeutet Leben, so verkünden sie. Und sie sind sich so
sicher, dass sie sich dafür verfolgen, foltern, misshandeln, verschmä-
hen, totschlagen, ja selbst kreuzigen lassen.

Dass der Tod todsicher ist, auch diese letzte Sicherheit hat uns
Gott genommen. Er hat uns diese Sicherheit genommen, um aller
Welt deutlich zu machen, dass es nur eine einzige Sicherheit gibt.
Sicher ist nur die Liebe Gottes. Und wer denkt, diese Liebe sei an
Karfreitag mit Jesus gekreuzigt worden, der wird durch die Aufer-
stehung Jesu am Ostermorgen eines anderen belehrt. Die in Jesus
Mensch gewordene Liebe Gottes – sie ist nicht totzukriegen.
Wir mögen angesichts aller Lieblosigkeit auf unserer Welt
manchmal daran zweifeln. Aber weil der Zweifel ein Wesensele-
ment des Glaubens ist, weil der Zweifel zum Glauben dazu gehört,
deshalb kann mich selbst der Zweifel in meinem Glauben tragen.
Denn wenn ich weiß, dass in diesem Leben nichts sicher ist, dann
darf ich auch daran zweifeln, dass der Tod todsicher ist.

Die Liebe aber stirbt nie und wir feiern ihre Auferstehung in jedem Moment, in dem wir uns von ihr getragen fühlen, in jedem Moment, in dem wir sie weitergeben und in jedem Moment, in dem wir sie leben.

# Volle Hosen statt Halleluja

Jedes Jahr feiern weit über eine Milliarde Menschen rund um den Erdball das Osterfest. In unzähligen Kirchen werden Gottesdienste, Messen und Auferstehungsfeiern gehalten, nicht selten in Kombination mit regionalen Gebräuchen wie Osterfeuer, Lichterprozessionen, laute oder besinnliche Umzüge, Zubereitung von bestimmten Speisen oder geschmückte Osterbrunnen. Und alles dreht sich um die eine Botschaft: „Christus ist auferstanden! Er ist wahrhaftig auferstanden!"

Diese gute Nachricht – übersetzt von den altgriechischen Worten *„eu angelion"*, von denen sich dann wiederum die Bezeichnung „Evangelium" ableitet – diese gute Nachricht wird seit 2000 Jahren immer wieder als ein Freudenfest gefeiert.

„Jesus lebt – mit ihm auch ich" (EG 115). Ist das nicht wunderbar? Dem Tod ist die Macht genommen. Der Tod ist nicht das Ende, sondern ein Anfang. Der Traum vom ewigen Leben ist keine Utopie. Ein Leben über den Tod hinaus ist seit jenem ersten Ostermorgen zur begründeten Hoffnung geworden, zu einer realen Wahrheit und eröffnet unserer Existenz eine völlig neue Dimension. Wahrlich, eine wunderbare Nachricht. Eine Nachricht, die danach drängt, immer wieder gefeiert zu werden.

Und wie feiern *wir* Ostern? Als erstes werden die Weihnachtsmänner aus Schokolade umgeschmolzen in Osterhasen und Ostereier. Kinder schreiben neue Wunschzettel, auf denen sie ihre unerfüllten Weihnachtswünsche zusammen mit neuen Erwartungen auflisten.

Im Internet wird eifrig nach Last-Minute-Angeboten für einen verspäteten Skiurlaub gesucht. Eltern überlegen krampfhaft, wie sie die Langeweile ihrer Kinder in zwei langen Schulferienwochen bekämpfen können. Familientreffen werden organisiert, die den gleichen Stress verheißen wie die Feiertage an Weihnachten.

Bei den Bewohnern von Alten- und Pflegeheimen wächst die Angst vor den stillen Tagen, weil sie da ihre Einsamkeit besonders spüren. Und Pfarrer- und Pfarrerinnen sind schon Wochen vorher gestresst aufgrund der vielen zusätzlichen Arbeit und sehnen sich nach dem Zeitpunkt, an dem wieder alles überstanden ist.

So feiern viele Menschen Ostern: Gestresst, genervt, mit Fluchtgedanken, klagend über das viele Essen, enttäuscht über unerfüllte Wünsche oder einfach nur einsam.

Und das verbinden nicht wenige Menschen mit Ostern: Da kommt der Osterhase, der bunte Eier legt, von denen einem schlecht werden kann.

Und das haben wir aus Ostern gemacht: Anstelle das größte und revolutionärste Ereignis der Menschheitsgeschichte zu feiern, unterwirft man sich dem Diktat freier Tage und müht sich damit ab, möglichst viele Freizeitaktivitäten darin unterzubringen.

Wie konnte es dazu kommen? Wie konnte und kann es dazu kommen, dass das A und O unseres christlichen Glaubens, seine innerste Essenz, die gute Nachricht von Ostern sich nach und nach aus unserem Gedächtnis schleicht und nur noch von einer Minderheit kirchlicher Insider am Leben erhalten wird?

Was ist unser christlicher Glaube noch wert, wenn die Bedeutung von Ostern in die Belanglosigkeit abrutscht?

Was ist der christliche Glaube noch wert, wenn das Thema „Ostern" im Grunde durch ist?

*„Ist aber Christus nicht auferstanden"*, sagt ein Paulus, *„so ist auch euer Glaube vergeblich!"* (1.Kor. 15,14) Denn ohne die Auferstehung wäre das Leben Jesu ja nur ein weiteres Beispiel einer gescheiterten

Existenz, ein weiterer Beleg dafür, dass Gewalt und Tod letztlich immer den Sieg davontragen, ein weiterer Grund dafür, aus diesem Leben das Optimalste herauszuholen und ganz nach dem, übrigens biblischen Wort zu leben: *„Lasset uns essen und trinken und fröhlich sein, denn morgen sind wir tot."* (Pred. 8,15)

*„Ist aber Christus nicht auferstanden"*, sagt Paulus, *„so ist auch euer Glaube vergeblich!"* Am Ostergeschehen entscheidet sich unser Glaube. Aber - und das ist ja das Problem und darin liegt ja wohl auch der Grund dafür, warum wir uns in unserer so aufgeklärten Zeit so schwer mit der Auferstehung Jesu tun – das Problem mit der Frage: Wie lässt sich das Unglaubliche glauben?

Wenn mir jemand etwas Unglaubliches erzählt, hängt vieles davon ab, ob der andere für mich glaubwürdig ist. Die nackte Osterbotschaft: „Christus ist auferstanden!" ist ja zunächst einmal wirklich unglaublich, weil sie jeglichem Verständnis und jeglicher Erfahrung widerspricht.

Aber, was über die Menschen, die diese Botschaft zum ersten mal gehört haben und was über die Situation erzählt wird, in die hinein das *„eu angelion"*, die gute Nachricht schlechthin, erstmals gesprochen wurde, das schließt zumindest in meiner Ungläubigkeit etwas auf. Denn was geschieht da?

Ich erinnere an die Ostergeschichte, wie sie der Evangelist Markus (16,1ff) überliefert. Dort hören wir: Drei Frauen sind unterwegs zu einem Grab. Sie suchen den Toten bei den Toten. Wo sonst? Doch das Grab ist leer und jemand verkündet ihnen: Jesus ist von den Toten auferstanden!

Toll? Spitze? Super? Wahnsinn?

Taschentücher raus für die Freudentränen? Auf die Knie und dann alle gemeinsam: „Nun danket alle Gott...

Das biblische Zeugnis weiß nichts davon. Im Gegenteil. *„Und sie entsetzten sich"* heißt es. Sie fürchteten sich. Sie fingen an zu zittern und machten sich so schnell wie möglich davon.

Volle Hosen statt Halleluja!

Diese Angst der Menschen am ersten Ostermorgen tut mir gut. Sie ist für mich authentisch, lebensecht, glaubwürdig. Sie bringt mir diese Frauen, von denen da erzählt wird, ganz nahe. Denn ihre Angst und ihre Furcht angesichts des Unglaublichen - *die* kenne ich auch, die kann ich verstehen. Und indem ich sie verstehe, lerne ich verstehen, dass sie die einzig angemessene Reaktion sein kann auf das, was da am Ostermorgen geschehen ist.

Das Ostergeschehen bliebe unglaubwürdig, wäre es inszeniert wie das Finale eines großen Hollywoodfilms, wie ein Passionsspiel mit Happy End, denn dann bliebe ich Beobachter und unbeteiligter Zuschauer.

Das Entsetzen der Frauen aber holt mich ab in meinen eigenen Ängsten, nimmt mich mit hinein in ihre Furcht vor dem Unglaublichen und zeigt mir, wie auch mir Ostern glaubhaft nahe kommt:

Es kommt mir nahe durch Jesus Christus selbst, der mir nicht nur zum *„Nächsten"* wird, und nicht nur zur *„Rücksicht"* und nicht nur als *„Klarheit Gottes"* (wie so furchtbar gescheite Theologen das Ostergeschehen beschrieben haben), sondern:

In dem auferstandenen Jesus Christus, kommt mir Gott selbst entgegen. Er kommt mir entgegen als Gott der Liebe, der neben mir steht und der mir beisteht, der in mir wohnt und mir zuspricht: Fürchte dich nicht!

# Warum lässt Gott das zu?

„Warum lässt Gott das zu?" Vermutlich gehört diese Frage zu den am häufigsten gestellten Fragen auf unserer Welt. Selbst Menschen, in deren Alltag ansonsten Glaube und Gott kaum bis gar nicht vorkommen, stellen diese Frage:

Warum?

Warum bin ich unheilbar krank?

Warum hat mich ein Unfall zu einem Behinderten gemacht?

Warum musste unser Kind sterben?

Warum habe ich meinen Arbeitsplatz verloren?

Warum hat sich mein Partner von mir getrennt?

Warum werde immer nur ich gemoppt?

Warum ist das Leben so ungerecht zu mir?

„Warum?"

Diese Frage steht über jedem Unfall, jeder Katastrophe, jedem Unglück, jeder unheilbaren Krankheit. Sie bewegt ein ganzes Land, wenn ein Amokläufer Menschen wahllos erschießt, wenn ein Flugzeug abstürzt, wenn ein Kind einem Sexualmord zum Opfer fällt, wenn Menschen wegen ihres Glaubens geköpft werden oder sich jemand selbst das Leben nimmt. Warum?

Häufig heißt es eben dann aber auch: Warum lässt *Gott* das zu? Als ob da irgendwo ein älterer Herr mit langem, weißem Bart sitzt und je nach seiner Tageslaune willkürlich Menschen Schicksalsbrocken vor die Füße wirft, um am Ende gar seinen Spaß damit zu haben.

So einen Gott wollen wir nicht. An einen Gott, der verantwortlich ist für unser Leid, an den wollen wir nicht glauben. Einen lieben Gott, der gar nicht lieb ist, den brauchen wir nicht. Einen Gott, der seine Spielchen mit uns treibt, kann uns gestohlen bleiben.

Nun, woher kommt der Gedanke, dass Gott so sein könnte? Vielleicht liegt es an einer Geschichte, die uns im Alten Testament erzählt wird, die Geschichte von Hiob, die wir wahrscheinlich alle mehr oder weniger kennen. (Hiob 1,6ff)

Sie beginnt damit, dass sich Gott mit seinen Gottessöhnen, wie es heißt, über den untadeligen und frommen Hiob unterhält. Auch der Satan gehört zu diesen himmlischen Wesen und er ist es auch, der Gott in diesem Gespräch entgegenhält, dass es schon immer einfach war, ein gottgefälliges Leben zu leben, wenn es einen gut geht. *„Aber"*, so lässt der Autor dieses Buches ihn sagen, *„strecke deine Hand gegen ihn aus, und du wirst sehen, dass er nichts mehr mit dir zu tun haben will."* (Hiob 1,11)

Und Gott? Er lässt sich auf dieses kleine „Wetten-dass-Spielchen" ein. Der Satan erhält die Erlaubnis, Hiob zu prüfen und ihm alles Leid anzutun, solange er nicht dessen Leben angreift. Und damit beginnt die eigentliche Hiobsgeschichte. Es ist die Geschichte über die Frage nach dem „Warum". Es ist die Geschichte über die Suche nach dem Sinn von Leid.

Der Satan erweist sich als ein Meister seines Faches und so ereilt Hiob eine Hiobsbotschaft nach der anderen. Für Hiob kann es nicht schlimmer kommen. Durch ein Unglück verliert er seine Kinder und als er auch noch durch *„böse Geschwüre am ganzen Körper geschlagen ist"*, rät ihm seine Frau: *„Hältst du noch fest an deiner Frömmigkeit? Sage Gott ab und stirb!".* Und Hiob antwortet: *„Du redest wie törichte Weiber. Haben wir Gutes empfangen von Gott und sollten das Böse nicht auch annehmen?"* (Hiob 2,9-10)

Dieser über 2500 Jahre alte Dialog könnte genauso auch in unseren Tagen geführt werden, wobei Hiob's Frau stellvertretend für den sich weiter ausbreitenden Zeitgeist steht, der all jene belächelt, die Sinn und Ziel des Lebens immer noch bei einem nicht greifbaren Gott suchen.

Wir leben so als hätten wir ein Anrecht auf das „Gute". Wir begreifen die Welt als unerschöpfliches Reservoir, dessen Ressourcen – sei es die Natur, alle Kreaturen oder der Mensch selbst – wir erbarmungslos ausbeuten dürfen. Die Welt ist nicht mehr Schöpfung, sondern ein Selbstbedienungsladen geworden, von dem wir glauben, wir hätten ihn selbst erschaffen. Seit der Aufklärung arbeitet der Mensch daran, sich selbst an die Stelle Gottes zu stellen. Über unserem Leben herrscht nicht mehr ein unsichtbarer Gott, sondern die nicht mehr greifbaren Zentralen der Weltwirtschaft, die anstelle von Gottes Geboten mit Controlling, Leistungsmaximierung, Selbstoptimierung und Qualitätsmanagement die Grundregeln menschlichen Zusammenlebens vorgeben.

So ist Gott nicht mehr für das „Gute" zuständig, sondern allenfalls noch für das „Böse", wie Krankheit, Unglück und Tod. *Da* heißt es dann immer noch „Warum lässt Gott das zu?" So haben sich die Rollen vertauscht: die Menschen sind für das Gute, und Gott für das Böse zuständig.

Das Buch Hiob will gegen solches Denken ansteuern. Nachdem Hiob lange mit seinen Freunden, die ihn in seiner Trauer und in seinem Leid beistehen wollen, die Frage nach dem Leid erörtert haben, spricht Gott selbst zu Hiob.

Er erinnert ihn daran, dass der Mensch sich nicht selbst verdankt, so unangenehm dieser Gedanke vielen erscheint. (Hiob 38,4ff) Leid und Tod sind keine Fehler im Betriebssystem, sondern weisen darauf hin, dass Gesundheit, Glück und Leben Geschenke sind, die uns von Gott auf Zeit geliehen werden.

Er erinnert Hiob und uns daran, dass das Leid zu den Lebensbedingungen einer noch unvollendeten Welt gehört. Er erinnert daran, dass Gott uns nicht Böses schickt, um uns etwa zu prüfen, zu erziehen oder zu bestrafen, sondern dass Gott an unserer Seite steht im Kampf gegen das Böse. In allen Leiderfahrungen hält und trägt er uns. In allen Warum-Fragen unseres Lebens will er uns trösten und aufrichten, indem er uns die Kraft schenkt, auch zu „bösen" Erfahrungen Ja zu sagen, damit wir Glaube, Hoffnung und Liebe wieder neu finden.

Gott schickt uns nicht das Leid, er lässt es allenfalls zu. Er muss es zulassen, weil mit dem Leid der Preis für unsere Freiheit und der Preis für unsere Lebensbedingungen bezahlt werden. Weil er uns die Freiheit der eigenen Willensentscheidung geschenkt hat (und wir nicht wie die anderen Lebewesen allein den Vorgaben irgendwelcher Instinkte unterliegen), besitzen wir die Möglichkeit unsere Freiheit zu missbrauchen und dadurch anderen Menschen Leid zuzufügen.

Weil es Naturgesetze geben muss, auf die wir uns stets verlassen können und die letztlich überhaupt Leben ermöglichen, deshalb müssen wir auch mit deren Gefahren leben. Gott kann und darf die Naturgesetze nicht je nach Bedarf außer Kraft setzen, um etwa ein Menschenleben zu retten. Auf der Erde würde das totale Chaos herrschen. Ein Leben, wie wir es kennen, wäre dann unmöglich.

Deshalb ist die Frage „Warum lässt Gott das zu" schon im Ansatz falsch. Die Frage muss vielmehr lauten: „Wohin führt mich das Leid? Was macht es mit mir? Welchen Sinn gebe *Ich* ihm? Bringt es mich zum Jammern und Klagen, führt es mich in endlose Trauer und Verzweiflung, fördert es Ohnmacht und Wut, bewirkt es Trotz und Hass gegen das Leben, meine Mitmenschen, gegenüber Gott? Dann wird es zum Werkzeug der „Dunkelheit", die in der Hiobsgeschichte mit dem „Satan" personifiziert wird.

Oder bewirkt es, uns über die Grenzen unserer Kraft und Liebesfähigkeit hinauswachsen zu lassen? Uns zu Quellen des Trostes führen zu lassen, die uns vielleicht vorher unbekannt waren? Bereitet gar den Weg, den Mut zu finden, uns in die Arme dieses zwar unsichtbaren, aber dennoch liebenden Gottes fallen zu lassen?

Dann werden wir selbst zu Zeugen dieser Liebe, die wir Gott nennen. Dann werden wir zu Zeugen eines Lebens, das bei aller Unzulänglichkeit und Unvollkommenheit, das bei allem Leid und aller Vorläufigkeit *doch* von dieser Liebe lebt, umfangen und getragen wird. Die Liebe, die zwar auf einen Teil ihrer Allmacht verzichtet, damit wir überhaupt leben können, deren Fürsorge und Barmherzigkeit aber ungebrochen gilt, weil wir nicht nur von ihr her kommen, sondern einmal auch wieder zu ihr zurückkehren.

## Der Tod – eine Geburt?

Heutzutage kann man in Zeitschriften immer wieder die Ergebnisse von Umfragen und Untersuchungen zu allen möglichen und vor allem auch zu allen unnötigen Themen lesen. So wurde vor einiger Zeit z.B. nach dem Lieblingsmonat der Deutschen gefragt. Auf Platz Eins kam der „Mai" und den letzten Platz belegte der „November".

Dass der November am wenigsten geliebt wird, kann man gut nachvollziehen. Es ist nicht mehr richtig Herbst, aber auch noch kein richtiger Winter. Meist kommt der vorletzte Monat im Jahr grau und nasskalt daher. Die Erkältungszeit beginnt, die Tage werden kürzer und häufig laufen die Heizungen in den Wohnungen bereits auf vollen Touren.

Und so passen auch die Feiertage gut zu diesem Monat: Allerheiligen, Allerseelen, Buß- und Bettag, Totensonntag, Ewigkeitssonntag. Parallel zur Natur, in der die Bäume ihre Blätter verlieren und die Pflanzen sich für ihren Winterschlaf rüsten, bahnt sich der Gedanke, dass wir in einer vergänglichen Welt leben, seinen Weg.

Vielleicht ist auch deshalb der Monat „November" so unbeliebt, weil er generell eben auch an die Vergänglichkeit erinnert: Ans Abschiednehmen und Trauern, an Sterben und Tod.

Nach wie vor fällt das Thema „Tod" bei nicht wenigen unter ein Tabu. Viele weichen diesem Thema aus, denn in unserer Gesellschaft ist ja alles auf Konsum, Jugend- und Schönheitswahn, auf Party und Feiern, aufs Haben und Behalten, auf Stärke und Gesundheit ausgerichtet. Da scheint kein Platz für den Tod, der ja letztlich den endgültigen Verlust bedeutet:

Verlust des Lebens.

Verlust von all den schönen Dingen, die das Leben bereithält.
Verlust von Menschen, die wir lieben.

Verlust der Welt, in der wir uns so schön eingerichtet haben und auf der wir uns wohlfühlen.

Doch auch, wenn wir nur ungern daran denken, dass wir eines Tages diese Welt, die wir mit unserer Geburt betreten haben, auch wieder verlassen müssen; auch wenn wir alle möglichen Tricks und Ablenkungen aufbieten, um den Gedanken des Todes nicht zu nah an uns herankommen zu lassen – der Frage nach Sterben und Tod kann man letztlich nicht ausweichen. Denn genauso, wie wir vom Leben umgeben sind, so sind wir ja tagtäglich auch vom Tod umgeben:

Da gibt es die kleinen Tode des Alltags, wenn Hoffnungen sterben oder Beziehungen in die Brüche gehen oder Abschied genommen werden muss.

Da gibt es das fremde Sterben, von dem uns in den Nachrichtensendungen berichtet wird: Bei fast täglichen Terroranschlägen, in grausamen Bürgerkriegen oder in den Dürre-, Überschwemmungs- und Hungerbieten dieser Welt.

Und da gibt es das Sterben, das uns unmittelbar betrifft, weil wir von Familienangehörigen oder Freunden oder Menschen, denen wir nahe standen, Abschied nehmen müssen.

Der Frage nach dem Tod kann man nicht ausweichen. Und jeder antwortet auf diese Frage auf seine je eigene Weise:

Der eine stürzt sich umso mehr ins Leben, nimmt mit, was mitzunehmen ist und richtet seine Tage auf Genuss und Konsum aus.

Der nächste sammelt und hält fest: Besitztümer, Macht, Ansehen, ja selbst Menschen und natürlich Geld, vielleicht weil er einmal der Reichste auf dem Friedhof sein möchte.

Manche leben in ständiger Angst vor dem Tod und vergessen darüber ihr Leben zu leben.

Und wieder andere leben in der Hoffnung, dass da mit dem Tod vielleicht doch nicht alles zu Ende ist. Dass da noch irgendetwas kommt und dass es da eine Macht gibt, die wir Gott nennen, die über den Tod hinaus etwas mit uns, mit mir ganz persönlich zu tun hat.

Wie auch immer wir auf die Frage nach dem Tod antworten – er bleibt der große Unbekannte: Fremd und doch nah, unverfügbar und doch real, bedrohlich und doch auch nicht ohne Hoffnung.

Und so wie uns im Leben alles Unbekannte und Fremde Angst machen kann, so auch der Tod, und vor allem wohl auch der Weg dahin. Wie wird unser Sterben einmal sein? Rasch, von einem Moment auf den anderen, oder nach langer, leidvoller Krankheit. Kommt der Tod als Feind oder als Erlöser – und: *Wie* wird es danach sein und *was* wird danach sein?

Seit vielen Jahren hat sich in der Wissenschaft die sogenannte „Todesforschung" etabliert. Sie versucht auch dem Tod seine letzten Geheimnisse zu entreißen und ihn damit letztlich unter die Verfügungsgewalt des Menschen zu stellen. Der Tod aber gibt seine Geheimnisse nicht preis. Allenfalls lässt sich erahnen, was vielleicht sein könnte. Die Berichte von Menschen mit sogenannten Nahtoderfahrungen sprechen z.B. von einem Licht am Ende des Tunnels; sie sprechen davon, wie man seinen Körper verlässt; sie sprechen von Liebe und Harmonie und dem Eingebundensein in ein großes Ganzes.

Dass solche Sterbeerlebnisse bei Menschen, die zumindest kurzzeitig klinisch tot waren, auf der ganzen Welt und in allen Kulturkreisen vorkommen und sich in vielen Details ähneln, kann nachdenklich machen. Einen Beweis für ein Leben nach dem Tod stellen sie nicht dar. So sind wir gezwungen, selber über unser künftiges Sterben nachzudenken. Die Antworten darauf sind – neben der Ansicht, dass mit dem Tod alles aus ist - breit gefächert. Denn es gibt viele Bilder über den Tod. Bilder, die Hoffnung machen und Bilder, die Angst machen. Und gerade die „Kirche", die meiner Meinung nach eigentlich die Aufgabe besitzt, von der Liebe Gottes und der daraus erwachsende Hoffnung, die über den Tod hinausgeht, Zeugnis abzulegen – sie predigt bis heute unverständlicherweise Bilder von Gericht und Fegefeuer und Hölle. Damit verkehrt sie m.E. die „frohe Botschaft" in ihr Gegenteil. Anstatt Freude, Liebe und Hoffnung zu wecken und zu fördern, machte und macht sie den Menschen nach wie vor Angst. Anstelle von Freiheit predigt sie Gebote, Gehorsam und Unterwerfung, um sie damit gleichsam zu einem gottgefälligen Leben zu zwingen, denn am Ende droht ja allen Menschen das große Strafgericht Gottes.

Diesen strafenden Gott, der uns nach unserem Tod auch noch in die Pfanne haut, kann ich für mich in der Botschaft Jesu nicht erkennen. Welchen Sinn hätten die Freude von Weihnachten und die Hoffnung von Ostern, wenn unser irdisches Leben, an dem wir nicht selten ja schwer zu tragen haben, unter verschärften Bedingungen bis in alle Ewigkeit weitergehen würde?

Die Botschaft, die Gott uns durch Jesus ausrichten lässt, sie steht doch unter einem ganz anderen Vorzeichen: Unter dem Vorzeichen der Vergebung, der Liebe und der Hoffnung, und dass wir mit unserem Tod dahin zurückkehren, woher wir gekommen sind – zu Gott.

Wie das vor sich gehen könnte, wie *ich* mir das beispielsweise vorstelle, das möchte ich Ihnen als Gedankenanstoß in einer kleinen Geschichte weitergeben:

Stellen Sie vor, eine schwangere Frau könnte sich schon vor Geburt mit ihrem Kind unterhalten. So sagt sie zu ihrem Ungeborenen: „Wenn die Zeit gekommen ist, wirst du geboren werden und auf unsere Welt kommen. Alle freuen sich schon auf Dich: Dein Vater, deine Geschwister, deine Familie, die Nachbarn und Freunde. Und dann werden wir all das Schöne auf dieser Welt mit dir zusammen teilen können: Die Sonne, die Bäume, die Blumen, die ganze Natur mit ihren tausend Farben und alles, was diese Welt an Wunderbaren für uns bereithält".

Darauf antwortet ihr das ungeborene Kind: „Das hört sich ja alles wunderschön an. Aber, was ist das: Ein Baum? Was sind Blumen? Was ist die Sonne?"

„Nun", antwortet die Mutter, „das kann ich Dir jetzt noch nicht erklären, aber wenn du dann da bist, wirst Du das alles kennenlernen und wirst dich genauso wie wir daran erfreuen."

„Da magst du Recht haben", sagt darauf das Kind, „aber weißt du, eigentlich möchte ich viel lieber bei dir in deinem Bauch bleiben. Da fühle ich mich wohl, da kenne ich mich aus, da fühle ich mich geborgen. Ich glaube, ich möchte nicht geboren werden."

Die Mutter lächelt. „Ja, das kann ich verstehen, aber leider ist das nicht möglich. Die Natur ist so eingerichtet, dass du, wenn die Zeit gekommen ist, zur Welt kommst. Und du wirst sehen, alles wird gut sein."

Ich glaube, dass wir diese Welt so verlassen, wie wir auf sie gekommen sind. Ich glaube, dass der Tod wie eine Geburt ist. Durch den vielleicht engen und schmerzhaften „Geburtskanal", den wir allgemeinhin als „Tod" bezeichnen, geht es hinaus in ein neues Leben. Wie es dort aussieht, können wir nicht sagen. Aber dass wir auf diese zweite Geburt zugehen, dass uns nach dem Leben hier, ein neues Leben dort erwartet – das ist unsere Hoffnung.

Und so werden wir jedes Jahr, besonders mit all den Festen, die wir vor allem an Weihnachten und Ostern feiern, daran erinnert, dass wir mit jedem Tag unseres Lebens auch auf unsere neue, zweite Geburt zugehen.

Weihnachten erinnert uns an die Freude, die uns erwartet, wenn wir mit unserem Tod diese neue Welt betreten.

Die Passionszeit erinnert uns daran, dass der Weg dahin nicht ohne Leid, Schmerz, Enttäuschungen und Trauer sein wird.

Und Ostern erinnert uns schließlich daran, dass jedes Leben unter der Verheißung der Liebe Gottes steht, dass der Tod nicht das Ende, sondern, wie eine Geburt, ein Anfang ist.

## Segen

Keinen Tag soll es geben,
an dem du sagen musst:
Niemand ist da, der mich hält.
Keinen Tag soll es geben,
an dem du sagen musst:
Niemand ist da,
der mich schützt.
Keinen Tag soll es geben,
an dem du sagen musst:
Niemand ist da, der mich liebt.

So segne und behüte Dich
der Gott, der Dich hält,
der Gott, der Dich schützt,
der Gott, der Dich liebt:
der Vater, der Sohn und der Heilige Geist.

# Liebe und Gott

Am Anfang war die Liebe

Auf der Suche nach Gott

Das Geschenk der Liebe

Nur die Liebe liebt

So einfach ist das

Die Frage nach Gottes Willen

Von allen Seiten

Wie Herr X etwas über die Liebe Gottes erfuhr

Böse Geister

Segen

# Am Anfang war die Liebe

Als der Mensch anfing, sich über sich selbst und die Welt, die ihn umgab, Gedanken zu machen; als er anfing nach einer Antwort auf die vielen Naturphänomene, die er beobachten konnte, zu suchen; als er zu dem Schluss kam, dass die ganze Welt durchdrungen ist von unsichtbaren Mächten, die auf sein Schicksal Einfluss nehmen – da wurde der Mensch auch zu einem religiösen Wesen, weil er damit zugleich auch versuchte, mit diesen Kräften zu kommunizieren. Ein Kontakt erschien ihm aber nur möglich, wenn er diese höheren Mächte personifizierte. So begannen die Menschen die ihnen begegnenden Gewalten als Götter zu bezeichnen. Sie gaben ihnen Namen und legten fest, für welche Bereiche ihres Lebens sie als zuständig gelten sollten.

Auf Grund von archäologischen Funden legt sich heute nahe, dass es sich bei einer dieser ersten Gottheiten wohl um eine Mutter-Göttin bzw. Fruchtbarkeitsgöttin handelte. Später wurde dieser Göttin ein Mann zur Seite gestellt, in dem entweder ein Kriegs- und/oder ein Schöpfergott gesehen wurde. Weiter entwickelten sich ganze Götterfamilien, die sich in der Mythologie der jeweiligen Völker zu Pantheons ausweiteten.

Heute besitzen wir über all diese Mythen u.a. Kenntnisse darüber, wie sich die Menschen in Vorzeiten die Entstehung der Welt erklärt haben. Genaugenommen stellen die beiden Schöpfungsgeschichten in der Bibel ja auch nichts anderes als solch einen Mythos dar. Sie beschreiben, wie sich die Menschen des Volkes Israel vor 2500 bzw. vor über 3000 Jahren die Erschaffung der Erde und ihrer Bewohner durch den einen Gott ihres Glaubens vollzogen hat. Diese Erzählungen stellen natürlich keinen Tatsachenbericht dar, zum einen, weil ja kein Mensch bei der Entstehung dabei war, und zum anderen, weil ihr Weltbild aus unserer heutigen Sicht aus weit von unserem gegenwärtigen Wissen abweicht. Wir wissen es heute besser und genauer und nachweisbarer. Wir können heute die Entstehung unseres Universums bis auf wenige Sekunden nach seinem Anfang zurückberechnen.

Welche Frage allerdings, trotz aller wissenschaftlicher Bemühungen, immer noch auf eine Antwort wartet, das ist die Frage nach dem Punkt „Null" (Urknall) und vor allem, was ihn ausgelöst hat und was vor dem Anfang war.

Ich habe mich schon vor längerer Zeit auf die Suche gemacht, selbst eine Antwort darauf zu finden. Eine Antwort, die sehr wohl unser heutiges Wissen berücksichtigt, zugleich aber auch die Existenz einer spirituellen Welt nicht verneint. Beides gehört für mich unverzichtbar zusammen, weil uns die „Evolution" eben nicht nur ein Gehirn zum Denken mitgegeben hat, sondern auch ein „Herz", das die Fähigkeit besitzt zu glauben. Ich bin zu der Überzeugung gelangt, dass nie nur das eine von Beiden ausreicht, um den tieferen Grund unseres Daseins zu erfassen, sondern dass immer beides notwendig ist: Herz und Verstand. Das hat mich dahin geführt, anstelle unserer gewohnten Bezeichnung für den Schöpfer-Gott, einen Begriff zu wählen, der sich mit kreativer Macht, mit unvorstellbarer Energie, mit weltweiter Akzeptanz seiner Existenz trotz Unsichtbarkeit, aber auch mit Emotionalität und Kommunikationsbereitschaft verbinden lässt.

Dafür bietet sich nur *eine* Möglichkeit an, auf die schon die Bibel hinweist. Es ist die Umkehrung der Aussage „Gott ist die Liebe". Denn meine persönliche Antwort lautet: Die Liebe ist Gott, die Liebe des Anfangs ist das, was wir Menschen später „Gott" genannt haben.

Daraus ist nun der Versuch entstanden, die Schöpfungsgeschichte der Bibel (1. Mose 1,1ff) in einer neuen „Version" zu erzählen, ja so, wie sie vielleicht heute erzählt werden müsste oder sollte. Dieser „Versuch" hat zwischenzeitlich seinen Niederschlag in einem Kinderbilderbuch mit dem Titel „Am Anfang war die Liebe" gefunden. Der Text orientiert sich zwar an der Sprachfähigkeit von Kindern, wendet sich aber in gleicher Weise auch an Erwachsene.

*Am Anfang war die Liebe. Um sie herum war alles nur ganz dunkel. Später haben die Menschen die Liebe „Gott" genannt. Und weil Gott die Liebe ist, ist er der liebe Gott.*

*Am Anfang war die Liebe mitten in der großen Dunkelheit ganz allein. Deshalb war sie auch ein wenig traurig. „Ich brauche etwas, das ich auch lieben kann," dachte die Liebe, „denn allein zu lieben ist doch doof."*

*„Ich könnte die Dunkelheit lieben," dachte die Liebe weiter. Aber die Dunkelheit konnte nicht lieben. Sie war einfach nur dunkel.*

*Da hatte die Liebe eine tolle Idee: „Wenn ich etwas von meiner unendlichen Liebe an die Dunkelheit abgebe, dann könnte die Dunkelheit vielleicht auch lieben."*

*Da packte die Liebe die Dunkelheit und presste sie ganz, ganz fest zusammen. So fest, dass sie nur noch so groß war wie eine klitzekleine Glasmurmel. Dann aber legte die Liebe die Dunkelheit ganz vorsichtig auf ihre Hand. Sie schaute sie mit ihrer ganzen Liebe an, drückte sie noch einmal ganz zärtlich an ihr Herz und … warf sie wie einen Ball hoch in die Luft. Da gab es einen riesen großen Knall.*

*Es spritzelte und spratzelte.*

*Es grummelte und brummelte.*

*Es krachte und schepperte.*

*Und es donnerte und blitzte.*

*Es war so laut, dass selbst die Liebe sich die Ohren zuhalten musste.*

*Irgendwann aber wurde es wieder ganz still. Und da, wo vorher nur Dunkelheit war, blinkten nun unzählige große und kleine Sterne.*

*„Wahnsinn!" staunte die Liebe. „Dass die Liebe eine solche Kraft besitzt, hätte ich selbst nicht gedacht."*

*Und während sie all die funkelnden und blinkenden Sterne betrachtete, nickte sie vor sich hin und sagte schließlich: „Das ist wirklich sehr gut."*

*Um alles noch ein bisschen besser betrachten zu können, machte sich die Liebe auf zu einem Spaziergang durch die Dunkelheit, die ja nun nicht mehr dunkel war. Unterwegs sah sie große leuchtende Sonnen, die zusammen mit den Planeten und Monden aussahen, wie eine Straße aus Milch. In jedem Stern konnte die Liebe etwas von ihrer eigenen Liebe entdecken.*

*Da ging der Liebe das Herz auf und sie rief den Sternen zu: „Ich hab' euch lieb!" Aber die Sterne blieben stumm.*

*Da wurde die Liebe ganz traurig. Sie wollte doch auch geliebt werden. „Irgendetwas fehlt".*

*Während sie noch nachdachte, entdeckte sie plötzlich hinter einer Sonne etwas Blaues. „Uups", dachte die Liebe, „was ist das denn?" Und als sie genauer hinsah, musste sie lächeln. „Na klar! Das Blaue, das ist natürlich Wasser und dazwischen, da gab es sogar Land", das sah so ungefähr braunrotdunkelweißnichtwas aus. „Damit lässt sich doch etwas anfangen".*

*Und das Herz der Liebe fing mit einem mal an besonders heftig zu klopfen. Da wusste sie: „Diesen blauen Planeten, den nenne ich Erde und die hab' ich besonders lieb".*

*Und während sie noch ganz gerührt nachdachte, veränderte sich allmählich das Land auf der Erde. Da, wo es vorher noch braunrotdunkelweißnichtwas war, da legte sich ein grüner Schleier. Gräser wuchsen, und Blumen, die in den schönsten Farben blühten. Büsche wuchsen und Bäume, manche riesengroß, manche mit Früchten an den Ästen und manche mit ganz piekseligen Nadeln.*

*Und auch das Meer wurde lebendig. Da tummelte sich eine Unzahl von Fischen: Große und kleine, dicke und dünne, kurze und lange, und welche mit großen Zähnen und andere mit ganz kleinen. Dazu Kraken und Aale, und Delphine, die Purzelbaum schlagen konnten.*

*Die Liebe war ganz begeistert. „Das ist ja wirklich toll", dachte sie, und rief den Fischen und Pflanzen zu: „Ich hab' Euch lieb!"*

*Und die Pflanzen blühten noch toller und die Delphine schlugen zweifachen Salto. Aber ansonsten blieben sie stumm.*


*Da wurde die Liebe bei aller Freude über die Schönheit der Erde doch etwas traurig. „Es fehlt noch etwas. Etwas, das auch Laute und Töne von sich geben kann", dachte sie.*

*Und wieder sah sie ihre Schöpfung mit all ihrer Liebe an. Und plötzlich konnte man zwischen dem Plätschern des Meeres und zwischen dem Rauschen der Bäume etwas hören:*

*Da war ein Zwitschern und Singen, ein Krächzen und Krähen, und ein Piepen und Tirilieren. Jetzt bewohnten auch Vögel die Erde.*

*Aber damit nicht genug. Auch andere Tiere konnte man nun auf der Erde entdecken: Schmetterlinge und Elefanten, Mistkäfer und Säbelzahntiger, Hängebauchschweine und Tausendfüßler und klitzekleine Mäuschen.*

*Und die Liebe sah all die Tiere an und flüsterte: „Ich hab' euch lieb!" Und die Vögel antworteten mit ihren schönsten Liedern, die Schmetterlinge flatterten, die Elefanten trompeteten, die Mistkäfer rollten sich, der Säbelzahntiger brüllte, das Hängebauchschwein grunzte, der Tausendfüßler tanzte und die klitzekleinen Mäuschen piepsten.*

*Und die Liebe schaute ihre Schöpfung mit ihrer ganzen Liebe an und freute sich, wie nur die Liebe sich freuen kann.*


*Und doch … und doch war sie noch nicht ganz zufrieden. Sie dachte: „Irgendetwas fehlt noch!" Weißt Du, was noch fehlt?*

*Richtig! Wir Menschen.*

„Und der Mensch, der soll etwas ganz Besonderes sein", dachte die Liebe. Er soll auch lieben können, wie ich, und er soll ein Herz haben für alle Tiere und Pflanzen, und ein Herz für alle seine Mitmenschen, und - so hoffte die Liebe - auch ein wenig für mich.

Und so kamen die ersten Menschen auf die Erde. Geboren aus der Liebe Gottes. Als man viel später die Geschichte von der Liebe aufschrieb, hat man diesen Menschen Namen gegeben. Den Mann nannte man „Adam" – das bedeutet: Der Mensch, und die Frau nannte man „Eva" – das bedeutet: „Die als erste Kinder geboren hat."

Und die Liebe, die wir Gott nennen, sah alles an, was sie geschaffen hatte und „siehe, es war sehr gut."

Und seit damals flüstert sie jedem Menschen, wenn er zur Welt kommt, zu: „Ich hab dich lieb". Und wenn Du genau hinschaust, dann kannst du manchmal sehen, wie Babys lächeln. Und mit diesem Lächeln sagen sie Gott: „Ich hab dich auch lieb". Dann freut sich Gott.

Denn am Anfang war die Liebe.

Und jeder Mensch, und auch Du, bist ein Kind der Liebe Gottes.

## Auf der Suche nach Gott

Als Kind habe ich gelernt, dass Gott im Himmel wohnt. Und der Himmel, der ist natürlich immer „oben". Auch meine Frage, wie man da hinkommt, wurde beantwortet, nämlich durch ein Kinderbuch, das ich bis heute heiß und innig liebe. Vielleicht kennen Sie es ja auch. Es heißt „Hans Wundersam" und erzählt davon, wie der Held dieser Geschichte einen kleinen Engel vor dem Erfrieren rettet und deshalb mit ihm über eine ewig lange Treppe hinauf in den Himmel kommt.

Ja, und da wohnt nun Gott. Im Himmel. Von dort sieht er alles. Von dort hört er alles. Von dort beschützt er mich.

Schon als Kind dachte ich mir dabei, dass Gott dann ja wohl ganz schön scharfe Augen, ein tolles Gehör und einen ewig langen Arm haben muss.

Wenn ich in den Himmel schaute und die unendliche Weite erahnte, kam ich mir aber auch ziemlich verloren vor. Ja ich hatte regelrecht Angst vor dem Himmel, denn ich kam mir noch kleiner vor als ich eh schon war.

Gott wohnt im Himmel. Mit jedem Vaterunser werden wir ja daran erinnert, wenn wir beten: „Vater unser im Himmel". Aber der Himmel, der ist eben ganz schön weit weg und mit ihm ist auch Gott ganz schön weit weg. Unzählige Menschen mussten diese Erfahrung in ihrem Leben machen, dass Gott unheimlich weit weg ist.

Jesus rief am Kreuz: *„Mein Gott, mein Gott, warum hast du mich verlassen?"* (Mt. 27,46) Für ihn war Gott auch ganz weit weg.

Die Menschen, die in den Konzentrationslagern einem elenden Tod entgegengingen – auch für sie war Gott weit weg.

Und für die mittlerweile tausenden von Flüchtlingen, die von kriminellen Fluchthelfern auf Schlauchboote oder Holzkähnen an der nordafrikanischen Küste in Richtung Italien losgeschickt werden, um dann mitten auf dem Meer den grausamen Tod des Ertrinkens starben – auch für sie war Gott ganz, ganz weit weg.

Immer wieder mussten Menschen die Erfahrung machen, wenn sie Gott am meisten brauchten, schien er nicht da zu sein. Deshalb haben die Menschen umgedacht. Wenn Gott nicht zu mir kommt, wenn ich ihn brauche, dann muss ich halt zu ihm kommen. Und so begann man Tempel, Kirchen und Kapellen zu bauen, wo Gott bei seinen Besuchen auf der Erde wohnen konnte.

Dazu fand man Stätten, wo Gott einem Menschen begegnet war und machte diese Orte zu Wallfahrtsstätten, zu heiligen Orten, wo man sich der Nähe Gottes sicher sein konnte.

Man hob die Gebeine von Märtyrern und Heiligen auf, denn in ihnen musste ja noch die Zauberkraft Gottes und damit Gott selbst drinstecken.

Man entdeckte die Natur neu, weil man sie als Ausdruck der Schöpferkraft Gottes verstand und sich in der Ruhe eines Waldes oder auf dem Gipfel eines Berges Gott besonders nahe fühlt.

Und schließlich erfand man auch Körperübungen, mit denen man über die Atmung Kontakt mit Gott aufnehmen kann, und man entwickelte Rituale, die alle Sinne ansprechen und einen religiösen „Flow" erzeugen, und man entdeckte den Weg der Meditation, des Fastens, des Schweigens und des Pilgerwanderns, um dem Gott, der doch so weit weg im Himmel wohnt, zumindest ein Stückchen näher zu kommen.

Man kann nicht behaupten, dass sich Menschen nicht auch heute noch alle Mühe geben, um Gott nahe zu sein, um ihn nicht nur im Himmel, sondern auch auf Erden zu finden. Und heißt es nicht in einem alttestamentlichen Prophetenwort, wo Gott spricht: *„Wenn ihr mich von ganzem Herzen suchen werdet, will ich mich von euch finden lassen"!?* (Jer. 29,13)

Und das ist genau der Punkt, auf den es ankommt und den wir in unserer menschlichen Oberflächlichkeit einfach gerne übersehen. Wir hören dieses Wort, hören diese Verheißung, aber wir hören nur: Gott lässt sich finden, wenn wir ihn suchen. Aber wir suchen an der falschen Stelle und mit den falschen Mitteln.

Wir suchen ihn mit dem Verstand,

wir suchen ihn mit selbst erzeugten Techniken,

wir suchen ihn über Wundererscheinungen,

wir suchen ihn mit Mitteln der Rituale oder mit Mitteln selbst auferlegter Bußübungen.

Wir suchen in ihm auch den Geschäftspartner, indem wir Gott für sein Erscheinen etwas anbieten, wie z.B. ein frommes Leben, regelmäßige Gottesdienstbesuche, Buße, Spenden oder gute Taten.

Wir suchen ihn auch direkt im Himmel, wie die Geschichte des russischen Kosmonauten Juri Gagarin zeigt, der am 12. April 1961 als erster Mensch die Erde umkreiste, und der hinterher gesagt haben soll: „Ich bin in den Weltraum geflogen, aber Gott habe ich dort nicht gesehen!"

Ja, Menschen haben schon immer Gott gesucht bis heute. Aber es heißt eben nicht, wer Gott sucht, wird ihn finden, sondern wer ihn aus ganzem *Herzen* sucht. Darauf weist uns nun ausgerechnet wieder ein russischer Kosmonaut hin. Georgij Gretschko kommentierte den Satz seines Kollegen mit den Worten: „Man braucht Gott nicht im Weltall zu suchen. Man muss nicht Gagarin zu Gott schicken – Gott muss man mit dem eigenen Herzen suchen."

Was bedeutet nun dieses „mit dem Herzen"? Das „Herz" verstehen wir als Symbol für die Liebe. Und Gott – das finden wir an vielen Stellen der Bibel – Gott ist die Liebe (z.B. 1.Joh. 4,8). Mit ganzem Herzen Gott suchen heißt also nichts anderes, als dass die Liebe die

Liebe sucht. Wenn Gott also die Liebe ist und wir Liebe in uns spüren, dann spüren wir Gott in uns. Gott ist mit seiner Liebe ein Teil von uns. Er wohnt in uns. Wir tragen Gott unser ganzes Leben in uns. Und deshalb ist er immer bei uns. Deshalb hört er unsere Gebete, weiß um unsere Gedanken, sieht uns und begleitet uns.

Wir müssen ihn nicht irgendwo suchen, sondern mit unserer Liebe können wir ihn jederzeit in uns spüren.

Wir müssen ihn nicht irgendwo suchen, sondern er hat uns ja schon längst gefunden.

Wir müssen ihn nicht irgendwo suchen, sondern seine Liebe trägt uns ja seit dem Moment, als wir ein Mensch wurden.

Sie trägt uns, sie zeigt uns den Weg der Liebe, sie tröstet uns, stärkt uns, schenkt Kraft und Hoffnung, und ist bei uns bis an das Ende der Welt und darüber hinaus. So einfach ist das.

Folgen wir der Stimme der Liebe, dann werden wir spüren und erfahren, dass wir nie gottverlassen sind, weil wir aus der Liebe, die wir Gott nennen, herkommen und eines Tages zu ihr wieder zurückkehren.

## Das Geschenk der Liebe

„Einem geschenkten Gaul schaut man nicht ins Maul".

Sie kennen dieses Sprichwort, das daran erinnert, dass man an Geschenken nicht herumkritisiert, sondern brav seinen Diener macht und sich dafür bedankt.

Mit „Geschenken" habe ich ganz widersprüchliche Erfahrungen gemacht. Vor allem mein 60. Geburtstag ist mir da in Erinnerung geblieben. Ich hatte vorher extra einen Wunschzettel geschrieben, aber einige meiner Gäste wollten mich wohl überraschen.

Nun, die Überraschung war im Grunde schon gelungen, nur die Freude darüber erforderte mein ganzes schauspielerisches Talent. Zu den Überraschungen zählte z.B. ein tolles Bild, für das sich aber an keiner meiner häuslichen Wände ein Platz anbot, das ich aber dennoch aufhängen musste, spätestens als die Schenker ihren Besuch ankündigten.

Ich bekam auch noch einen Tagesausflug geschenkt, zu dem ich nicht die geringste Lust verspürte, weil ich mit ihm nur Stress in Verbindung brachte. Und als Krönung erhielt ich noch einen Gutschein über ein Wochenende, das fest terminiert war und dadurch meinen Kalender total durcheinanderbrachte und mir noch eine Menge Nebenkosten einbrachte, die im Gutschein nicht inbegriffen waren.

So ist das manchmal mit Geschenken, bei denen sich die Schenker mehr freuen als der Beschenkte. Total freuen musste ich mich z.B. wie ich vor vielen Jahren an Heilig Abend in die erwartungsfrohen Gesichter meiner drei Kinder schaute, als ich Ihr Geschenk auspackte. Sie hatten wirklich alle Hebel in Bewegung gesetzt, um eine bestimmte Schallplatte für mich aufzutreiben. Pech nur für mich, dass ich die Schallplatte schon hatte, mir aber die entsprechende CD gewünscht hatte – meine Kinder hatten das verwechselt und ich musste meine ganze Liebe zu meinen Kindern bemühen, dass mein Freudensprung dann dennoch rekordverdächtig ausfiel.

Bei einer anderen Gelegenheit habe ich dann allerdings den Spieß einmal umgedreht. Es war die Zeit, als CD-Spieler auf den Markt kamen. Als ich meiner damaligen Frau vorschlug, uns so ein Gerät anzuschaffen, meinte sie nur, dass das doch völlig überflüssig wäre, da wir ja gar keine CDs hätten. Meinem Argument, dass dies ja logisch sei, weil man sich CDs in der Regel ja erst dann kauft, wenn man das passende Abspielgerät besitzt, diesem Argument war sie dennoch nicht zugängig, so dass ich kurzerhand *ihr* einen CD-Player zu Weihnachten schenkte. Jetzt dürfen Sie sich ausmalen, wie sehr sie sich damals gefreut hat und wie sehr *ich* mich darüber gefreut habe.

Ja, so ist das manchmal mit Geschenken. Sie sollen Freude machen, am besten für beide Seiten, aber das gelingt nicht immer, weil sie gelegentlich eben auch einen unangenehmen Beigeschmack besitzen können:

Sie erfreuen entweder nur einen von beiden, oder sie lösen den Gedanken nach Verpflichtung aus: Meine Gäste bringen mir etwas mit, dann muss ich beim Gegenbesuch auch etwas mitbringen.

Kinder überhäufen manchmal ihre Eltern mit liebevoll gemalten Gutschein-Geschenken. Da stehen dann so Sachen drauf wie: „Einmal Müll raustragen", oder einmal „freiwillig abspülen", oder einmal „Zimmer aufräumen" ohne Murren oder einmal „auf den kleinen Bruder aufpassen". Das sind ernstgemeinte Geschenke, die aber dann meist doch nicht eingelöst werden und sich nach Jahren in einem alten Karton wiederfinden.

Geschenke, die eigentlich gar keine Geschenke sind, werden uns auch - vorwiegend vom Einzelhandel – nachgeworfen mit Rabatten und Sonderkonditionen und dienen letztlich doch nur dazu, entweder Dinge zu erwerben, die man eigentlich gar nicht braucht, oder noch mehr zu kaufen und zu konsumieren.

Wir werden ständig bombardiert mit der Aufforderung, Geschenke zu machen und damit Freude zu verbreiten. Früher gab es an Weihnachten und am Geburtstag Geschenke, und gelegentlich noch beim Metzger, wenn's für den „Kleinen" eine Scheibe Wurst gratis gab. Heute sollen wir uns ständig beschenken: Zum Valentinstag, zum Muttertag, zum Vatertag, zu Ostern, zu Pfingsten, zu Halloween, zum Namenstag, zum Tauftag, zum Hochzeitstag, zum Kennenlerntag. Und zwischendurch schenkt man guten Freunden noch ein „Küsschen", bringt von Urlaubsreisen „Mitbringsel" mit und beschenkt sich auch mal selbst.

Geschenke haben Inflation, und bei diesem Gedanken fällt mir ein anderes Sprichwort ein, das besagt: „Im Leben bekommt man nichts geschenkt. Nichts ist umsonst, nur der Tod, und der kostet das Leben". Ist das so? Bekommt man wirklich nichts geschenkt? Müssen wir für alles einen Preis zahlen?

Was kostet uns ein Lächeln?

Was kostet uns ein lobendes Wort?

Was kostet uns ein „Dankeschön"

Was kostet uns ein wenig Freundlichkeit?

Was kostet uns etwas mehr Toleranz?

Eigentlich doch nichts. Und doch gehen wir so sparsam damit um, als hätten wir nur einen begrenzten Vorrat davon übrig. Als wären wir gezwungen, damit hauszuhalten und dies nur einem ausgewählten Personenkreis zukommen zu lassen.

Kleine Geschenke erhalten die Freundschaft, sagen wir. Kleine Geschenke lassen unsere Welt ein wenig menschlicher werden möchte ich behaupten.

Und es wäre im Grunde ja auch denkbar einfach, unseren Mitmenschen z.B. ein wenig freundlicher zu begegnen. Das kostet uns nichts und wir besitzen davon einen unerschöpflichen Vorrat.

Denn was steckt denn in uns? Was ist denn ein wesentlicher Teil von uns? Das sind doch Freundlichkeit und Liebe. Warum? Weil die Liebe, die wir Gott nennen, in uns wohnt – und wir davon beliebig austeilen könnten.

In *jeden* Menschen hat Gott sich selbst in und mit seiner Liebe hineingelegt. Das ist sein Geschenk an uns, an jeden einzelnen Menschen. Kostenlos und gratis!

Und es fragt sich: Warum geben wir davon so wenig weiter? Etwa weil nichts kostet, nichts wert ist? Manchmal habe ich den Eindruck. Auch dass wir die wahren Geschenke unseres Lebens häufig nicht beachten oder als selbstverständlich betrachten.

Ich bin überzeugt davon, dass in jedem Menschen Gott steckt. Dieser Gott ist die Liebe, oder - präziser ausgedrückt: Diese Liebe nennen wir Gott. Das Wesen der Liebe ist zu lieben, das Wesen der Liebe ist Freundlichkeit. Und zum Wesen von Liebe und Freundlichkeit gehört, dass sie nicht für sich bleiben will, sondern, dass wir dieses Geschenk der Liebe weiter verschenken. Denn sie wird ja nicht weniger, wenn wir sie verschenken. Im Gegenteil: Geteilte Liebe und Freundlichkeit verdoppelt sich, weil nun dadurch Freude auf beiden Seiten entstehen kann: Freude bei dem, der schenkt und Freude bei dem, der beschenkt wird. So einfach ist das – und scheinbar doch so schwer.

Was hindert uns daran?

Weil wir nicht daran glauben können, dass Gottes Liebe in uns wohnt? Woher haben wir Menschen dann die Fähigkeit zu lieben?

Was hindert uns daran?

Weil wir glauben, dass das Geschenk der Liebe vielleicht doch nicht umsonst ist? Aber Liebe lässt sich doch nicht kaufen. Liebe lässt sich nur verschenken. Auch das ist ein Wesenszug der Liebe.

Was hindert uns daran?

Weil wir Angst davor haben, dass die Liebe, die wir verschenken, zurückgewiesen wird? Na und? Es hat uns nichts gekostet, so können wir auch nichts verlieren.

Das würde ich mir wünschen:

Dass wir mehr und mehr begreifen lernen, gerade in einer scheinbar immer liebloseren Welt, dass wir *aus* und *von* und *mit* der Liebe leben, die wir „Gott" nennen.

Dass wir diese Liebe als Geschenk verstehen, das uns nichts kostet, das wir nur annehmen und wahrnehmen und uns darüber freuen sollten.

Dass uns bewusst wird, dass wir und unsere gesamte Welt nur deshalb existiert, weil diese Liebe alles, was ist, ins Dasein gerufen hat.

Dass ich kein Kind des Zufalls und der Dunkelheit bin, sondern ein Kind der Liebe und des Lichts.

Welch ein Geschenk!

# Die Liebe liebt

„Lieber Gott, mach mich fromm, dass ich in den Himmel komm!" Vielleicht kennen Sie noch dieses uralte Kindergebet, das nicht selten besonders dann gesprochen wurde, wenn man als junger Mensch etwas ausgefressen hatte. Es drückt den Wunsch aus, ein gutes, braves Kind zu sein, denn nur dann behielt man ja die Chance, einmal in den Himmel zu kommen.

In so einem harmlos anmutenden Kindergebet steckt eine ganze Portion „Theologie", weil es nämlich ein Denken widerspiegelt, das scheinbar ganz tief in uns Menschen verwurzelt ist. Es geht um die Vorstellung, dass göttliche Strafe und göttlicher Lohn ganz von meinem Verhalten abhängig sind. Auf eine kurze Formel gebracht besagt dieses Denkmuster:

Bin ich ein guter Mensch, werde ich dafür belohnt.

Bin ich ein schlechter Mensch, werde ich dafür bestraft.

Oder auch das kann damit gemeint sein:

Bin ich gut, dann geht es mir auch gut.

Bin ich schlecht, dann geht es mir auch schlecht.

Dieses Denken nennt man den „Tun-Ergehen-Zusammenhang". Es durchzieht nicht nur das ganze Alte Testament, sondern wir finden es auch bei Jesus, in der Reformationszeit und in antiquierten Kindergebeten.

Obwohl es immer mal wieder Versuche gab, dieses Denkmuster aufzubrechen, weil die Erfahrung gezeigt hat, dass es sich in der Realität nicht selten genau umgekehrt verhält - den „Guten" geht es schlecht und den „Schlechten" geht es gut (Thema des Buches „Hiob") – obwohl es solche Versuche gegeben hat, hält sich im religiösen Leben der Menschen diese Vorstellung eines Tun-Ergehen-Zusammenhangs seit tausenden von Jahren bis heute.

Dieses Denken kann sich auf verschiedene Art und Weise äußern. In den Psalmen Davids etwa wird es als Angebot an Gott formuliert: Wenn Du, Gott, mich aus meiner Not rettest, *„dann will ich dir folgen mein Leben lang."*

Am Jerusalemer Tempel äußerte sich dieses Denken in Form einer Art „Besitzstandswahrung": Den anhaltenden Segen Gottes versprach man sich von der strengen Einhaltung von Opferritualen.

Bei Jesus zeigt sich dieses Denken, indem überliefert wird, dass er kranken Menschen, bevor er sie heilte, zunächst die Vergebung ihrer Sünden zusprach. Warum? Weil Krankheit und Behinderung als Strafe Gottes für begangene Sünden galten. Sündenvergebung beendete die Strafe und bewirkte letztlich die Heilung, so dass es den Betroffenen wieder gut ging. Deshalb galten etwa Aussätzige damals nicht nur wegen der Ansteckungsgefahr als Ausgestoßene, sondern vor allem deswegen, weil der Aussatz als Strafe Gottes galt und jede Form von Linderung der damit verbundenen Leiden als Einmischung in das Strafhandeln Gottes betrachtet wurde.

Bis ins Hohe Mittelalter wird der Gedanke des Tun-Ergehen-Zusammenhangs vorwiegend durch die Kirchenfürsten zur Unterdrückung und Kontrolle der einfachen Leute eingesetzt. Durch die Aussicht auf ein besseres Leben im Jenseits - das man sich aber erst verdienen musste - blühte der Ablasshandel auf, unterwarfen sich Menschen auferlegten Bußübungen, suchten nicht wenige ihr Heil im Kloster, und der Glaube an die absolute Autorität der Kirche prägte den Alltag, selbst von Fürsten, Königen und Kaisern.

Während Martin Luther in der Reformationszeit von der Freiheit eines Christenmenschen predigte, erlebte der Gedanke des Tun-Ergehen-Zusammenhangs durch den Calvinismus gleichsam eine Art Renaissance. Der lehrte nämlich unter anderem, dass von Gott alles vorherbestimmt ist, auch wer zu seinen Auserwählten gehört. Dieses Auserwähltsein lässt sich schon jetzt an jenen erkennen, die es zu Wohlstand und Ansehen gebracht haben. Diesen Status erreicht man aber nur durch ein frommes, gottwohlgefälliges Leben.

Dieses Denkmuster eines Tun-Ergehen-Zusammenhangs mit seinen unterschiedlichen Ausprägungen reicht bis in unsere Gegenwart. Tief verwurzelt ist die *Vorstellung* von einem Gott, der unmittelbar auf unser Verhalten reagiert, entweder mit Segen oder Strafe.

Tief verwurzelt ist der *Gedanke,* dass Gott zu unseren Geschäftspartnern gehört, mit dem uns ein ständiges, beiderseitiges Geben und Nehmen verbindet.

Tief verwurzelt ist der *Glaube,* dass wir ununterbrochen um Vergebung unserer Sünden betteln müssen, weil wir sonst nach unserem Tod nicht gerettet werden, sondern in die Hölle kommen.

Tief verwurzelt ist die *Meinung,* gerade bei den ganz besonders Frommen, dass es Gnade und Barmherzigkeit bei Gott nur für jene gibt, die sich streng an Gottes Gebote halten, ein moralisch einwandfreies Leben führen und in jedem Wort der Bibel Gottes Wille erkennen, den sie dann nach ihrer eigenen Interpretation befolgen.

Ich frage mich schon seit langer Zeit, und auch immer wieder neu, welcher Gott wurde da in das Korsett dieses Tun-Ergehen-Zusammenhangs hineingezwängt? Welcher Gott würde sich auf dieses Spielchen mit uns Menschen einlassen? Welcher Gott verschachert da seine Liebe, seine Gnade und seine Barmherzigkeit an uns armselige Menschen, nur damit vielleicht seine Statistik, dass seine Schöpfung doch gut ist, in den grünen Bereich rutscht?

Ist das unser Gott? Ein Krämer und Schuldeneintreiber? Ist das der Gott, der in Jesus ein Mensch wurde? Ein pingeliger Erbsenzähler, der jede unserer Sünden in einem dicken Buch vermerkt als Beweisaufnahme für das Jüngste Gericht?

Ist das der Gott, der uns ins Leben gerufen hat? Ein korinthenkackender Richter, ein Dompteur mit Zuckerbrot und Peitsche? Ist das unser Gott? Denn das wäre er ja wohl, wenn wir die Schlussfolgerungen aus dem Gedanken eines Tun-Ergehen-Zusammenhangs konsequent ziehen wollten.

An einen solchen Gott kann ich persönlich nicht glauben. So ein Gott sieht mir doch sehr danach aus, als sei er von Menschen erfunden und erdacht worden.

Ich glaube vielmehr an einen Gott der Liebe. Ein Gott, der die Liebe ist. *„Gott ist die Liebe"*, schreibt ein Johannes. *„Ich bin, der ich bin"* sagt Gott zu Mose (2. Mose 3,14), und ich möchte ergänzen: „Ich bin, der ich bin, nämlich die Liebe!"

Die Liebe, die man sich gar nicht groß genug vorstellen kann und die nicht unterscheidet zwischen Sympathie und Antipathie.

Die Liebe, von der Jesus sagt: *„Niemand hat größere Liebe als der, der sein Leben hingibt für seine Freunde"* (Joh. 15,13). Und *wir* sind die Freunde Gottes und dazu jeder einzelne Mensch auf dieser Welt.

Und lässt sich der Kreuzestod Jesu nicht auch so deuten, dass Gott uns damit einfach seine Liebe vor Augen führen wollte. Dass diese angebliche theologische Weisheit eines Paulus, Jesus sei das Opferlamm, der die Sünden der Welt trägt, dass diese Deutung an dem eigentlichen Sinn vorbeidenkt?

Ich denke: Wenn Gott die Liebe ist,

dann **vergibt** diese Liebe ohne Wenn und Aber;

dann ist diese Liebe **barmherzig** ohne Wenn und Aber;

dann ist diese Liebe **gnädig** ohne Wenn und Aber,

dann **liebt** diese Liebe ohne Wenn und Aber.

Und alles, was diese Liebe wünscht – und nicht fordert, oder verlangt, oder an bestimmte Voraussetzungen knüpft – alles, was diese Liebe wünscht, ist das, was sich jede Liebe wünscht, nämlich auch geliebt zu werden.

Und wie lässt sich diese Liebe zu Gott zeigen? - fragt vielleicht jetzt einer. Ganz einfach: Indem ich mich selbst und jeden anderen Menschen (mit oder ohne Sympathie) mit den Augen der Liebe anschaue, mit den Augen der Liebe Gottes.

Das ist gewiss nicht immer einfach, aber ich bin überzeugt davon, dass das die besondere Bestimmung unseres Menschseins ist: Die Liebe! Die Liebe, die liebt.

# So einfach ist das

Haben Sie auch manchmal den Eindruck, dass das Leben immer komplizierter wird? Mir ist das z.B. beim Telefonieren aufgefallen. Seitdem ich der Verführung durch die ständige Werbung schließlich doch erlegen bin und mich nun im Besitz eines Smartphones befinde, treibt mich dieses Gerät allerdings immer wieder an den Rand des Wahnsinns:

Ich tippe und tatsche und drücke, aber entweder drücke ich zu fest oder zu lange oder daneben, so dass das „Ding" macht, was es will, nur nicht das, was ich möchte. Anfangs musste ich mich erst eine ganze Weile orientieren bis ich entdeckt habe, wo und wie man beim Smartphone „abhebt", wenn jemand anruft. War ich endlich fündig geworden, hatte der Anrufer aber häufig schon wieder aufgelegt. In meiner monatlichen Abrechnung stehen Serviceleistungen, von denen ich nichts weiß, wofür man die gebraucht und deshalb auch nie nutze. Und ganz schlimm wird es, wenn ich eine Nachricht schreibe und der kleine Minicomputer scheinbar ganz eigenständig Worte benutzt, die ich gar nicht eingetippt habe.

Aber es sind ja nicht nur die technischen Geräte, die das Leben komplizierter machen können. Ich denke da z.B. an die inflationäre Ausbreitung von Abkürzungen, die zum festen Sprachgebrauch werden, von denen man aber entweder gar nicht recht weiß, was sie bedeuten sollen oder weil sie mehrfach vergeben sind. Meine oberste Dienstbehörde ist z.B. das LKA, zu Deutsch: Landeskirchenamt. Viele Fahnder in den Fersehkrimis arbeiten auch für das LKA, sind aber nicht bei Kirche angestellt, sondern beim Landeskriminalamt.

Oder ich denke an Verpackungen – ein besonders häufiger Grund für meinen Ärger. „Einfach hier aufreißen" steht da z.B. – und ich reiße und zerre, und entweder tut sich gar nichts oder die ganze Packung löst sich in ihre Bestandteile auf.

Und dann denke ich noch an unsere Sprache, die mehr und mehr, wie ich den Eindruck habe, von englischen Ersatzbegriffen, Neuschöpfungen und besonderen Fachbegriffen geprägt wird. Ein Englisch- und ein Fremdwörterlexikon sind bei mir zu unverzichtbaren Gebrauchsgegenständen des Alltags geworden, und manchmal kann ich mich des Eindrucks nicht erwehren, dass die Autoren von Texten, Büchern und Vorträgen, selbst nicht genau wissen, mit welchen „Fremdwörtern" sie da um sich werfen.

Ich gehe noch einen Schritt weiter und komme damit so langsam zum eigentlichen Thema meiner heutigen Gedanken: Auch und besonders bei einer Predigt oder Andacht - ganz zu schweigen von theologischen Büchern – frage ich nicht selten: „Was willst du mir jetzt eigentlich sagen? Ist die Botschaft von Jesus wirklich so kompliziert? Ist die Lehre von Gott – „die Theo-Logie" wirklich nur in dicken Wälzern zu beschreiben? Braucht Verkündigung eine eigene Sprache?

Als ich vor über 40 Jahren mit meinem Theologiestudium begann, brachte ich meinen Kinderglauben mit. Er war einfach, gut nachvollziehbar und gründete auf dem Urvertrauen in einen liebenden Gott. Im Studium wurde dieser Glaube erstmal radikal demontiert. Ich lernte neben Latein, Griechisch und Hebräisch auch noch die Sprache der Theologen.

Ein gutes Beispiel dafür ist ein Witz, der damals unter uns Studenten kursierte. Dieser „Theologen-Witz" bezieht sich auf die neutestamentliche Textstelle, in der Jesus seine Jünger fragt, für wen ihn die Leute halten und Petrus schließlich bekennt: *„Du bist Christus, der Sohn des Lebendigen Gottes."* (Mt. 16,13ff)
In Theologendeutsch geht die Geschichte so:

Da kam Jesus in die Gegend von Cäsarea Philippi und fragte seine Jünger und sprach: *„Wer sagen die Leute, dass des Menschen Sohn sei?"* (zu Deutsch: Was meinen die Leute, wer ich bin?) *Sie sprachen: „Etliche sagen, du seiest Johannes der Täufer; andere du seiest Elia; wieder andere, du seiest Jeremia oder der Propheten einer. Er aber sprach zu ihnen: „Wer sagt denn ihr, dass ich sei?" Da antwortete ihm Simon Petrus und sprach:*

„Du bist die eschatologische Verwirklichung des Grundes unseres Seins, der Chairos, in dem sich Transzendenz und Immanenz tangieren, der inkarnierte göttliche Logos, der damit die transzendente Zeichenhaftigkeit unserer interhumanen Korrelation aufschließt."

Und Jesus antwortete und sprach: „Häh??"

Ich denke, unser Leben ist an vielen Stellen und in vielen Bereichen schon kompliziert genug, und deswegen sollte gerade bei den Grundfragen unserer Existenz – woher komme ich, warum bin ich da, wohin gehe ich? – auch unsere Sprache einfach sein. Je älter ich werde, desto mehr erkenne ich für mich, dass im Einfachen, und nicht in komplizierten Welt- und Gotteserklärungen, die Wahrheit liegt.

Wir stopfen unser Leben voll mit Verboten und Vorschriften, mit Anweisungen und Regeln. Wir klagen über Werteverlust, während wir auf ihnen herumtrampeln. Wir lauern ständig danach, woran wir rummeckern können. Wir schimpfen, wir ärgern uns, wir suchen Schuldige, wir hassen und diffamieren, wir lassen uns von Neid und Rechthaberei auffressen, wir rennen unseren Schlächtern hinterher und schreien dabei gleichzeitig „Halleluja" und „Kreuzige ihn"; wir halten krampfhaft fest an materiellen Dingen, die wir dann irgendwann doch wieder wegwerfen, wir fordern „Ausländer raus" und nach der Demo gehen wir gemütlich beim Griechen essen, wir lassen uns berauschen von dem Gedanken, dass man auf Flüchtlinge bald an den Grenzen wieder schießen darf, fordern die Todesstrafe, während wir bei der „Tafel" ehrenamtliche Dienste leisten; wir glauben jeden Scheiß und fordern die Wahrheit, die wir letztlich gar nicht hören wollen.

Übertreibe ich?
Im Einfachen liegt die Wahrheit.
Und je mehr wir uns den einfachen Antworten auf die Grundfragen unseres Lebens wieder nähern, desto mehr können wir uns Gott, unseren Mitmenschen und uns selbst wieder nähern.
Im Einfachen liegt die Wahrheit.

Für mich besteht diese Wahrheit darin, dass es die Liebe gibt.
Die Liebe, der wir den Namen „Gott" gegeben haben.
Am Anfang war die Liebe.
Und weil es diese Liebe gab und gibt, gibt es auch das Universum, gibt es unser Sonnensystem und unsere Erde und uns Menschen.
Bei dieser Liebe finden wir unser Urvertrauen wieder, das wir mehr und mehr an andere Dinge und Menschen verschleudert haben. Und wer Vertrauen in die Liebe hat, der schaut nun auch die Welt mit Liebe an.
Er schaut mit Liebe auf die Natur, er schaut mit Liebe auf die Tiere, er schaut mit Liebe auf die Mitmenschen, (auf alle Mitmenschen) und der schaut mit Liebe auf sich selbst, weil sein Vertrauen weiß, dass er geliebt wird.
So einfach ist das!

## Die Frage nach Gottes Willen

Vor kurzem bin ich auf eine Verlautbarung des Bischofs von Limburg aus dem Jahr 1925 gestoßen. Unter der Überschrift „Bischöfliche Mahnung bezüglich der Kleidung von Frauen und Jungfrauen" war da folgendes zu lesen:

„Beim Herannahen der wärmeren Jahreszeit sehe ich mich veranlasst, alle Frauen und Jungfrauen darauf hinzuweisen, sich gemäß des Willen Gottes in der Kirche stets mit bis zum Hals geschlossenen und nicht zu kurzen Ärmeln versehenen Kleidern zu erscheinen. Weibliche Personen in freierer Kleidung werden von der Heiligen Kommunion ausgeschlossen. Ebenso wäre es unpassend, in solcher Kleidung den Beichtstuhl zu betreten. An die Mütter richte ich die Aufforderung, ihre Töchter so zu kleiden, wie es die christliche Schamhaftigkeit und Bescheidenheit verlangen."

Über solche Worte mögen wir heute schmunzeln. Schon lange gibt es für den Gottesdienstbesuch keine solch strengen Regeln mehr – die könnte man sich heutzutage auch kaum mehr erlauben, sonst wären die Kirchen am Sonntag wohl noch leerer.

Was mir bei dieser Geschichte aber vor allem aufgefallen, ja aufgestoßen ist, ist die Tatsache, dass nicht nur vor hundert Jahren, sondern generell in allen Religionen zu allen Zeiten bis heute, der Wille einer Gottheit oder der Wille des einen Gottes ins Feld geführt wurde und wird, um eine Regel oder ein Gebot oder eine bestimmte geforderte Verhaltensweise zu autorisieren.

Als bei den Inkas und Mayas tausenden von Menschen das Herz bei lebendigem Leibe herausgerissen wurde, geschah dies nach dem Willen ihrer Götter.

Als im 11. und 12. Jahrhundert die Heere der Kreuzritter auf die Armeen der Moslems stießen, motivierten sich beide Seiten mit dem Schlachtruf: Gott will es!

Als ab dem 15. Jahrhunderte unzählige unschuldige Frauen und Männer wegen Hexerei oder Ketzerei auf dem Scheiterhaufen landeten, geschah dies nach dem Willen Gottes.

Und wenn heute ein Priester oder eine Pfarrerin von der Kanzel vom Willen Gottes spricht, zucke ich im ersten Moment immer erst mal zusammen, und frage mich: Woher wissen die, was der Wille Gottes ist? Und woher wissen die manchmal so ganz genau, was Gott will und was er von uns will?

Tatsache ist, dass der angebliche „Wille Gottes" im Laufe der Menschheitsgeschichte immer und immer wieder missbraucht worden ist. Sei es, um Kriege und die Ausrottung ganzer Völker zu rechtfertigen, sei es, um die Macht einer bestimmten Herrscherklasse zu untermauern, sei es, um Menschen zu manipulieren oder sei es, um bestimmte Moralvorstellungen durchzusetzen und damit Kontrolle auszuüben.

Ich kann mir auch nicht vorstellen, dass es bei Trauerfeiern besonders tröstlich wirkt, wenn da zu hören ist: „Es hat Gott gefallen, diesen Menschen sterben zu lassen" oder „Nach dem Willen Gottes hat er diesen Menschen aus dem Leben abberufen". Ich glaube nicht, dass der Tod dem Willen Gottes entspricht oder dass er ihm gefällt. Da erzählt uns der Weg Jesu eine ganz andere Geschichte.

„Dein Wille geschehe" – so beten wir mit jedem Vaterunser.

*„Nicht mein, sondern dein Wille geschehe"*, so betet Jesus kurz vor seinem Tod zu Gott. (Mt. 26,39)

Aber *wie* erkenne ich den Willen Gottes? *Woran* erkenne ich seinen Willen? Wie kann ich unterscheiden, zwischen dem, was wirklich Gottes Wille ist, und dem, was letztlich nur menschlichen Absichten entspringt?

Ich denke, da im Laufe der Geschichte der Name und der Wille Gottes zu oft missbraucht wurde, um Menschen zu manipulieren, um sie gefügig zu machen, um sie klein und unterwürfig zu halten, um sie zu braven Untertanen zu formen, um sie von der eigenen Suche nach dem Willen Gottes abzuhalten, und um sie gefügig und unmündig zu halten – ich denke, weil der Wille Gottes immer wieder auf diese Weise instrumentalisiert wurde, haben sich viele Menschen vom Glauben an Gott abgewandt und begonnen, ihr Leben ganz nach ihrem eigenen Willen auszurichten. Das kann ich gut verstehen und nachvollziehen. Und doch!

Und doch hört ja „etwas" nicht auf zu existieren, nur weil ich seine Existenz leugne. Ich kann die Existenz Gottes nicht einfach zum Hirngespinst erklären, nur weil es mich nicht mehr interessiert. Gott existiert auch ohne unseren Glauben. Sein Wille besteht auch, ohne dass wir danach fragen.

So bin ich zu der Überzeugung gekommen, dass wir uns wohl deshalb mit dem Glauben an Gott so schwer tun, weil unser Bild, das wir von ihm haben, geprägt wurde durch irreführende Aussagen über Gott.

Ich glaube nicht an einen ständig mich fordernden Gott, der mich mit Vorschriften und Geboten gängelt, den ich erst versöhnen muss, indem ich mich ihm unterwerfe, dem ich ständig meine schlechten Seiten beichten soll, der mich nur annimmt, wenn ich anständig angezogen bin, für den ich mich erst zurechtbiegen muss, damit er mich sieht, für den ich erst den Katechismus auswendig lernen muss, damit ich seines Segens würdig bin, und der mich erst dann als sein Ebenbild anerkennt, wenn ich ihn jeden Sonntag in der Kirche besuche.

Ich glaube an einen Gott, der nichts anderes ist und sein will als Liebe. Ich glaube, dass es am Anfang von allem eben nur diese Liebe gab. Liebe – nicht im Sinne von Gefühlsduselei – sondern Liebe mit all ihrer Kraft und Macht, wie wir sie selbst in unserem Leben immer wieder einmal erleben können, auch ohne sie zu sehen.
Seit Anbeginn aller Zeit gab und gibt es diese Liebe. Und erst später haben wir begonnen diese Liebe Gott zu nennen. Und wenn ich mir bewusst mache, dass Gott die Liebe ist, bzw. die Liebe Gott ist, dann kann ich auch erahnen, worin der Wille Gottes bestehen könnte, weil ich im Grunde darum weiß, was die Liebe will.

Und was will die Liebe?
Die Liebe will zu allererst lieben.
Die Liebe will geliebt werden.
Die Liebe will, dass es mir und anderen gut geht.
Die Liebe will, dass ich und andere gute Wege gehen.
Liebe liebt die Freundlichkeit.
Die Liebe liebt die Hilfsbereitschaft.
Die Liebe will Gutes tun.
Die Liebe will nicht besitzen, sie will den anderen annehmen.
Die Liebe will verzeihen.
Die Liebe will lieben.

Nach dem Willen Gottes zu fragen heißt für mich:
Nach dem Willen der Liebe zu fragen.
So einfach ist das!
So einfach kann das sein, wenn wir uns die Liebe, die wir Gott nennen, gefallen lassen.

## Von allen Seiten

So unterschiedlich wir Menschen auch sind, es gibt drei Grundfragen, die allen Menschen gemeinsam sind, die sich jeder Mensch zu jeder Zeit irgendwann einmal stellt oder gestellt hat. Es sind die drei Grundfragen des Menschen:

Woher komme ich? Warum bin ich da? Wohin gehe ich?

Hinter diesen Fragen steht immer auch die Frage nach Gott oder nach einem göttlichen Prinzip oder einer göttlichen Kraft oder ganz allgemein nach dem Urgrund allen Seins.

Diese Fragen sind Teil unseres Lebens, ganz gleich ob wir uns ihnen stellen oder ausweichen, ganz gleich ob wir sie für uns positiv bejahen oder verneinen.

Es gibt Zeiten, in denen sich uns die Frage nach Gott nicht sonderlich aufdrängt, weil uns das Leben Erfüllung schenkt und wir auch ohne Gott ganz zufrieden sind.

Und es gibt Zeiten, in denen uns diese Fragen ganz besonders auf den Nägel brennen, weil Krankheit, Tod, Verlust, Angst, Trauer, Leid oder Schmerz uns nach einem tieferen Sinn fragen lassen.

Aber ganz gleich ob wir uns in einer Lebensphase befinden, in der wir nach dem Woher und Wohin und dem Sinn forschen – unser ganzes Leben ist letztlich immer auch eine Suche nach Gott.

Eine Antwort auf diese Suche gibt, wie ich meine, eine kleine, nette Geschichte. Die Geschichte von einem Fisch mit Namen „Swimmi":

*Swimmi ist noch ein kleiner Fisch und wie alle kleinen Fische ist er sehr neugierig. Alles interessiert ihn. Und so streift er den ganzen Tag durch seinen See, in dem er zu Hause ist, um zu sehen, ob es nicht etwas Neues*

*zu entdecken gibt. Unter jeden Stein muss er schlüpfen, in jedes Wasser-
pflanzengestrüpp schwimmt er hinein, jedes andere Tier, dem er begegnet,
wird genau beäugt und: Wann immer es sich ergibt, belauscht er auch die
Gespräche von anderen Wasserbewohnern.*

*Eines Tages nun hört er, wie sich zwei alte Karpfen unterhalten. Eigent-
lich schnappt er nur einen Teil von deren Gespräch auf, denn gerade in
diesem Moment fuhr ein Motorboot über ihn hinweg, so dass er nicht alles
hören konnte. Doch eines hat er ganz deutlich mitbekommen, wie nämlich
der eine alte Karpfen sagte: „Das Wichtigste im Leben ist das Wasser!"*

*„Mh", denkt sich unser kleiner Swimmi, „das Wichtigste im Leben ist
das Wasser? Nun, wenn es das wichtigste ist, dann lohnt es sich wohl danach zu suchen", denn vom „Wasser" hatte er noch nie etwas gehört, und
so, wie die beiden Alten davon sprachen, musste es wirklich etwas Wichti-
ges sein.*

*So begab sich Swimmi auf die Suche. Er stöberte noch entschlossener in
allen Ecken des Sees. Er suchte am Grund und am Ufer, er umrundete alle
Pflanzen – doch das Wasser konnte er nicht entdecken.*

*„Ich muss wohl jemanden fragen", dachte er bei sich und schwamm los.
Als erstes traf er eine jugendliche Renke:*

*„Kannst du mir sagen, wo ich das Wasser finde?", fragte er vorsichtig.
„Wasser"? sah ihn die Renke ungläubig an, „davon habe ich noch nie gehört. Was soll das sein?"*

*„Das weiß ich auch nicht!", sagte Schwimmi, „aber es muss ganz wich-
tig für das Leben sein, deshalb suche ich danach."*

*Und schon schwamm er weiter.*

*Da traf er auf einen großen Hecht. Er hatte zwar etwas Angst vor ihm,
trotzdem wagte er ihn anzusprechen: „Weißt du, wo ich das Wasser finden
kann?"- „Wasser? Ja, schon mal gehört davon, aber das ist nur so eine Erfindung von Leuten, die zu viel Zeit zum Nachdenken haben", gab der*

Hecht etwas hochnäsig zur Antwort, während er Swimmi umkreiste und dabei überlegte, ob der sich für ihn als Abendessen eignete. Aber Swimmi schwamm schnell weiter.

Als nächsten traf er einen langen, fetten Aal. Auch ihn fragte er, doch der Aal war in Eile und murmelte nur im Davonschwimmen: „Ja, ja – das Wasser. Vielleicht gibt es das ja, aber gesehen hat es noch keiner!"

Unser kleiner Swimmi war enttäuscht, sollte ihm wirklich niemand sagen können, wo das Wasser zu finden ist. Aber aufgeben wollte er so schnell auch nicht.

Da kam ihm ein Waller entgegen: „Weißt du vielleicht, wo das Wasser zu finden ist?" - „Ach, Junge", seufzte der Waller, „was beschäftigst du dich mit so unnötigen Fragen. Genieße das Leben, solange du es noch genießen kannst. Was kümmert dich das Wasser? Ja, ja – früher soll es das mal gegeben haben, vor langer Zeit. Aber wer sucht denn heute noch nach Wasser. Es gibt Wichtigeres. Zermartere dir nicht deinen kleinen Kopf. Schau lieber, dass du immer ordentlich den Bauch voll hast und nicht an eine Angel gerätst!" Sprach's und zog seiner Wege.

„Ob der Waller recht hat? Vernünftig klang es schon – und doch: Ich möchte es wissen. Das Wasser muss doch zu finden sein. Wenn es doch so wichtig ist."

So glitt Swimmi - in Selbstgespräche vertieft - vor sich hin und wäre beinahe mit einer alten Braxe zusammengestoßen.

„Na, na, kannst du nicht aufpassen, junger Freund? Du hast doch Augen im Kopf."

„Ach, Verzeihung", sagte Swimmi, „ich war nur so in Gedanken."

„So, in Gedanken. Was geht dir jungem Spund denn so durch den Kopf, dass du keine Augen mehr hast?"

„Ich suche das Wasser, und kann es nicht finden."

*„Das Wasser suchst du? Oh, das ist freilich eine interessante Aufgabe, um nicht zu sagen, eine tief philosophische Frage. Ich habe mir auch schon so meine Gedanken darüber gemacht. Die Idee, dass es Wasser gibt, ist faszinierend, ja sie spricht meinen Intellekt an und zeigt mir, dass ich ein denkendes Wesen bin, das nicht allein den niederen Instinkten verpflichtet ist. Nun ja, das Wasser – wie soll ich sagen – äh – als Idee – nun ja – Verstehst du?"*

*„Nein", sagte Swimmi. Ich verstehe nicht. Ich verstehe nur, dass niemand weiß, wo ich das Wasser finden kann." Und dann schwamm er langsam davon, ohne noch auf die alte Braxe zu achten.*

*Er ließ sich von der Strömung treiben, enttäuscht und tieftraurig, dass all seine Suche vergeblich war. Ohne, dass er es merkte, geriet er dabei immer höher an die Wasseroberfläche und immer näher an das Ufer. Er hörte noch das Motorengeräusch, doch da war es auch schon passiert. Ehe er sich recht versah, wurde er mit einer Welle weit nach oben getragen und klatsch – lag er auf dem Trockenen.*

*Oh weh, was war nun? Er konnte nicht mehr atmen und alles um ihn herum war so anders. Wo war er? Er hüpfte und zappelte. Er zitterte am ganzen Körper und er spürte, wie ihm die Sinne schwanden.*

*„Jetzt ist es aus, jetzt sterbe ich", dachte er, als er seltsame Stimmen hörte. Da kamen zwei Kinder angerannt: „Schau mal", sagte das eine, „ein kleiner Fisch. Der arme, irgendwie muss er ans Ufer gekommen sein. Wir wollen ihn schnell wieder ins Wasser werfen, dass er nicht stirbt!"*

*Und Swimmi merkte, wie er gepackt wurde, sich kurz in der Luft drehte und, - ja und, und wieder da war, wo er herkam. Er konnte wieder atmen, sich bewegen – und sicherheitshalber schwamm er mit schnellen Stößen bis auf den Grund.*

*Sein Herz pochte noch laut vor Angst und Aufregung, und gleichzeitig hämmerte es in seinem Kopf. Was hatte er erlebt? Was hatte er gehört?*

*„Wir wollen ihn schnell wieder ins Wasser werfen!" hatten die fremden Wesen gesagt – und dann, dann wusste er mit einem Mal, wonach er so lange gesucht hatte:*

*Das Wasser, das er finden wollte, es war die ganze Zeit da. Es war um ihn und auch ein wenig in ihm. Der Raum, in dem er lebte, alles, was er zum Leben brauchte – alles war und ist darin zu finden. Das Wasser war kein fremdes Ding, irgendwo den Blicken verborgen, sondern es umgab ihn in jedem Moment.*

Soweit diese kleine Geschichte von Swimmi.

Ich bin sicher, Sie haben bereits erkannt, was uns diese Geschichte deutlich machen will:

Das Wasser ist ein Bild für Gott, den wir in unserem Leben immer wieder suchen – und der doch überall da ist. Er umgibt uns wie das Wasser den Fisch; er umgibt uns, wie die Luft zum Atmen. Er gibt uns alles zum Leben, und er hält und trägt uns.

Häufig entdecken wir dies immer erst dann, wenn wir – wie Swimmi – Angst, Leid oder Tod erfahren; wenn wir merken, wie unsere Existenz bedroht ist. Oftmals übersehen wir Gott einfach, weil wir nur unseren Augen trauen und nicht unseren Empfindungen; weil wir vorschnell fremde Antworten übernehmen oder uns die Sucht nach Leben an den Zeichen der Gegenwart Gottes vorbei rauschen lässt.

Gott umgibt uns, wie das Wasser einen Fisch. Er befindet sich nicht in irgendwelchen fernen Sphären, sondern er ist da, so wie es in einem Lied heißt: „Von allen Seiten umgibst du mich, o Herr". Und er wohnt auch mit seiner Liebe in uns. Er ist ein Teil von uns, und wir sind ein Teil von ihm. Deshalb sind wir nie von Gott verlassen.

# Wie Herr X etwas über die Liebe Gottes erfuhr

Ich möchte Ihnen heute eine Geschichte erzählen, wie sie so oder ähnlich jeden Tag passieren kann und wohl auch passiert. Eine Geschichte, die - obwohl darin Mord und Totschlag fehlen, obwohl sie auf interessante Verwicklungen und amouröse Abenteuer verzichtet - dennoch, so denke ich, nicht langweilig ist und uns vielleicht zum Weiterdenken anregt. Ich möchte Ihnen die Geschichte erzählen, wie Herr X etwas von der Liebe Gottes erfuhr:

*„Er hatte noch ein wenig Zeit, bevor er losgehen musste, um den Bus zu erreichen, der ihn ins Büro bringen sollte. Der Kaffeetisch war noch gedeckt. Herr X blätterte in der Zeitung, die gerade in den Briefkasten geworfen war. Das Radio lief, flotte Musik war zu hören, und auf die Zeitansage konnte er sich verlassen.*

*Er dachte: Es ist gut, wenn man morgens nicht zu hetzen braucht. Herr X überflog die Überschriften. Er lächelte ein wenig über den Werbespruch eines Kaufhauses „Wir hemmen den Preisanstieg!" Dann kam er zu den Todesanzeigen. Er überblickte die Namen der Verstorbenen: Gott sei Dank, niemand, den er kannte.*

*Dann las er die neuesten Meldungen über die Flüchtlingszahlen, über den Selbstmordanschlag in Ankara und Bagdad, über die Überschwemmungskatastrophe in Ostasien und über eine Familientragödie im Sauerland.*

*Er dachte: Hört denn das niemals auf?*

*Die flotte Musik im Radio war verklungen. Ein Mann sprach. Herr X, der in seiner Zeitung blätterte, hörte nur Wortfetzen und Satzfragmente:*

*„Gott ist Liebe" sagte die Stimme im Radio. Und: „Lasst uns einander lieben." Und: „Gott hat seinen Sohn in die Welt gesandt, dass wir durch ihn leben sollen."*

*Der Mann am Kaffeetisch sah noch auf eine Meldung über irgendeinen Promi, der zum dritten Mal heiratete. Dann legte er die Zeitung beiseite, verabschiedete sich von seiner Frau, und stieg wenig später wie an jedem anderen Morgen in den Bus."*

Unterbrechen wir an dieser Stelle für einen Moment die Geschichte. Die Botschaft von dem Gott, der die Liebe ist und die Ermutigung zur Liebe untereinander - beides scheint nicht mehr recht zur Wirklichkeit unseres Alltags zu passen. Meist kommt diese Botschaft nur noch in Worthülsen oder Satzfragmente in unserem Bewusstsein an. Die gute Nachricht von der Liebe Gottes, die in Jesus ein Mensch wurde, erreicht unser Ohr nur noch bruchstückhaft. Das Gewirr des Alltags macht das Evangelium zu Wortfetzen, die zwar irgendwie zur Kenntnis genommen werden, aber ohne Wirkung bleiben.

Man muss sich wohl erst einen Ruck geben, wieder genauer hinzuhören, sich vielleicht sogar auf die Botschaft von der Liebe Gottes einzulassen, um das aufzunehmen, wovon z.B. der 1. Johannesbrief erzählt. Da heißt es:

*„Ihr Lieben, lasst uns einander lieb haben; denn die Liebe ist von Gott, und wer liebt, der ist von Gott geboren und kennt Gott. Darin besteht die Liebe: nicht, dass wir Gott geliebt haben, sondern dass er uns geliebt hat und zum Zeichen dafür seinen Sohn Jesus Christus auf unsere Welt gesandt hat ... Hat uns Gott aber so geliebt, so sollen wir uns auch untereinander lieben."* (1.Joh. 4,7-9.11)

Soweit dieser kurze Abschnitt aus dem 1. Johannesbrief. Kehren wir zu unserer Geschichte zurück:

*„Herr X war in seinem Büro angekommen. Er hatte schon einige Stunden gearbeitet, Summen zusammengezählt und Rechnungen geschrieben.*

*Es war nicht allzu viel zu tun heute. Er hatte Zeit, sich ein paar Gedanken zu machen:*

*Er dachte an den zurückliegenden Urlaub. Er dachte an seine Frau, die darunter litt, keinen Beruf zu haben. „Immer nur kochen und waschen und aufräumen - und wieder kochen, waschen und aufräumen", sagte sie manchmal. „Das ist auf Dauer irgendwie frustrierend. Es ist so sinnlos." Er dachte an die Kinder, die in der Schule waren; der Sohn schrieb jetzt wohl gerade sein Diktat. Hoffentlich würde er nicht wieder so viele Fehler machen.*

*Herr X dachte auch an die Gespräche im Büro, an die Bemerkungen über Frauen, neue Autos und über die Fußballspiele vom Wochenende. Der tägliche Kleinkram fiel ihm ein, das Gerede über Vorgesetzte, Kollegen, Kolleginnen.*

*Herr X erinnerte sich auch an die Stimme aus dem Radio heute Morgen, die gesagt hatte: „Gott ist Liebe"! Und er dachte: „Das stimmt doch nicht! Wie kann jemand so etwas sagen?*

*Und er sah vor sich die Bilder von den Toten des Bombenanschlags und die Opfer der Überschwemmungen in China und die von den Terroristen des IS ermordeten Frauen, Männer und Kinder in Syrien. Die Welt müsste doch anders aussehen, wenn das stimmen würde: „Gott ist Liebe!"*

*Aber sicher ist es ein schöner Gedanke. Und vielleicht hilft er ja dem ein oder anderen Menschen, wenn er einsam ist oder traurig, wenn er Angst hat oder mutlos ist.*

*Und plötzlich schoss Herrn X ein anderer Gedanke durch den Kopf, den er aufregend fand. Wahrscheinlich, so dachte er, ist es immer so gewesen, dass wenig von Gott und von Liebe zu spüren war in der Welt. Wahrscheinlich ist es immer so gewesen, dass Menschen zunächst einmal nur an sich dachten. Bei mir ist es ja eigentlich auch so. Aber vielleicht ist das ja gerade der Grund dafür, dass Menschen nicht aufhören, von Gott zu reden, von Jesus und von der Liebe.*

*Überall ist die Angst so groß, dass wir zu kurz kommen. Und von daher kommen ja doch wohl die Selbstsucht, der Hass und der Krieg. Vielleicht, dachte der Mann in seinem Büro, brauchen wir gerade deshalb einen Gott, der die Liebe ist, weil es die Massengräber gibt und den Streit, den verborgenen und den offenen Kampf im Betrieb und oft auch in der Familie. Vielleicht brauchen wir gerade deshalb einen Gott der Liebe, damit die Sehnsucht nach Liebe in uns von neuem geweckt wird, damit wir den Mut zur Liebe zurückgewinnen, damit wir uns nicht damit abfinden, dass es Ausgestoßene und Abgeschriebene unter uns gibt, und Hass und gewaltsamen Tod.*

*Und Herrn X fiel in seinem Büro die Geschichte ein, die er seinen Kindern gestern Abend vorgelesen hatte - die Geschichte von dem Herrn Nein, der so hieß, weil er nur „Nein" sagen konnte:*

Einmal ging Herr Nein zum Kaufmann: „Guten Tag!"
Herr Nein wollte Brot kaufen.
„Wollen Sie ein Brot kaufen?" fragte der Kaufmann.
„Nein", sagte Herr Nein.
Herr Nein wollte auch Butter kaufen.
„Wollen Sie auch Butter kaufen" fragte der Kaufmann.
„Nein", sagte Herr Nein.
„Dann kann ich Ihnen leider nichts verkaufen", sagte der Kaufmann.
Und Herr Nein ging traurig nach Hause, denn er tat immer das Gegenteil von dem, was er wollte:
Er hatte Hunger, doch er warf die Schüssel mit den Kartoffeln auf die Erde.
Er hatte Durst, doch sein Glas fiel um.
Er wollte sein Lieblingsbuch lesen, doch er zerriss es in Fetzen.
Er wollte schlafen, doch er kippte seine Wasserkanne aufs Bett.
Eines Tages klopfte es an seiner Tür.
„Ist Herr Nein drinnen?" fragte eine Stimme vor der Tür.

„Nein" sagte Herr Nein.

Doch da öffnete sich die Tür und ein schönes Mädchen kam herein. Es fragte Herrn Nein nichts mehr. Es packte seinen Korb aus. Da waren schöne Sachen drin, Brot und Butter und Wurst. Das Mädchen deckte den Tisch. Und Herr Nein setzte sich zu ihr. Und sie aßen und tranken, und schließlich fragte das Mädchen Herrn Nein: „Soll ich wiederkommen?"

Und da sagte Herr Nein: „Ja!"

*Herr X schmunzelte hinter seinem Schreibtisch über diese Geschichte. Sie fügte sich ein in seine Gedanken, in die Bilder von Katastrophen und Krieg - und er hörte die Stimme aus dem Radio, die von der Liebe Gottes sprach, die in dem Menschen Jesus zu uns gekommen ist.*

*Und Herr X dachte: so ist es wohl, dass wir immer wieder einen brauchen, der bei uns anklopft und der sich nicht abweisen lässt, obwohl wir ihn nicht zu uns hereinlassen wollen.*

*So ist es wohl, dachte Herr X, dass wir einen brauchen, der immer und immer wieder versucht, aus einem Herrn Nein einen Herrn Ja zu machen.*

*Am Nachmittag, als der Mann aus dem Büro nach Hause kam, freute er sich über das, was er im Religionsheft seines Sohnes las. Der Junge hatte geschrieben: „Ich weiß, dass der liebe Gott die Welt und alle Vögel und Tiere und Pflanzen geschaffen hat - aber das Beste, was er gemacht hat, bin ich!"*

*Der Vater freute sich über den strahlenden Sinn dieses Satzes so sehr, dass er sich über die vielen Rechtschreibfehler diesmal nicht ärgerte.*

*Er dachte: Wer so ja sagen kann zu sich selber, der wird auch ja sagen können zu anderen Menschen, bei dem ist die Liebe Gottes, für einen Augenblick jedenfalls, zu ihrem Ziel gekommen.*

*Herr X schlief nicht schnell ein am Abend. Er musste noch lange nach-denken über diesen alltäglichen Tag, an dem scheinbar so gar nichts Beson-deres geschehen war. Und doch hatte er das Gefühl, dass sich ein winziger Spalt jenes Vorhanges geöffnet hatte, der uns vom Ursprung unseres Le-bens trennt.*

*Herr X ahnte etwas von der verborgenen Liebe Gottes, die sich hinter den oftmals bedrängenden Erfahrungen des Alltags versteckt. Und die den-noch Spuren in unser Leben zeichnet."*

Diese Spuren gibt es auch in unserem Alltag, in unserem Leben zu entdecken. Ja, wir können selbst eine Spur der Liebe Gottes sein.

Denn Herr X hat viele Namen.

Vielleicht trägt er meinen Namen.

Vielleicht trägt er ihren.

# Böse Geister

„Bovine spongiforme Enzephalopathie" – können Sie sich daran noch erinnern? Nein? Vor 25 Jahren waren diese Worte in aller Munde und beherrschten die Nachrichtensendungen.

Na gut, wenn ich ganz ehrlich bin, sprachen damals nur die Experten von „Bovine spongiforme Enzephalopathie". Im allgemeinen Sprachgebrauch benutzte man die Abkürzung: „BSE" - Rinderwahnsinn! Übersetzt: schwammartige Rückbildung von Gehirnsubstanz.

Angeblich ist diese Krankheit schon seit über 15 Jahren wieder ausgestorben. Aber wissen Sie was? Ich bin mir da gar nicht so sicher. Im Gegenteil: Ich vermute, dass sich damals diese Erkrankung auf der ganzen Welt ausgebreitet und auf alle Menschen übertragen hat. Und da wir nun alle diese Krankheit in uns tragen – mehr oder weniger ausgeprägt - merkt es keiner.

Wenn alle verrückt sind, ist das Verrückte ja zum Normalen geworden. Wenn alle diese schwammartige Rückbildung von Gehirnsubstanz haben, fällt das nicht weiter auf.

Oder vielleicht doch? Weil bei einigen die Symptome besonders auffallend ausgeprägt sind?

Ich habe mal versucht, die Hauptsymptome dieser menschlichen BSE-Erkrankung herauszufiltern und bin zu dem Ergebnis gekommen, dass sich diese schwammartige Rückbildung von Gehirnsubstanz in vier ausgeprägten Verhaltensweisen äußert:
1. Die Gier
2. Der Hass
3. Die Gleichgültigkeit
4. Die Selbstüberschätzung oder Überheblichkeit

Diese Verhaltensweisen kommen mir vor wie vier böse Geister, die über einen Menschen herfallen und sein Leben vergiften. Und normalerweise sollte man Leute, die besonders ausgeprägt von dieser menschlichen BSE befallen sind, zum Schutz vor sich selbst und vor anderen, isolieren und in entsprechenden Einrichtungen mit aller gebotenen Fürsorge und Liebe behandeln.

Aber das geschieht nicht. Im Gegenteil! Man lässt diese Leute frei herumlaufen und wählt sie sogar zu Präsidenten und Staatsoberhäuptern. Mittlerweile haben sich ganze Bürgerbewegungen und weltweite Internetplattformen gebildet, auf denen allen, die es hören wollen oder auch nicht, zugerufen wird:

Menschen mit schwammartiger Rückbildung von Gehirnsubstanz vereinigt euch!

Wir bestimmen selbst, was Wahrheit oder Lüge ist.

Wir biegen die Geschichte so hin, wie es uns gefällt.

Wir befreien uns von dem Ballast von Werten und Normen.

Wir erklären, dass nur wir die Guten, und alle anderen die Bösen sind.

Wir nehmen das Recht selbst in die Hand und entscheiden nach unserem „Bauchgefühl"!

Wer nicht für uns ist, ist gegen uns.

Wer nicht so denkt wie wir, der ist verrückt.

Der Irrsinn ist das Normale, und alle Gegenrede ist Irrsinn.

Wir zuerst und nach uns die Sintflut.

Alle Gehirnlosen an die Macht.

Wer die größte Gier zeigt, der soll unser Anführer sein.

Hasst, was euch nicht passt.

Schert euch einen Dreck um Armut, Elend und Hungertod.

Schaut in den Spiegel und ruft euch selbst zu: Ich bin der Beste, wozu brauche ich dann noch ein Gehirn?

Haben Sie manchmal auch solche seltsamen Gedanken wie ich. Beschleicht Sie auch gelegentlich diese ohnmächtige und hilflose Angst vor dem, was auf unserer Welt geschieht. Fragen Sie sich auch hin und wieder, wohin das Raumschiff Erde hinsteuert und ob die ganze Welt nicht doch verrückt geworden ist?

Es vergeht fast kein Tag, an dem nicht von einem terroristischen Anschlag berichtet wird. Meine Internet-Startseite begrüßt mich fast jeden Morgen mit einem neuen Anfall von Sprech-Durchfall des amerikanischen Präsidenten. Unsere angeblich so christlichen Politiker sehen die Mutter all ihrer Sorgen darin, dass bereits integrierte Flüchtlinge nur ja nicht ihr Abschiebeflugzeug nach Afghanistan verpassen, wo sich deren Überlebenschance radikal verringert.
Die Worte „Gutmensch und Helfer" werden zu diffamierenden Schimpfwörtern. Ein kleiner, pummeliger Diktator aus Nordkorea darf fast unbehelligt mit seinen Atombomben spielen. Ein Herr Erdogan zeigt der Welt, wie man auch heute noch mit demokratischen Mitteln Diktator werden kann. Und über allem schwebt der Geist der Weltwirtschaft, der sein Mantra „Wachstum, Wachstum, Wachstum" vor sich hin murmelt und dabei Ausschau hält, wie man mit Terror, Angst, Krieg, Katastrophen und Hunger am besten Geld verdienen kann.

Eine verrückte Welt? - Ganz sicher!
Böse Geister, die sich wie Feinstaubpartikel fast unsichtbar auf Herzen und Gemüter niederlassen? - Auch das!
Wie lässt sich damit umgehen?
Resignieren? Das wäre sicher der einfachste Weg.
Sich wider besseres Wissen an zweifelhaften Weisheiten festhalten, wie: „Es wird schon wieder", „Das Leben geht weiter"? – Natürlich!
Gegen die bösen Geister ankämpfen? Ja, aber wie?

In den Evangelien des Neuen Testamentes wird immer wieder davon erzählt, dass Jesus Menschen von unreinen Geistern befreite. Er brachte auch Heilung für körperliche Gebrechen, aber immer heißt es auch, dass er böse Geister austrieb.

Ich habe das lange Zeit gar nicht so richtig verstanden. Ich dachte mir, Jesus war eben auch so etwas wie ein Psychiater oder Psychologe, der psychischen Erkrankungen heilen konnte. Ich denke aber, dass wir die „bösen Geister", von denen da die Rede ist, ganz wörtlich nehmen sollten. Denn die Symptome der menschliche BSE - die Gier, der Hass, die Gleichgültigkeit und die Überheblichkeit - sie gab es ja auch damals schon.

Die bösen Geister, die an einer verrückten Welt bauen, und die dabei – das sei noch angemerkt – angeblich auf die Vernunft setzen, sie machen bis heute die Welt krank. Und mehr und mehr verstehe ich den Menschen Jesus, in dem Gott selbst auf unsere Welt kam, nicht in erster Linie als Heiland, Retter und Erlöser von Sünden und Höllenstrafen, sondern:

als Heiland, Retter und Erlöser von den bösen Geistern,

als Heiland, Retter und Erlöser von der schwammartigen Rückbildung unserer Gehirnsubstanz,

als Heiland, Retter und Erlöser vom Geist der Gier, vom Geist des Hasses, vom Geist der Gleichgültigkeit und vom Geist der Überheblichkeit.

Erinnern Sie sich noch an die Jahreslosung von 2017? *Gott spricht: „Ich schenke euch ein neues Herz und lege einen neuen Geist in euch."* (Hes. 36,26)

Solche Worte sind es, die dafür sorgen, dass sich meine Hoffnung nicht unterkriegen lässt. Denn nach meiner Überzeugung brauchen wir, braucht unsere Welt in dieser Zeit nichts mehr als eben so ein neues Herz und so einen neuen Geist.

Wir brauchen nichts mehr als dass die Liebe, die ja in jeden von uns hineingelegt ist, wieder aktiviert wird.

Die Liebe, die uns Jesus Christus vorgelebt hat.

Die Liebe, die sich nicht an Sympathie und Antipathie ausrichtet, sondern an dem, was Not tut.

Die Liebe, die sich darin zeigt, inwieweit wir es schaffen, wieder empathische Menschen zu werden, die fühlen und mitfühlen und sich einfühlen können.

Die Liebe, an die ja alle Menschen glauben, obwohl sie nicht sichtbar ist.

Die Liebe, die von Gott kommt, die er in unser Herz und in unseren Geist gelegt hat, und die endlich die Herrschaft in unser aller Leben und auf der ganzen Welt übernehmen will.

Darin sehe ich den eigentlichen Grund dafür, dass Gott in Jesus ein Mensch geworden ist. Um uns deutlich zu machen, was Liebe vermag:

Denn sie kann heilen,

sie kann Kraft schenken,

sie bewirkt Hoffnung,

sie weckt unser Mitgefühl

und sie ist unsere Waffe, sie ist die einzige Waffe, die allen Irrsinn und alle bösen Geister dieser Welt besiegen kann.

## Segen

Der Gott,

der seit Anbeginn die Liebe ist,

der Euch in Jesus Christus mit seiner Liebe anschaut

und der durch seinen Heiligen Geist

mit seiner Liebe in Euch wohnt:

Er segne und behüte Euch auf allen Euren Wegen

und vertreibe mit seiner Liebe

alle Dunkelheiten Eures Lebens.

Der Vater, der Sohn und der Heilige Geist.

# Liebe
# und Vertrauen

Urvertrauen

Verkehrte Welt

Loslassen

Wunder gibt es immer wieder

Und erlöse uns von dem Bösen

Segen

## Urvertrauen

„Vertrauen ist der Anfang von allem" – Erinnern Sie sich noch an diesen Werbeslogan der Deutschen Bank? Recht hatten sie mit diesem Spruch – nur passte er halt nicht zu der Bank, die damit warb. Zur gleichen Zeit wurde nämlich auch ein Wort von Berthold Brecht in Erinnerung gerufen, der die Frage stellte: „Was ist krimineller? Eine Bank auszurauben oder eine Bank zu gründen?"

Mit dem Vertrauen ist das so eine Sache. Ob Banken oder Wetterbericht, ob Werbung oder Politiker, ob Wunderheiler oder Juristen – in etlichen Bereichen und bei etliche Personengruppen waren in den letzten Jahren schwere Einbrüche in Sachen Vertrauen zu verzeichnen.

Ja es stellt sich ganz allgemein die Frage:
Wem oder was können wir überhaupt noch vertrauen?
Vielleicht dem, was in der Zeitung steht oder uns in den Nachrichtensendungen vorgelegt wird? Aber ist an der „Lügenpresse" gar am Ende doch etwas dran?
Wem oder was können wir vertrauen?
Vielleicht den Ärzten? Aber hören wir nicht immer wieder von falschen Abrechnungen, Organhandel und unnötigen Operationen?
Wem oder was können wir vertrauen?
Den Tipps der „Börse vor Acht"? Aber hat das Versprechen auf schnelles Geld nicht schon häufig in den privaten Bankrott geführt?
Wem oder was können wir vertrauen?
Vielleicht unserer Familie, unseren Freunden? Den müssten wir doch eigentlich vertrauen können. Und besonders dem Partner. Aber wissen wir wirklich, was der andere denkt? Und haben wir uns nicht doch schon das ein oder andere Mal die Finger verbrannt, wenn wir für jemanden bereit waren, die Hand ins Feuer zu legen?

Mit dem Vertrauen ist das so eine Sache. „Ich vertraue so lange bis ich enttäuscht werde" hat mir mal jemand gesagt. Das hat mir gefallen. Ich lebe im Grunde auch selbst danach, gerade weil „Vertrauen der Anfang von allem ist." Aber ich muss auch gestehen, dass diese Haltung eben auch etliche Risiken birgt, wovon manche Enttäuschungen ihre Geschichte erzählen können.

Also lieber doch nach dem Motto leben: „Misstrauen ist der Anfang von allem"? Ich kenne eine Reihe von Leuten, die genau danach leben:

Die pendeln am Frühstückstisch ihr Müsli aus, um ja nichts Falsches zu essen.

Die gehen zu keinem Arzt mehr, weil die eh alle keine Ahnung haben.

Die nehmen beim schönsten Sonnenschein prinzipiell ihren Schirm mit, denn man weiß ja nie.

Für die gehört es zu ihrem ganz persönlichen, unumstößlichen Glaubensbekenntnis, was bereits die Volksweisheit seit Jahrhunderten predigt, nämlich: Was der Bauer nicht kennt, frisst er nicht.

Oder: die nehmen alle möglichen und unmöglichen Unbequemlichkeiten auf sich, weil sie kein Vertrauen haben: in das Flugzeug, in das Auto, in die Bahn, in den Fahrstuhl, in ihr Navi, in die Ratschläge anderer, in die Seilbahn, in die öffentlichen Verkehrsmittel und – wahrscheinlich auch in sich selbst.

Auch das eigene Selbstvertrauen steht bei nicht wenigen ständig auf dem Prüfstand. Ihnen fehlt das Zutrauen zu sich selbst. Sie trauen sich selbst nicht über den Weg und entwickeln dadurch Ängste vor dem eigenen Versagen und vor dem eigenen Scheitern.

„Vertrauen ist der Anfang von allem" – in unserem Inneren wissen wir das vielleicht. Ohne Vertrauen gibt es keine Beziehungen, keine Kontakte, keine Freundschaften, keine Ehen.

Vertrauen gehört zu den Grundlagen unseres Lebens. Wer immer nur misstraut, wird sehr, sehr einsam. Wer immer nur misstraut, wird zum Spielball aller möglichen Ängste. Wer immer nur misstraut, wird wohl nie seinem Platz in diesem Leben finden.

Wem oder was vertrauen wir?

Wem oder was wollen wir vertrauen?

Keine Frage – Vertrauen erfordert manchmal viel Mut, kostet häufig Überwindung und ist ganz oft unheimlich schwer. Denn was bedeutet denn Vertrauen?

Vertrauen ist ein Loslassen.

Ein Loslassen meiner Ängste.

Ein Loslassen meiner Sicherheitsleinen.

Ein Loslassen meines „Ich schaff-das-allein-Denkens".

Nicht selten auch das Loslassen meiner Prinzipien und (Vor-) Urteile.


Vertrauen hat etwas mit Hingabe zu tun.

Vertrauen ist stets damit verbunden, dass ich mich verletzbar mache.

Vertrauen bedeutet wohl letztlich, sich fallen zu lassen.

Woher können wir solches Vertrauen nehmen?

Wer könnte uns zeigen, wie Vertrauen funktioniert?

Gibt es Experten für Vertrauen?


Ich meine: Ja!

Experten für Vertrauen sind für mich Kinder. Sie geben sich Ihrer Mutter, ihren Eltern einfach so hin. Sie wissen instinktiv, dass sie von der Liebe der sie umsorgenden Menschen alles erwarten dürfen, was sie brauchen. Sie lassen sich fallen, weil sie wissen, dass sie aufgefangen werden. Sie sperren ihren Schnabel auf, weil sie wissen, dass er bei Hungergefühlen gefüllt wird und sie wissen, dass ihr

Schreien nicht überhört wird. (zumindest sollte dies alles so im „Normalfall" sein).

Wenn Jesus einmal sagt: Werdet wie die Kinder – dann zielt er genau darauf ab, dann will uns genau das deutlich machen, zu vertrauen wie Kinder.

Kinder können vertrauen. Das ist ihnen angeboren. Das können sie von dem Moment an, wenn sie auf die Welt kommen.

Natürlich müssen sie im Laufe ihres Heranwachsens auch lernen, manchen Dingen zu misstrauen und nicht jedem Menschen zu vertrauen. Dabei ist es wichtig darauf zu achten, dass sie das Vertrauen dabei dann aber nicht ganz verlernen. Dass sie lernen zu unterscheiden. Und dass sie begreifen, dass sie einer Sache immer vertrauen können – und das ist die Liebe. Einem Kind Liebe zu schenken und Liebe zu zeigen, heißt: Ihnen beizubringen, dass sie der Liebe immer vertrauen können. Diese Liebe steckt in jedem Menschen.

Diese Liebe zeigt sich vor allem bei jenen Menschen, die uns nahe stehen, die wir selbst lieben, und deren Liebe wir immer wieder spüren dürfen.

Eine Liebe, die wir nicht sehen, die aber doch da ist.

Eine Liebe, die alle Menschen verbindet oder verbinden sollte, weil sie in jedem Menschen steckt.

Eine Liebe, die uns hinführt zum Urgrund unserer Fähigkeit zu lieben, und die uns hinführt zu der Antwort auf die Frage, woher wir den Mut zum Vertrauen hernehmen sollen.

Alle Liebe, die wir in uns tragen, geht zurück auf die Liebe, die von Anbeginn schon immer da war und die wir Gott nennen.

Alle Liebe geht zurück auf die Liebe, die uns in unser Dasein gerufen hat und die diese Welt entstehen ließ.

Und alles Vertrauen, das aus dieser Liebe entsteht, ist letztlich ein Teil dessen, was wir als „Urvertrauen" bezeichnen können.

Vertrauen und Liebe sind die Grundlage unseres Lebens. Und beide lassen sich festmachen im Urvertrauen, mit dem z.B. jedes Kind, wenn es auf die Welt kommt, ausgestattet ist.

Auch wir sind mit diesem Urvertrauen auf die Welt gekommen. Wir haben es mitbekommen gleichsam als Reiseproviant für unseren Lebensweg. Auch, wenn manch einer meint, es sei ihm verlorenen gegangen, so steckt es doch unauslöschlich in jedem Menschen.

Vielleicht ist es bei dem einen verschüttet.

Vielleicht hat sich bei dem anderen eine dunkle Wolke aus Trauer oder Leid darüber gelegt.

Vielleicht sieht es manch einer als überflüssiges Gepäck an.

Und doch leben wir *aus* diesem Urvertrauen und leben wir *von* diesem Urvertrauen, - dem Urvertrauen, dass es da die *Liebe* gibt, die uns hält und trägt, die uns tröstet und beisteht und aus der wir Kraft und Mut gewinnen selber zu vertrauen und zu lieben.

## Verkehrte Welt

Im Rahmen der sogenannten „Luther-Dekade", die 2017 mit der Feier des 500-jährigen Reformationsjubiläums ihren Abschluss fand, wurde im Kirchenkreis Bayreuth die Aktion „12 Worte" durchgeführt. Gesucht wurden dabei, die - nach Ansicht der Befragten - zwölf wichtigsten oder beliebtesten Bibelworte. Auf Platz Eins wurde bei diesem Ranking nicht unerwartet eines der wohl bekanntesten Bibelworte gewählt: Der erste Vers des 23. Psalmes: *„Der Herr ist mein Hirte"*.

Ich fand die Idee, einmal über Bibelworte nachzudenken, die einem besonders gut gefallen, recht gelungen. Es ist mir allerdings schwer gefallen, mich für ein einziges Wort zu entscheiden, denn die Heilige Schrift ist ja voll von Worten, die einem guttun oder zu denen man einen besonderen Bezug hat.

Bei meiner persönlichen Wahl kristallisierte sich schließlich ein Wort aus dem zweiten Korintherbrief heraus, mit dem uns der Völkerapostel Paulus teilnehmen lässt an seiner Zwiesprache mit dem auferstandenen Christus. Christus, der den manchmal entkräfteten, verzagten und auch ungeduldigen Paulus mit dem Wort tröstet: *„Meine Kraft ist in den Schwachen mächtig."* (2. Kor. 12,9)

Es ist schon immer wieder erstaunlich, wie die Worte der Bibel unser gewohntes Denken auf den Kopf stellt. „Meine Kraft ist in den Schwachen mächtig!" – sagt Jesus, aber unsere Erfahrung sagt uns etwas ganz anderes, - nämlich dass unsere Welt ganz anders funktioniert als wie sie gerade in den Worten des Neuen Testamentes dargestellt wird.

Denn so funktioniert doch unsere Welt:

Kraft gehört zu den Starken. Die Schwachen bleiben auf der Strecke. Das ist ein Naturgesetz, das uns von klein auf eingebleut wird. Wer im Leben etwas erreichen will, muss lernen sich durchzusetzen, keine Schwäche zu zeigen, sich zu behaupten und zurückzuschlagen. Recht hat nur der Stärkere, und Gerechtigkeit gibt es nur für den Starken. Der Starke setzt sich durch, nicht der Barmherzige.

So funktioniert unsere Welt:

Mit der Geburt beginnt der Sterbeprozess. Alles läuft auf den Tod als unbestreitbare Realität hinaus. Das Mantra des Zeitgeistes lautet deshalb: Leben ist nur sinnvoll, wenn man es schafft, möglichst viel aus dem Leben herauszuholen. Auf andere Rücksicht zu nehmen, an andere zu denken, ist ein Luxus, den man sich nicht leisten kann, denn mit dem Tod hört der Spaß ja auf.

So funktioniert unsere Welt:

Religiöse Gefühlsduselei – das ist nur etwas für kleine Kinder oder Alte oder für Spinner. Opium fürs Volk. Wunschdenken, um die Unerträglichkeiten des Lebens etwas erträglicher zu machen.

So funktioniert unsere Welt.

Das ist Tatsache.

Das ist Fakt.


Doch dann kommt vor 2000 Jahren Gott selbst in dem Menschen Jesus auf diese so funktionierende Welt und dreht alles um. Die Wahrheit unseres Lebens, so verkündet Jesus, verbirgt sich genau im Gegenteil:

Die Schwachen und Hilfsbereiten sind nicht die Dummen, sagt er, sondern: *Selig sind die Barmherzigen*, denn sie haben allen Grund sich zu freuen, weil sie zu Gottes neuer Welt gehören. (Mt. 5,7)

Nicht im Forschen und Entdecken, nicht in allen naturwissenschaftlich nachweisbaren Erkenntnissen, nicht im rationalen Wissen und nicht in allem durch den Menschen Machbare und Veränderbare, sondern im Evangelium von Jesus Christus, das die Welt gerne als Ausdruck für Torheit und Dummheit, als realitätsfremd und allen Erfahrungen zuwiderlaufend betrachtet, - gerade im Evangelium von Jesus Christus *„liegen verborgen alle Weisheit und alle Erkenntnis und alle Wahrheit".* (Kol. 2,3)

Auch der Tod, den wir als letztgültige Wahrheit anerkennen - unumstößlich, endgültig und alles auslöschend – selbst diese Wahrheit gilt nicht mehr. Denn seit Ostern gilt: das Ende ist der Anfang. Tod bedeutet Leben.

Und genauso verhält es sich auch mit dem Wort aus dem 2. Korintherbrief: Jesus sagt, nicht in den Starken, nicht bei den Besserwissern und Alleskönnern, nein: meine Kraft ist in den *Schwachen* mächtig.

Ist das wirklich so?

Ich denke, allein dadurch, dass wir dieses Wort hören und in uns aufnehmen, kann etwas mit uns passieren. Dieses Wort macht etwas mit uns, dann nämlich, wenn ich spüre, wie sich das kleine Pflänzchen „Glaube" in mir nach diesem Wort streckt, nach einem solchen Wort sehnt. Es bewahrheitet sich selbst, weil es mich berührt und dadurch vielleicht schon ein kleines Stück aufrichtet.

„Meine Kraft ist in den Schwachen mächtig"! Wenn das wahr ist, wenn das gilt, dann, dann steht alles, was ich, was wir tun, auch und gerade alles Engagement, aller Einsatz für andere Menschen - für Arme, für Notleidende, für Geflüchtete, für Benachteiligte, für die an den Rand Gedrängten, wie die Arbeitslosen, die Hartz IV-ler, die Wohnungssuchenden, die im Stich Gelassenen – dann steht all unser Tun und Einsatz unter der besonderen Verheißung des Segens Gottes.

Denn da, wo wir uns unter den Segen Gottes stellen und dem Segen Gottes vertrauen,

da wird ja Gottes Kraft gerade auch in den Schwachen mächtig,

da gelingt, was wir alleine nie schaffen könnten,

da wächst Hoffnung selbst in aller Hoffnungslosigkeit,

da kann Gottes Liebe auch durch uns bei den Menschen ankommen.

# Loslassen

Vermutlich ist Ihnen das biblische Wort aus der Apostelge-schichte vertraut, wo es heißt: *„Geben ist seliger denn Nehmen"*. (Apg. 20,35)

Ist das wirklich so? Ist das Nehmen nicht viel schöner. Ist es nicht gerade das Nehmen, das Haben und das Besitzen, was uns glücklich macht?

Ich habe mir mal ein paar Gedanken gemacht: Über das Geben und Nehmen, über das Greifen und das Loslassen.

„Die lustige Welt der Tiere" – so heißt der Titel eines Naturfilms, der immer mal wieder im Fernsehen gezeigt wird. Vielleicht haben Sie ihn selbst schon einmal gesehen. An eine Szene daraus kann ich mich besonders gut erinnern:

Da geht es um die Frage, mit welchen Kniffen der Mensch, selbst in einer Wüstenregion, Wasser finden kann. Erzählt wird nun, wie ein Masai dies anstellt.

Zunächst schaut er nach einem der spärlichen Bäume aus, auf denen sich eine bestimmte Art von Affen gerne tummelt. Von diesen weiß er, dass sie sehr neugierig sind. Und diese Neugier macht er sich nun zunutze, indem er in einer engen Höhlung einer abgestor-bene Pflanze oder eines Gesteins ein paar Körner versteckt, in dem Wissen, dass er von den in der Nähe lebenden Affen beobachtet wird.

Nachdem er sich von dieser Stelle wieder entfernt hat, dauert es auch nicht lange bis sich eines der Äffchen dem Versteck nähert, um in seiner Neugier schließlich in die Höhlung zu greifen und sich die dort liegenden Körner zu holen. Es packt die Leckerbissen, doch seine Faust ist nun zu groß, um sie aus der Öffnung wieder heraus-zuziehen. Der Affe steckt fest. Er könnte seinen Fund nun einfach loslassen. Dann wäre er wieder frei. Aber das tut er nicht. Er will nicht loslassen. Was er einmal hat, will er nicht wieder hergeben. Und so ist er gefangen.

Der Masai beobachtet währenddessen das Geschehen und wartet – Stunde um Stunde - bis er den geeigneten Moment für gekommen hält, um den Affen zu befreien. Der hat nämlich in dieser langen Zeit so großen Durst bekommen, dass sein erster Weg in seiner wiedergewonnenen Freiheit ihn schnurstracks zu einer verborgenen Wasserstelle führt. Der Mensch braucht ihm nun nur zu folgen, um selbst an das lebensnotwendige Nass zu kommen.

Diese kleine Geschichte zeigt, wie ich denke, sehr anschaulich und einmal mehr, dass der Mensch dem Affen in manchen Verhaltensweisen sehr ähnelt – so z.B. im Greifen und Festhalten.

Schon ein Neugeborenes greift mit seinem winzigen Händchen nach dem kleinen Finger, den man ihm hinhält, weil es zu seinen angeborenen Reflexen gehört. Solche Reflexe des Greifens und Festhaltens ist wichtig. Es gibt Sicherheit, fördert das Begreifen und gehört zu den Notwendigkeiten auf dem Weg zur Selbstständigkeit.

Doch schon bald setzt auch schon das umgekehrte Lernen ein, nicht nur festzuhalten, sondern auch loszulassen.

Was ist das für ein erhebender Moment, wenn ein Kind das erste Mal die sichere Hand der Eltern loslässt und seine ersten Schritte allein geht. Wie schmerzhaft kann es im Erleben eines Kindes (manchmal auch seiner Eltern) sein, wenn es an seinem ersten Kindergartentag die bis dahin permanente Nähe und Geborgenheit der Eltern „loslassen" und – wenn auch nur für kurze Zeit – Abschied nehmen muss.

Greifen und Loslassen – beides gehört zu unserem Leben, zu unserem ganzen Leben dazu. Das Greifen ist uns angeboren und dieser Urinstinkt weitet sich mit zunehmendem Alter immer weiter aus.

Das Greifen wird zum Haben wollen, zum Wunsch nach Besitz, nach Macht, nach Reichtum, nach Anerkennung. Das Greifen wird zu einer Antriebsfeder unserer Lebensplanung und findet Ausdruck in unseren Wünschen, bewirkt Ehrgeiz und führt auch immer wieder zu Neid und Aggressivität.

Greifen kann auch zum Sich-Vergreifen werden und bewirkt Enttäuschungen oder Schuld, die man auf sich lädt.

Ja, das Greifen ist uns angeboren. Es ist notwendig für unser Leben, birgt aber zugleich auch Gefahren, wenn es sich zur Sucht nach immer mehr verselbständigt.

Das Greifen ist uns angeboren. Das Loslassen müssen wir erst lernen. Und wie mit allem, was gelernt werden muss, geht dies meist nicht von allein. Lernen kostet Mühe. Lernen ist Arbeit. Lernen wird oft begleitet von Kämpfen, Tränen und Schmerzen. Und deshalb gefällt uns das Loslassen-lernen meistens nicht, vielleicht auch deshalb, weil wir nicht selten dazu gezwungen werden:

Loslassen – ich denke dabei als erstes an Menschen, die ich loslassen musste, weil sie gestorben sind.

Ich denke an Freundschaften, die zerbrochen sind, weil das Interesse aneinander im Laufe der Zeit verkümmerte.

Ich denke an meine Kinder, die ich nach und nach loslassen musste, damit sie ihren eigenen Weg gehen können, auch wenn ich nicht immer damit einverstanden war.

Ich denke an liebe Gewohnheiten, die ich loslassen musste, weil sie vielleicht meiner Gesundheit schadeten oder weil keine Zeit mehr dafür blieb.

Ich denke an meinen Körper, der mit über 60 Jahren zum Oldtimer geworden ist, eben nicht mehr so rund läuft wie wir 40 Jahren und mich zwingt loszulassen von der Vorstellung, vieles allein und in kürzester Zeit zu schaffen.

Er zwingt mich loszulassen von der Vorstellung, dass alles so weitergeht und ich alle Zeit der Welt habe.

Loslassen – ich denke, dass unser ganzes Leben auch eine Schule des Loslassens ist. Aber Loslassen ist ja nicht nur Verlust. Wenn wir loslassen stehen wir nicht automatisch mit leeren Händen da. Loslassen ist immer auch eine Chance für Neues.

Das kann mit ganz banalen Dingen anfangen:

Ich trenne mich von meiner Lieblingsjacke, leiste mir dafür aber eine neue.

Ich ziehe – vielleicht schweren Herzens - aus meiner alten Wohnung aus, muss los- und zurücklassen. Aber ich finde eine neue Unterkunft. Kann sie mir nun nach meinen aktuellen Bedürfnissen einrichten, lerne nette Leute in meiner neuen Umgebung kennen und genieße womöglich willkommene Vorteile durch den Standort des neuen Zuhauses.

Ich muss vielleicht meinen langjährigen Partner loslassen, weil es keine gemeinsame Basis gibt, dafür öffnen sich Gelegenheiten für neue Begegnungen.

Ich wechsle meinen Arbeitsplatz, muss Gewohntes, eine vertraute Umgebung, nette Kollegen loslassen, aber mir erschließt sich dafür ein neues Betätigungsfeld, das mir vielleicht Erfüllung schenkt.

Greifen und Loslassen. Beides bestimmt unseren Lebensweg. Das Greifen ist uns angeboren, das Loslassen müssen wir lernen, weil wir oft genug dazu gezwungen werden.

Aber es gibt auch ein freiwilliges Loslassen. Und dieses freiwillige Loslassen nenne ich *Vertrauen.*

Vertrauen, dass ich im Loslassen nicht falle.

Vertrauen, dass ich mich im Loslassen nicht selbst verliere.

Vertrauen, dass ich im Loslassen nicht ärmer werde.

Vertrauen, dass ich im Loslassen nicht alleine dastehe.

Vertrauen, dass ich im Loslassen dennoch gehalten bin.

Dieses Vertrauen finde ich nur im Gegenüber zum Gott der Liebe, der an meiner Seite steht. Er allein ist es, der mich in allen Erfahrungen des Loslassens, des Verlustes und des Abschiednehmen-Müssens trägt und hält und tröstet.

Und geben wir im Loslassen letztlich nicht nur das, was wir loslassen müssen, wieder zurück an seinen Geber?

Gewinnen wir mit dem Loslassen nicht auch ein Stück Freiheit?

Im Vertrauen auf Gott kann ich ja nicht nur Menschen und Dinge loslassen, die mir lieb waren, - ich kann auch meine Ängste loslassen oder meinen Ärger oder mein Gefühl zu kurz zu kommen.

Ich kann meine Enttäuschungen oder meine Trauer loslassen.

Ich kann das loslassen, was mich daran hindert, Gott zu vertrauen.

Und wenn wir meinen, dass wir durchs Loslassen mit leeren Händen dastehen, dann dürfen wir darauf vertrauen, dass Gott sie erneut füllt mit seinen guten Gaben.

Das Äffchen in unserer eingangs gehörten Geschichte konnte nicht loslassen. Hätte der Masai es nicht befreit, wäre es verdurstet.

Denn auch das kann uns diese Geschichte vom Greifen lehren:

Nur wenn wir lernen loszulassen, wartet auf uns die Freiheit. Die Freiheit, die Quelle unseres Lebens zu suchen, zu finden und daraus die „Ströme lebendigen Wassers" zu trinken, die uns - wie es Jesus einmal in ähnlicher Weise gesagt hat - zu Gott führen, der *uns* niemals loslässt.

## Wunder gibt es immer wieder

Erinnern Sie sich noch an den Schlager, den Katja Epstein vor vielen Jahren gesungen hat? „Wunder gibt es immer wieder, heute oder morgen können sie gescheh'n"

Wunder gibt es immer wieder – gibt es überhaupt Wunder?

Objektiv betrachtet sind Wunder ja immer Ansichtssache. Was der eine für ein Wunder hält, stellt sich für den anderen als Zufall dar.

Und doch lassen sich die Begriffe „Wunder" und „Zufall" nicht beliebig austauschen.

Wenn etwa ein Fußballteam im Rückspiel eines Halbfinales in der Championsleague noch einen großen Rückstand aufholt und ins Finale einzieht, dann spricht man eben wie selbstverständlich nicht von einem Fußballzufall, sondern von einem Fußballwunder.

Wenn ein Flugzeug abstürzt und es gibt Überlebende, dann heißt es eben nicht: Sie haben durch einen Zufall, sondern wie durch ein Wunder überlebt.

Und wenn nach einem Erdbeben Verschüttete noch nach Tagen gerettet werden können, dann spricht die Weltpresse ganz selbstverständlich von einem Wunder und nicht von einem Zufall.

Die Beispiele ließen sich beliebig fortsetzen, denn auch wenn viele Leute aufgehört haben, an Wunder zu glauben, taucht dieser Begriff doch in unserem Sprachgebrauch immer wieder auf.

So sprechen wir vom „Wunder der Technik"; wir sagen unserem Partner wie „wunder-bar" er ist und reden vom „Wunder der Medizin", wenn eine schwierige Operation gut verlaufen ist.

„Wunder gibt es immer wieder"?

Aber sind sie letztlich nicht doch nur Zufälle?

Sind sie nicht nur so eine Art Steigerung eines Zufalls? Stehen sie nicht lediglich als Ausdruck für einen besonders glücklichen oder überraschenden Zufall?

Ich erinnere mich, dass es früher – als ich noch Religionsunterricht gegeben habe – mit meinen Schülern bei diesem Thema immer wieder zu heftigen Diskussionen kam, die dann meist in der Frage gipfelten:

Wie viele Zufälle ergeben ein Wunder? Wie lang muss die Kette von Zufällen sein, um den Gedanken zu wecken, ob es sich vielleicht doch um ein Wunder handelt?

Dabei ging es letztlich um die eingangs gestellte Frage, ob es denn überhaupt Wunder gibt. Ob es denn denkbar wäre, dass - etwa für einen kurzen Moment - die Naturgesetze außer Kraft gesetzt werden können? Und ob es nicht, wenn es wirklich Wunder geben sollte, dann nicht zwangsläufig jemand geben müsste, der diese Wunder bewirkt?

Denn die Frage nach Wundern ist ja immer zugleich auch die Frage nach Gott. Haben wir einen Gott, der Wunder tut?

Können wir von ihm Wunder erhoffen, erbitten, erwarten?

Das biblische Zeugnis ist reich an Wundererzählungen. Vor allem Jesus wird mit dem Attribut „Wundertäter" versehen. „Machttaten" werden sie im Neuen Testament genannt, wenn er unreine Geister austreibt, Brot vermehrt oder Menschen von Krankheiten heilt.

Manch einer überlegt, wie er das wohl gemacht hat und sucht nach dem Trick dabei. Manch einer findet für sich Erklärungen, indem er darauf hinweist, dass es immer Menschen gegeben hat, die etwa die Gabe besitzen zu heilen.

Andere heben die Wunderfrage auf eine allegorische Ebene und sehen in ihnen vielleicht lediglich den Auftrag zu diakonischem Handeln.

Aber wer bei biblischen Wundererzählungen immer gleich nur nach Erklärungen sucht, damit sie in unser aufgeklärtes Denken passen, der beraubt die Wunder damit zugleich auch ihres Geheimnisses, der trennt sie von vornherein von einer göttlichen Macht, die sie bewirkt und reiht sie letztlich ein in die „Wahnvorstellung", dass dem Menschen alles möglich ist.

Wunder, die sich erklären lassen, fallen in sich zusammen. Sie werden zu Wunder, die keine Wunder mehr sind.

Sind Wunder als doch nur Zufälle oder Tricks oder besondere menschliche Begabungen? Und gilt das auch für die anderen Machttaten Jesu? Wenn er über das Wasser geht, wenn er Wasser in Wein verwandelt, wenn er Tote zum Leben erweckt?

Wie geht es uns mit dem Wunder der Menschwerdung Gottes, dem Wunder von Ostern, dem Wunder von Pfingsten? Sind das alles nur Märchen, Projektionen unserer Wünsche, Hirngespinste religiöser Paranoia?

Wer mit solchen Erklärungen auf die Frage nach den Wundern antwortet, macht es sich, wie ich denke, zu einfach, weil er der eigentlichen, der entscheidende Frage, die hinter allen Wundergeschichten steckt, ausweicht. Die Frage: Glauben wir an einen Gott, der – weil er Gott ist – auch Wunder tun kann?

Glauben wir an einen Gott, der mich kennt und dem ich so wichtig bin, dass er auch in meinem kleinen Leben Wunder wirkt?

Glauben wir an einen Gott, der in Jesus selbst ein Mensch geworden ist und uns durch sein Leben und seine Wundertaten letztlich gezeigt hat, was er für uns will – nämlich das Leben selbst, in dem es keine Angst und kein Leid und keinen Tod mehr gibt?

Wer an diesen Gott glaubt, der erfährt, dass Gott auch heute noch in jedem Menschenleben Wunder tut. Der erfährt, dass der Glaube uns letztlich die Augen für die Wunder Gottes öffnet.

Der frühere „Fernsehpfarrer" Adolf Sommerauer hat einmal gesagt: „Es stimmt nicht, dass es keine Wunder mehr gibt. Wir haben höchstens beschlossen, keine mehr anzuerkennen."

Ich denke, wer sich Gott öffnet, öffnet sich auch seinen Wundern. Das geht nicht auf Knopfdruck. Das fällt uns manchmal schwer. Ja häufig werden wir von Gott bitter enttäuscht, wenn wir ihn inständig um ein Wunder bitten und er sich diesem Wunsch anscheinend verweigert.

Wenn ich mich in einem solchen Moment erlebe, dann versuche ich mich daran zu erinnern, wann denn Gott in meinem Leben ein Wunder getan hat. Meist sind es dann immer vor allem drei Erlebnisse, die mir dazu einfallen und die ich für mich als Wunder erlebt habe.

Das erste ist weniger ein konkretes Erlebnis als vielmehr ein Gedanke. Ein Gedanke, bei dem es um das Wunder der Schöpfung, in der wir leben, geht.

Hoimar von Dithfurt, der Erste, der ab den 70er Jahren des letzten Jahrhunderts seinen Zuschauern im Fernsehen die Welt der Naturwissenschaften allgemeinverständlich erklären konnte, hat mal folgendes Beispiel zur Entstehung unserer Welt erzählt:

Stellen Sie sich vor, Sie würden ihr ganzes Leben, sagen wir vom 18. bis zum 80. Geburtstag, jede Woche Lotto spielen. Die Wahrscheinlichkeit, dass sie über 60 Jahre lang jede Woche 6 Richtige mit Superzahl haben, diese Wahrscheinlichkeit ist *höher* als rein rechnerisch die Wahrscheinlichkeit, dass unsere Welt überhaupt entstanden ist. Kann man da noch von Zufall sprechen?

Das zweite Wunder, das ich für mich erlebt habe, war, als ich eine Zeit lang als ehrenamtlicher Sanitäter beim Roten Kreuz arbeitete. Dort verrichtete ich auch Nachtdienst. Einmal mussten wir von einer Privatklinik ein erst 6 ½-Monats-Frühgeburtskind abholen, um es in einem Inkubator in die Uni-Klinik zu fahren. Als wir auf der Entbindungsstation eintrafen, legte mir die Hebamme dieses Neugeborene, eingewickelt in ein einfaches Tuch, in meine Hand. Es passte genau hinein und löste bei mir ein bis dahin ungeahntes Gefühl aus. Beim Betrachten der winzigen Zehennägel, Wimpern, Ohren – empfand ich die Situation wie einen heiligen Moment. Dieses gerade schon lebensfähige Neugeborene erlebte ich wie ein Wunder, das sich zwar millionenfach auf der Welt wiederholt und doch etwas Einzigartiges darstellte. Für mich keinesfalls „nur" ein biologisches Produkt, sondern ein Wunder der Schöpfung Gottes.

Und an das dritte Wunder, an das ich mich gern erinnere (und über das Sie jetzt sicher schmunzeln werden) war, als ich zu Beginn meines Theologiestudiums beim zweiten Anlauf meine Prüfung in Altgriechisch schaffte. Ich war damals ein fauler Hund und hatte schon immer Probleme, Sprachen zu lernen. War es Zufall, dass ich beim zweiten Anlauf im mündlichen Teil der Prüfung genau die gleichen Texte übersetzen musste, wie beim ersten Mal, wo ich durchgefallen war?

Ich weiß es nicht. Auf jeden Fall schaffte ich die Prüfung mit Ach und Krach und für mich war es wie ein Wunder und ein Zeichen Gottes, dass ich mit meinem Theologiestudium auf dem richtigen Weg war.

„Wunder gibt es immer wieder, heute oder morgen können sie gescheh'n". Wie wahr!

Wunder - für mich sind sie Zeichen der Liebe Gottes. Zeichen der Liebe Gottes, die wir in unserem Alltag immer wieder entdecken können. Zeichen der Liebe Gottes, die uns dazu verhelfen können, ihm jeden Tag vielleicht ein Stückchen mehr zu vertrauen.

Und wenn wir für unser Leben mal dringend ein Wunder Gottes, ein Zeichen seiner Liebe, benötigen, weil der Alltag schwer auf unseren Schultern lastet, dann probieren Sie mal Folgendes aus:

Drehen Sie doch Ihr Sorgengebet einfach mal um.

Sagen Sie nicht: Lieber Gott, ich habe so große Sorgen! Lass ein Wunder geschehen!

SONDERN, wenden Sie sich direkt an ihre Sorgen und sagen: Liebe Sorgen, ich habe einen so großen Gott, der auch Wunder tun kann.

Er wird mir vielleicht nicht *das* Wunder schenken, das ich mir in diesem Moment wünsche, aber auf jeden Fall das, welches jetzt für mich gut ist.

## Und erlöse uns von dem Bösen

Auch wenn es schon eine ganze Weile zurückliegt, kann ich mich doch noch gut daran erinnern, als mein ältester Sohn eines Tages aus dem Kindergarten kam und mir stolz berichtete, dass er nun das ganze „Vaterunser" auswendig kann. Als Beweis dafür sagte er mir dieses älteste christliche Gebet auch gleich fehlerfrei auf.

Es ist ja heute nicht mehr selbstverständlich, dass jeder das „Vaterunser" kennt und auswendig weiß, aber wer es in der Kindheit gelernt und gelegentlich auch gebetet hat, der trägt seine Worte wohl wie selbstverständlich in sich. Ja es hat den Anschein, der Text spricht sich wie von allein und häufig wird uns gar nicht recht bewusst, was wir da eigentlich beten. Und da es mir auch so ergeht, versuche ich gelegentlich einmal etwas genauer und bewusster auf das hinzuhören, was ich da spreche. Dabei ist mir aufgefallen, dass ich ganz häufig bei einer Textzeile immer wieder hängenbleibe:

*„Und führe uns nicht in Versuchung, sondern erlöse uns von dem Bösen!"*

Was ist das eigentlich, das „Böse"? Was fällt uns dazu spontan ein?

Mir kommen als erstes Menschen in den Sinn, die böse waren oder sind: Ein Adolf Hitler etwa und seine Nazischergen; die waren böse.

Oder die islamistischen Terrorristen, die in ihrem Fanatismus alles zerstören und töten, was nicht in ihre Ideologie passt; sie sind auch eindeutig böse.

Etwas schwieriger wird es da schon bei anderen Personen: Sind Diktatoren wie ein Herr Erdogan oder ein Kim Jong Un oder ein Assad oder ein Putin oder gar der amerikanische Präsident Donald Duck Trump böse?

Was oder wer ist das Böse? Ist es der Teufel, der Satan, der Fürst der Finsternis, der sein Unwesen treibt?

Ist es die Waffenindustrie und ihre Lobby, die sich an den Kriegen dieser Welt dumm und dämlich verdient?

Sind es gar die Wissenschaftler, die unser Erbgut manipulieren, den neuen Menschen züchten wollen oder künstliche Intelligenz?

Sind es die moralischen oder ideologischen „Kopfgeldjäger", die sich in ihrem Fanatismus zu selbsternannten Göttern machen und allein darüber bestimmen wollen, was gut und böse ist?

Wer oder was ist das Böse?

Ist es vielleicht der böse Nachbar, der ständig Streit sucht?

Oder eine heimtückische Krankheit?

Oder die bösen Geister, die mir den Schlaf rauben?

Oder sind es einfach dunkle Mächte, die mir Angst machen?

Was ist das Böse? Wovon spricht Jesus, wenn er seine Jünger lehrt, um die Erlösung von dem Bösen zu beten? (Mt. 6,13)

Wenn man die davor genannte Bitte - *„und führe uns nicht in Versuchung"* - mit einbezieht, erscheint die Antwort eigentlich ganz einfach. Georg Schramm – für mich der beste politische Kabarettist hierzulande – hat das einmal auf den Punkt gebracht. Er stellt fest: „Das Böse ist die menschliche Gier!"

Da die deutsche Sprache sehr vielschichtig sein kann, müssen wir uns zunächst bewusst machen, in welchem Sinne hier „Gier" verstanden wird. Wir benutzen dieses Wort ja auch schon mal gern in einem ganz harmlosen Zusammenhang:

Wenn man sich z.B. total ausgehungert fühlt, wird das Essen vielleicht gierig hinuntergeschlungen.

Wir können uns gierig auf die Erfüllung eines lang gehegten Wunsches stürzen.

Manch einer ist gierig nach Süßem, der andere zieht gierig an seiner Zigarette.

Es gibt Formen der Gier, die ich nicht mit dem Bösen assoziiere. Ich denke, die menschliche Gier wird immer dann zum Bösen, wenn sie auf Kosten anderer geht. Und die Gier des Bösen konkretisiert sich in den meisten Fällen in der Gier nach Macht und Reichtum.

Aber aufgemerkt! Nicht der Reichtum ist böse, sondern die Gier danach. Vor allem dann, wenn dabei im wahrsten Sinne des Wortes über Leichen gegangen wird.

Das Haben-wollen und das immer mehr Haben-wollen, gehört wohl zu den Grundübeln in unserer Welt. Korruption und Bestechlichkeit, Ausbeutung von Arbeitskraft, Steuerhinterziehung, Börsenspekulationen, illegale Entsorgung von Müll, gefälschte Gutachten, Menschen- und Drogenhandel, Gewinnmaximierung durch Massenentlassungen – das sind nur einige Stichworte, die sich in diesem Zusammenhang nennen lassen.

Da gibt es viele Gewinner. Wo es aber Gewinner gibt, gibt es auch immer Verlierer. Wo es Reichtum gibt, gibt es immer auch Armut. Und unsere Welt ist auf dem besten Wege zu einer solchen Zweiklassengesellschaft zu werden: Reiche und Arme, Gewinner und Verlierer, Eingeschlossene und Ausgeschlossene.

Diese Entwicklung erscheint mir immer mehr Fahrt aufzunehmen, weil unsere Gesellschaft mehr und mehr davon geprägt ist, dass Werte wie soziales (also gemeinnütziges) Verhalten und Mitmenschlichkeit keine Bedeutung mehr besitzen. Alles, was menschlichem Leben Würde und Sicherheit gibt, wird auf den Kopf gestellt.

„Postfaktisch" werden nun ganz offensichtliche Lügen genannt. Beweisbare Tatsachen werden einfach nicht akzeptiert.

Jeder sucht sich die Wahrheit, die ihm in den Kram passt. Er muss sie nur laut genug verkünden.

Das Asylrecht wird als ein Akt der Barmherzigkeit verkauft. Dabei handelt es sich um unumstößliche Rechte.

Vorurteile und Diskriminierungen müssen schon lange nicht mehr hinter vorgehaltener Hand weitergegeben werden.

Populismus und Angstmache sind legitime Mittel politischer Wahlkampagnen geworden. (und nicht nur dort)

Hasstiraden, Aufhetzung, Verunglimpfung, Beleidigungen, Beschämung – alles scheint erlaubt zu sein.

Und hinter allem steht die Gier:

Die Gier nach Reichtum und Macht.

Die Gier recht zu haben, ohne zu überlegen ob man überhaupt Recht hat.

Die Gier die selbsterdachte Weltsicht als allgemein gültige Wahrheit zu verkaufen.

Die Gier selbst im Mittelpunkt des Universums zu stehen.

Die Gier alles auszurotten, was im Wege steht.

Die Gier alles zu machen, was machbar ist.

Die Gier nach immer noch mehr ohne jegliches Verantwortungsbewusstsein, frei nach dem Grundsatz: Nach mir die Sintflut.

Aber die Sintflut ist ja bereits da. (Georg Schramm: „Wir *sind* die Sintflut!") Das Böse ist Teil unserer Welt. Anstatt unsere Welt jeden Tag ein bisschen besser zu machen, wird sie jeden Tag etwas schlechter,

weil wir das Böse einfach akzeptieren;

weil wir sie gewähren lassen, die Trumps und Erdokans, die Assads und die Putins, die selbsternannten Moralapostel und die Menschenverachter, die Heuchler und die Scheinheiligen dieser Welt.

Weil wir sie gewähren lassen, die Angstmacher, die Volksverhetzer, die Lobbyisten, die falschen „Fuffziger" in den Parlamenten, den Aufsichtsräten und Kanzleien.

*„Und führe uns nicht in Versuchung!"*

Führe uns nicht in Versuchung, mit den Gierigen mitzumarschieren.

Führe uns nicht in Versuchung, nur gleichgültig und ohnmächtig bei der Entmenschlichung des Menschen zuzuschauen.

Führe uns nicht in Versuchung, von der Mitmenschlichkeit Abschied zu nehmen.

Führe uns nicht in Versuchung, mit den Selbstgerechten, den Empathielosen und Volksverhetzern mitzuschreien.

Und führe uns nicht in Versuchung, uns der trügerischen Hoffnung hinzugeben, es wird schon irgendwie weitergehen.

*„Sondern erlöse uns von dem Bösen!"*

Erlöse uns von der Gier, immer nur haben zu wollen, statt zu geben.

Erlöse uns von der Gier, immer nur Recht zu haben und Recht zu behalten, statt jeden Menschen zu respektieren.

Erlöse uns von der Gier, erfülltes Leben nur von Reichtum und Macht zu erwarten, anstelle von Liebe und Mitgefühl.


*„Führe uns nicht in Versuchung, sondern erlöse uns von dem Bösen!"*

Ich halte dies heute für die wichtigste Bitte, die wir mit dem Vaterunser aussprechen. Eine Bitte, die sicher einer gewissen Ohnmacht und Hilflosigkeit entspringen mag. Woher aber sollte sonst Hoffnung kommen, wenn nicht von einer liebenden Macht, die wir Gott nennen?

Der unsere Gebete hört und erhört über Bitten und Verstehen hinaus.

Der uns Kraft schenken kann, nicht zu resignieren, sondern weiter das Gute gegen das Böse einzusetzen und stolz darauf zu sein, „Gutmenschen" genannt zu werden.

Der uns die Fähigkeit schenkt, richtig und falsch zu unterscheiden.

Der uns mit seiner Liebe erfüllt, die uns die Augen für unsere Mitmenschen öffnet.

Und der in uns die Hoffnung weckt, dass nicht die diffamierenden und menschenverachtenden, dass nicht die Würde des Menschen herabsetzenden und leugnenden, und dass nicht die neo- und postfaktischen Worte bleiben, sondern sein Wort.

Sein Wort der Liebe, das in Zeit und Ewigkeit bleibt und gilt.

## Segen

Gott, der uns zuspricht:
In die Fülle deiner Aufgaben
und in die Leere deiner Geschäftigkeit
lege ich meine Zusage: **Ich bin für dich da!**

In die Vielzahl deiner Fähigkeiten
und in die Grenzen deiner Begabung
lege ich meine Zusage: **Ich bin für dich da!**

In den Segen deines Helfens
und in das Elend deiner Ohnmacht
lege ich meine Zusage: **Ich bin für dich da!**

In die Freude deines Erfolges
und in den Schmerz deines Versagens
lege ich meine Zusage: **Ich bin für dich da!**

In die Enge deines Alltags
und in die Weite deiner Träume
lege ich meine Zusage: **Ich bin für dich da!**

In das Dunkel deiner Vergangenheit
und in das Ungewisse deiner Zukunft
lege ich meine Zusage: **Ich bin für dich da!**

Der Gott, der für dich und für mich da ist und mit uns geht,
der segne und behüte euch:
Der Vater, der Sohn und der Heilige Geist.

# Liebe

# und Ermutigung

Ein Puzzle namens Leben

In der Welt habt ihr Angst

Da hilft nur noch beten

Das Beste am Guten ist die Güte

Segen

## Ein Puzzle namens Leben

In den Tagen nach Weihnachten hatte ich es endlich geschafft. Nach fast zwei Jahren kam endlich der kleine große Moment, als ich mit dem letzten „Stein" mein erstes 5000-teiliges Puzzle vollendete. Entstanden war das Bild eines flämischen Malers mit dem Titel „Die Bauernhochzeit", das immerhin die stattlichen Maße von 1 Meter 60 auf 1 Meter 10 umfasste.

Es gibt sicherlich eine Menge Leute, die das Puzzlen als eine ziemlich sinnlose Freizeitbeschäftigung bewerten; die auch keine Geduld und Ausdauer dafür hätten und denen für diesen Spaß jegliches Verständnis fehlt. Doch denen halte ich entgegen, dass jedes passende Teil, das ich finde, einen kleinen Glücksmoment darstellt: Ich suche etwas, ich finde etwas – darüber freue ich mich und bin zumindest für einen Moment glücklich!

„Glücklich sein, Glück haben, Glücksmomente. - Das Wort „Glück" löst in uns eine ganz eigene Faszination aus.

Glück – das ist etwas, wonach praktisch jeder Mensch sucht.

Glück – das ist etwas, wonach sich jeder sehnt.

Glück – das wünschen wir uns zu Beginn eines neuen Jahres, zu Geburtstagen und zu besonderen Feiern und Jubiläen.

Glück – darin sehen nicht wenige die Erfüllung ihres Lebens: Glück zu haben und glücklich zu sein.

Und jeder weiß ganz genau, wie dieses Glück aussehen muss: Für den einen besteht Glück in einer erfüllten Liebe, für den anderen in den eigenen Kindern und wieder andere in einem erfolgreichen und einträglichen Beruf.

Manche verbinden Glück mit einem Lottogewinn oder wenn sie einen Sonnenuntergang am Meer erleben oder wenn sie ein IKEA-Regal ohne größere Verletzungen zusammenbauen können.

„Glück" begegnet in ganz verschiedenen Gestalten und Erlebnissen. Jeder empfindet Glück anders und doch finden wir uns alle vereint in dem Wunsch nach Glück.

Und damit komme ich wieder zurück zum Bild eines Puzzles. Immer wenn ich ein passendes Puzzleteil gefunden hatte, freute ich mich und war glücklich. Doch dieses Glück dauerte nur einen Moment, denn sofort danach ging die Suche nach dem nächsten passenden Stück ja weiter. Es dauerte auch gar nicht lange, dann wusste ich schon gar nicht mehr, über welches passende Teil ich mich so gefreut hatte.

Das erinnerte mich daran, dass es uns häufig mit den anderen Glücksmomenten unseres Lebens genauso ergeht. Wir sparen z.B. auf ein neues Auto, machen Probefahrten, studieren Prospekte, sind bereits in Gedanken damit unterwegs, bestellen es schließlich und fiebern dem Moment entgegen, in dem wir das erste Mal damit fahren. Welch ein Glücksmoment. Doch dann - nach ein, zwei Wochen lässt dieses Glückgefühl schon etwas nach. Es ist ja nur ein Auto, das mich zur Arbeit fährt und zum Einkaufen oder zu einem Besuch und vielleicht einmal im Jahr in den Urlaub. Es wird nach und nach zum Alltagsgegenstand und die Glücksgefühle suchen wir bald schon in anderen Dingen.

So ist das mit dem Glück und daran erinnert mich eben auch ein Puzzle: Es erinnert mich an die Suche nach dem Glück und es erinnert mich daran, dass unser Leben vielleicht einem Puzzle nicht unähnlich ist.

Wer ein Puzzle anfängt, beginnt in der Regel mit dem Rand. Das ist die Vorgabe, das sind die Rahmenbedingungen für das Bild, das entstehen soll.

Und so beginnt ja auch unser Leben. Wir werden hineingeboren als Mädchen oder als Junge, in ein bestimmtes Land, in eine bestimmte Gegend mit entsprechendem soziokulturellen Hintergrund, in eine Familie, die intakt oder zerrissen ist, die von Hartz IV lebt oder wohlhabend ist, mit guten oder weniger guten Bildungschancen.

Wir werden geboren mit bestimmten Veranlagungen und Begabungen, und mit einem bestimmten Aussehen, das uns das Leben in Zukunft leichter oder weniger leicht machen wird.

Der Rand unseres Lebenspuzzles steht mit unserer Geburt schon fest. Mit in die Wiege wird uns nun noch eine Reihe von Puzzleteilen mitgegeben. Wie viele es sind, wissen wir nicht. Wir wissen nicht, ob unser Leben nur kurze Zeit dauert, ob nur ein kleines Bild entsteht, oder ein ganz großes.

Wir wissen auch noch nicht, wie das fertige Bild einmal aussehen wird. Doch wir tragen Bilder von dem, wie es einmal aussehen könnte in uns: Das sind unsere Wünsche, Träume und Ziele, die gebaut werden durch Erziehung und äußere Einflüsse, durch unseren Charakter und unsere Mentalität.

Diese Bilder sind manchmal Trugbilder und Hirngespinste und wir suchen vergeblich nach den passenden Puzzleteilen, weil wir erkennen müssen, dass uns die nötigen Fähigkeiten fehlen oder die Durchsetzungskraft oder die Geduld oder der Ehrgeiz.

Dann gilt es umzudenken, auszuprobieren, offen zu werden für andere Bilder. Mit einem Mal werden wir vielleicht überrascht von Puzzleteilen unseres Lebens, die unverhofft zusammenpassen. Dann entstehen plötzlich ganz kleine Bilder, die zu Glücksmomenten in unserem Leben werden, weil sie uns weiterbringen und eine Ahnung entstehen lassen, wie vielleicht das große Bild aussehen könnte.

Doch auch wenn wir das Glück uns als nie endendes Dauergefühl noch so sehr wünschen – auch das gehört zum Puzzlen, auch das gehört zu unserem Leben, dass es Phasen gibt, wo scheinbar nichts mehr zusammenpasst, wo wir vergeblich suchen, wo sich keine Glücksmomente einstellen, wo wir enttäuscht und frustriert sind und manchmal das ganze Lebenspuzzle in die Ecke schmeißen möchten.

Auch das gehört wohl dazu:

Das Leben als ein sinnloses Spiel einzuordnen, deren Teile wir anstarren ohne sie zusammen bringen zu können.

Das Leben als Zeitvertreib, wo wir allenfalls mal zwei zueinander passende Puzzleteile finden, ein schnelles Glück, das sich genauso schnell wieder auflöst.

Unser Leben also nur ein Spiel, ein sinnloser Zeitvertreib, eine mühselige Suche nach ein bisschen Glück ? Manchmal hat es den Anschein.

Doch unser Leben steht ja unter einer großen Verheißung. Eine Verheißung, die durchaus auch mit Glück zu tun hat, wie es etwa die Jahreslosung von 2014 zum Ausdruck gebracht hat: *„Gott nahe zu sein ist mein Glück."* (Ps. 73,28)

Unser Leben steht unter der Verheißung Gottes. Unter der Verheißung, dass wir von ihm herkommen und wieder zu ihm zurückkehren und deshalb nicht einem blinden Zufall ausgeliefert sind.

Unter der Verheißung, dass Gott uns kennt und uns gewollt hat.

Unter der Verheißung, dass kein Lebenspuzzle unvollendet bleibt.

Unter der Verheißung, dass aus jedem Leben ein fertiges Bild wird, wo alles an seinen Platz kommt.

Unser Leben steht unter der Verheißung Gottes, dass es sich - ganz gleich wie groß oder klein, wie lang oder kurz es ist – im Laufe unseres Erdendaseins  als ein guter Gedanke Gottes vollenden wird, der letztlich auch allem seinen Sinn gibt.

Daran zu glauben, darum zu wissen, daran festzuhalten – auch das kann zum großen Glück unseres Lebens werden.

# In der Welt habt ihr Angst

Ich sehe ihn noch deutlich vor mir, wie er da mitten auf dem Gang in dem großen Krankenhaus auf einem Stuhl saß. Seine Hände stützten sich auf einen Gehstock, auf den sich deutlich sein leichtes Zittern übertrug. Obwohl er nicht gut sehen konnte, wanderten seine Augen unruhig umher. Beim Näherkommen konnte ich eine Träne entdecken, die in einem Augenwinkel glitzerte. Er war schon alt, über 90 Jahre. Irgendjemand hatte ihm wohl gesagt, dass er sich dort hinsetzen sollte. Hinsetzen und Warten. Und so saß er da in geduldiger Unruhe. Als ich ihn anspreche, benötigt er eine Weile bis er mich einordnen kann. Und als ich ihn nach seinem Befinden frage, da zuckt er leicht mit den Schultern, sieht mich an und sagt:

„Ich hab' a wen'g Angst!"

„Ich hab' a wen'g Angst! – In der Welt habt ihr Angst!"
Angst hat viele Gesichter. Wenn ich z.B. an die vielen Menschen denke, denen ich in meiner Zeit als Krankenhausseelsorger begegnet bin, dann traf ich dort häufig auf die Angst vor der anstehenden Untersuchung, der Operation oder das bange Warten auf den Befund.

Da wurde immer wieder erzählt von dem Gespenst einer langen Nacht, in der sich keine Ruhe einstellt und dunkle Gedanken das Herz schwer machen.

Da waren die Sorgen um die Lieben zuhause und ob sie wohl ohne einen zurechtkommen.

Da hörte ich von den kalten Nebelschwaden einer ungewissen Zukunft, die einen frösteln lassen, oder wie manch einer gar die Hand des Todes nach sich greifen fühlte.

Angst hat viele Gesichter und kein Leben ist ohne Angst. Menschsein heißt immer auch: Angst haben. Und wir alle zusammen könnten wohl ein dickes Buch über die Angst schreiben.

„*In der Welt habt ihr Angst*", hat Jesus einmal gesagt, „*aber seid getrost!*" (Joh. 16,33) Was könnte uns in unserer Angst trösten?

Wir haben ja manchmal sogar Angst, unsere Angst überhaupt zu zeigen. Angst gilt meist immer noch als ein Zeichen von Schwäche. Vor allem wir Männer sind häufig so erzogen worden, eigene Angst nicht zuzugeben, sie zu bekämpfen.

Was also könnte uns helfen?

Der alte Mann auf dem Stuhl, er konnte sich zu seiner Angst bekennen. „Ich hab' a wen'g Angst!" und dann – dann begann er zu erzählen: Von seiner Furcht, von seinem Leben, von seiner Hoffnung. Und während seiner Geschichte löste sich die eine Träne aus seinem Augenwinkel, als hätte sie nur darauf gewartet freigegeben zu werden. Sie zeichnete eine feuchte Bahn über seine Wange und es schien mir, als ob mit ihrem Zerfließen sich auch das Lähmende und Starre seiner Angst begann aufzulösen.

Und genau dies passiert ja mit der Angst, wenn wir sie benennen und wenn wir jemanden draufschauen lassen. Sie ist nicht einfach weg, aber sie verliert ihren Würgegriff.

Und wenn Jesus weiter sagt: „*In der Welt habt ihr Angst, aber seid getrost, ich habe die Welt überwunden!*" – dann höre ich zunächst das, was er nicht sagt.

Er sagt nicht: Ich habe die Angst überwunden.

Er sagt nicht: Ich habe ein Rezept gegen die Angst.

Er sagt auch nicht: Wer glaubt, hat keine Angst.

Von Jesus wird ja erzählt, dass er selbst Angst hatte – damals im Garten Gethsemane am Abend vor seinem Tod. Wenn Jesus also zu seinen Jüngern damals und zu uns heute spricht: „In der Welt habt ihr Angst" – dann sagt er uns damit zunächst einmal:

Du, ich sehe deine Angst.

Du, ich kenne deine Angst.

Deine Angst darf sein!

Das ist tröstlich!

Dann darf ich schon mal sicher sein, dass es keinen Grund gibt, sich seiner Angst zu schämen und Stärke vorzutäuschen. Dann ist es kein Zeichen von Mut, keine Angst zu haben, sondern nur ein Zeichen von Unehrlichkeit.

„In der Welt habt ihr Angst" – Der Angst können wir nicht entkommen. Sie gehört zu unserem Leben. Aber wir sind mit unser Angst nicht allein. Seit Gott in Jesus ein Mensch geworden ist, sieht er unsere Angst und kennt er unsere Angst und ist bei uns in unserer Angst. Die letzten Worte, die Jesus auf Erden spricht, bekräftigen das: *„Ich bin bei euch alle Tage!"* (Mt. 28,20) Ich bin bei euch, wir sind nicht allein, schon gar nicht in und mit unseren Ängsten.

Erinnern wir uns noch daran, wie das war und was uns als Kinder getröstet hat als wir krank waren, als wir Angst hatten? Da war vielleicht die Hand des Vaters, die uns gestreichelt hat – und es war gut! Da war der Arm unserer Mutter, in dem wir uns geborgen fühlten – und es war gut!

Die Angst war nicht weg, aber das Herz begann ruhiger zu schlagen und wie ein unsichtbarer Film legte sich das warme Gefühl der Geborgenheit über den Panzer der Angst und weichte ihn auf.

*„In der Welt habt ihr Angst, aber seid getrost, ich habe die Welt überwunden!"*

„Das hat mir gut getan" sagte der alte Mann auf dem Stuhl, als ich mich von ihm verabschiede.

Ja, das tut gut, von seiner Angst zu reden.

Das tut gut, wenn einer meine Angst liebevoll ansieht.

Das tut gut, sich in der Angst nicht allein zu wissen.

Das tut gut!

Und es tut gut, wenn wir dann spüren, wie mit einem Mal Kräfte in uns hineinfließen, von denen wir selbst nichts gewusst haben. Kräfte, die – wie die Angst – auch viele Gesichter haben. Doch sie tragen andere Namen: Sie heißen Mut oder Vertrauen oder Liebe oder Hoffnung oder Zuversicht.

Wir verstehen das manchmal selbst nicht. Keinen Boden mehr unter den Füßen und dann doch gehalten und getragen von einer Gnade, an die man vielleicht selbst nicht mehr so recht geglaubt hat. Das sind keine Kräfte, die wir durch irgendwelche Techniken in uns aktivieren können. Diese Kräfte sind nicht von dieser Welt. Sie haben ihre Wurzeln in Gott selbst.

Und so verstehe ich es auch, wenn Jesus sagt: *„Ich habe die Welt überwunden!"* Für mich heißt das: Der Panzer der Gesetzmäßigkeit von Furcht und Angst, von Lähmung und Ohnmacht ist durchbrochen.

*„Ich habe die Welt überwunden".*

Die Kraft Gottes kann in unser Leben fließen. Und mit dieser Kraft greifen keine dunklen und schweren Mächte nach uns, sondern

das sind die Augen Gottes, die unsere Angst sehen;

das sind die Ohren Gottes, denen wir unser Leid erzählen können;

und das sind die Arme Gottes, die uns halten und tragen, wie es unsere Eltern, als wir noch klein waren, getan haben.

Denn Gott ist *hinter* der Angst.
Er bewahrt uns nicht vor ihr,
aber er ist da *in* meiner Angst
und hilft mir, sie zu tragen.

# Da hilft nur noch beten

„Da hilft wohl nur noch beten!"
Noch deutlich höre ich diese Worte, und sehe vor mir einen Patienten, den ich vor geraumer Zeit besucht habe. Auch die vierte Operation konnte den Prozess des Erblindens nicht aufhalten. Die ärztliche Kunst, die so viel und so viel Gutes vermag, war an ihre Grenzen gestoßen. Austherapiert. Keine Hoffnung!

„Da hilft wohl nur noch beten!"
Wie oft haben wir diesen Satz schon gehört oder selbst gesprochen: Vielleicht beim Anblick der Bilder von verheerenden Naturkatastrophe oder vermissten Kindern. Vielleicht nach der wiederholten Absage bei der Suche nach einem Arbeitsplatz. Vielleicht vor der entscheidenden Operation mit ungewissem Ausgang.

„Da hilft wohl nur noch beten!"
Wenn wir mit unserer Macht am Ende sind, wenn wir uns ohnmächtig und ausgeliefert fühlen, klein und hilflos, dann – dann hilft wohl nur noch beten.
Doch wenn ich diesen Satz höre, dann kann ich mich manchmal nicht des Eindrucks erwehren, dass dieses „nur noch" so klingt, als ob wir von dem Gebet im Grunde auch nicht viel erwarten, als ob die eigene Hoffnungslosigkeit lediglich in eine Art Sprichwort, in eine Floskel verpackt wird.

Darum möchte ich gerne einmal fragen:
Was geschieht eigentlich, wenn wir beten?
Was machen wir da eigentlich?
Was erwarten wir, und: was dürfen wir erwarten?

Nun, solche und ähnliche Fragen haben wohl auch die Begleiter von Jesus bewegt, seine Jüngerinnen und Jünger. Jesus, so hören wir, antwortet ihnen darauf zunächst mit einer Beispielsgeschichte (Lk 11,5-13):

*Und er sprach zu ihnen: Wenn jemand unter euch einen Freund hat und ginge zu ihm um Mitternacht und spräche zu ihm: Lieber Freund, leih mir drei Brote; denn mein Freund ist zu mir gekommen auf der Reise, und ich habe nichts, was ich ihm vorsetzen kann, und der drinnen würde antworten und sprechen: Mach mir keine Unruhe! Die Tür ist schon zugeschlossen, und meine Kinder und ich liegen schon zu Bett; ich kann nicht aufstehen und dir etwas geben.*

*Ich sage euch: Und wenn er schon nicht aufsteht und ihm etwas gibt, weil er sein Freund ist, dann wird er doch wegen seines unverschämten Drängens aufstehen und ihm geben, soviel er bedarf.*

*Und ich sage euch auch: Bittet, so wird euch gegeben; suchet, so werdet ihr finden; klopft an, so wird euch aufgetan. Denn wer da bittet, der empfängt; und wer da sucht, der findet; und wer da anklopft, dem wird aufgetan.*

*Wo ist unter euch ein Vater, der seinem Sohn, wenn der ihn um einen Fisch bittet, eine Schlange für den Fisch biete? Oder der ihm, wenn er um ein Ei bittet, einen Skorpion dafür biete?*

*Wenn nun ihr, die ihr böse seid, euren Kindern gute Gaben geben könnt, wie viel mehr wird der Vater im Himmel den heiligen Geist geben denen, die ihn bitten!*
Soweit die Worte Jesu.


„Das hast du toll gemacht!" sage ich zu meinem jüngsten Sohn, nachdem er zum ersten Mal allein mit dem Zug gefahren ist. Er hat seine Angst überwunden, hat sich der neuen Erfahrung gestellt und durfte erleben, dass er wieder etwas dazu gelernt hat.

„Das hast du toll gemacht!" und ich sehe, wie seine Augen zu strahlen beginnen, wie sich Stolz in seiner Brust breit macht und sein Lächeln mir verrät, wie gut es ihm tut, diese Anerkennung zu hören. „Das hast du toll gemacht!" – Fünf Worte. Fünf Worte nur, die z.B. in einem Kind zu einem weiteren Baustein seines Selbstvertrauens werden, die Sicherheit und Vertrauen in die eigenen Fähigkeiten in ihm wachsen, und ihn spüren lassen, dass er wieder einen Schritt gegangen ist auf dem Weg zum „Groß-werden", zum Erwachsensein.

Fünf Worte nur – und doch entfalten sie eine Kraft und eine Macht, die verändert.

Lassen Sie mich ihnen noch ein zweites Beispiel erzählen. Während meiner Zeit als Krankenhauspfarrer komme ich in ein Patientenzimmer und eine Frau strahlt mich voll Freude von ihrem Bett aus an.

Was war geschehen? Vor wenigen Minuten war der Arzt bei ihr - so berichtet sie - und konnte ihr die Befunde der Untersuchungen mitteilen: Nichts Bösartiges! Alles in Ordnung!

Lange hatte sie darauf warten müssen, voll Hoffen und Bangen. Die Ergebnisse würden entscheiden: Zukunft oder Abschied nehmen, Leben oder Tod. Wenige Worte nur, die eine neue Richtung bestimmen, die lebensverändernd wiegen. Wenige Worte nur – doch durch sie durfte das Leben neu beginnen.

Ein paar Worte nur – und doch können sie eine solche Macht entfalten, dass sie unser Leben von einem Moment auf den anderen radikal verändern können. Worte haben Macht. Macht über andere, über uns, über mich. Worte haben Macht, weil sie etwas mit mir machen, weil sie mich verändern, weil sie mich in Bewegung setzen.

Worte haben Macht. Unsere Worte haben Macht. Aber nicht nur untereinander, nicht nur auf dieser Welt, sondern – und genau davon erzählt Jesus – auch bei Gott. Unsere Worte haben Gewicht bei Gott, sagt Jesus. Sie hinterlassen Eindruck bei Gott.

Unsere Gebete, seien sie unverschämt oder drängend, wie Jesus es in seinem Beispiel verdeutlicht, seien sie gesprochen oder geschrien, geweint, gestammelt oder sogar wenn sie stumm sind, sie verpuffen nicht in der Atmosphäre, sie prallen nicht an der Heiligkeit Gottes ab, sondern sie zwingen Gott gleichsam dazu, sich bewegen zu lassen, damit er Anteil nimmt an meinem Leben.

Im Gebet, so sagt Jesus, stelle ich eine lebendige Verbindung, eine tiefgreifende Beziehung zu Gott her. Eine Verbindung zwischen dem, was ich mir wünsche und erhoffe, und dem, was Gott mit mir vorhat. Eine Verbindung zwischen meinen Bedürfnissen und seinem Überfluss. Eine Verbindung zwischen meinen Grenzen und seiner Stärke.

Unsere Worte machen etwas mit Gott. Sie bewegen ihn, sie lassen ihn reagieren. Und Jesus macht nun konkret, wie Gott auf die Worte unserer Gebete antwortet: Er gibt, er lässt finden, er öffnet.

Das klingt vielleicht beim ersten Hören wie ein Automatismus: Bittet, so wird euch gegeben; suchet, so werdet ihr finden; klopft an, so wird euch aufgetan!

Oft wurden diese Worte gleichsam wie mit einem Süßigkeitsautomat am Bahnhof verwechselt. Ich werfe als Zahlungsmittel ein Gebet in den Automat „Gott", suche mir das Gewünschte aus und bin zufrieden, wenn Gott so prompt auf meine Bedürfnisse reagiert. Das wäre natürlich sehr angenehm. Die Welt würde zu einem Schlaraffenland und wir hätten alle ausgesorgt. Ob wir dann auch alle glücklich wären – ich wage es zu bezweifeln.

Doch so sehr Jesus mit seiner Lehre vom Beten durchaus auch unsere ganz materiellen Bedürfnisse und Wünsche im Auge hat, wie es seine Beispiele mit der Bitte um einen Fisch oder ein Ei zeigen, so betont er doch, dass das Gebet vor allem eine geistliche Dimension hat: *„Wenn ihr den Vater bittet"*, so sagt er, *„ so wird er euch den Heiligen Geist geben!"*

Das heißt: Er gibt Kraft und Mut und Hoffnung und Geduld und Sinn und Trost und Glauben und Gewissheit.

Das sind die Gaben des Heiligen Geistes, von denen Jesus hier spricht. Das sind die Gaben, nach denen wir uns vielleicht letztlich sehnen, weil sie uns *die* Hilfe anbieten, die wir uns erhoffen, wenn wir uns in einer Situation wiederfinden, wo wir bekennen müssen: Da hilft nur noch beten.

Die Worte unserer Gebete bewegen Gott. Sie machen etwas mit ihm. Sie lassen ihn reagieren. Wie könnte das aussehen, z.B. mit diesem *„Bittet, so wird euch gegeben"*?

Nun, ich erinnere mich noch gut an einen bestimmten Tag vor vielen Jahren. Einen Tag, der sich am Morgen wie eine große schwarze Wolke bedrohlich vor mir vorbaute. So viel hing von den verschiedenen Ereignissen, die sich für diesen Tag ankündigten, ab und sie schnürten mich schon im Vorausdenken ein, machten mir Angst und wurden zu dem Stoßseufzer: Ach Gott, wenn es nur schon wieder Abend wäre.

Als ich dann an diesem Morgen die biblische Losung aufschlage, finde ich dort genau für diesen Tag einen kleinen Satz aus dem Philipperbrief. Und dieser Satz lautete: *„Sorgt euch um nichts!"* (Phil. 4,6)

Sorgt euch um nichts! Vier einfache Worte – doch in diesem Moment vermochten sie die Ketten meiner Sorgen und Ängste zu sprengen. Die schwarze Wolke war damit nicht einfach weggeblasen, aber ich konnte die Sonnenstrahlen dazwischen erkennen, so dass sich in mir Zuversicht und Gelassenheit für diesen Tag breit machten. Ich wusste: Gott wird mich durch diesen Tag tragen und ich muss die schweren Wege nicht allein gehen.

*„Bittet, so wird euch gegeben!"*

Die Worte unserer Gebete bewegen Gott. Sie machen etwas mit ihm. Sie lassen ihn reagieren. Wie könnte das aussehen, z.B. mit diesem: *„Suchet, so werdet ihr finden"?*

Es gibt viele Richtungen, in die wir Menschen suchen. Wir suchen nach Reichtum, nach Glück, nach Macht. Wir suchen nach Erfüllung, nach Frieden, nach Sättigung. Wir suchen nach Wissen, nach Lösungen, nach Weisheit.

Hinter all diesen Suchbewegungen steckt, wie ich vermute, vor allem die Suche nach Antworten auf die Grundfragen unseres Lebens: Wo komme ich her? Wo gehe ich hin? Warum bin ich da? Warum gibt es das Leid und den Schmerz? Warum bedroht uns der Tod?

Es ist die Suche nach dem Sinn, den wir hinter unserem Leben erhoffen, und es fällt uns oft so schwer, ihn zu finden.

Jesus gibt uns nun gleichsam einen Tipp, wo unsere Suche erfolgreich sein könnte. Er verweist auf Gott, wenn er verheißt: Suchet, so werdet ihr finden, und erinnert damit zugleich an ein Wort aus dem Alten Testament, wo Gott selbst sagt: *„Wenn ihr mich von ganzen Herzen suchen werdet, so will ich mich von euch finden lassen".* (Jer. 29,13)

Die Worte unserer Gebete bewegen Gott. Sie machen etwas mit ihm. Sie lassen ihn reagieren. Wie könnte das aussehen z.B. mit diesem *„Klopft an, so wird euch aufgetan"?*

Verschlossene Türen sind ärgerlich. Sie sperren uns ein oder sie sperren uns aus. Besitzt man den richtigen Schlüssel, ist das weiter kein Problem, jedoch ohne Schlüssel?

Eine Tür ist ins Schloss gefallen – dieses Bild benutzen wir manchmal, wenn eine Beziehung gestört oder gar zu Ende scheint:

zwischen Eheleuten, zwischen Eltern und Kindern, zwischen Verwandten, Kollegen oder Freunden. Da hat sich einer umgedreht und ist gegangen und hat die Tür hinter sich zugeschlagen. Die Beziehung ist unterbrochen, jeder steht auf seiner Seite der Tür, und die Verletzungen, die man vielleicht einander zugefügt hat, lassen jeden in seiner trotzigen Lähmung verharren. Ob wohl einer wagt zu klopfen?

Auch dazu ist Christus auf die Welt gekommen, um uns das Wort der Versöhnung zu lehren, damit Türen wieder aufgehen. Die Türen zwischen Menschen und die eine Tür zu Gott. Die Tür des Todes, die wieder zum offenen Tor zur Ewigkeit geworden ist.

*„Klopft an, so wird euch aufgetan! Suchet, so werdet ihr finden! Bittet, so wird euch gegeben!"*

Unsere Worte und Gebete bewegen Gott. Und ich bin sicher, sie bewegen ihn besonders, wenn es Gebete vor einer Grenze oder einer Mauer oder einer verschlossenen Tür, wenn es Gebete in der Ausweglosigkeit sind. Wenn wir spüren: Da hilft nur noch beten.

Und wenn wir Scheu haben zu beten, weil wir uns vielleicht schämen, dass wir immer erst zu Gott kommen, wenn wir keinen Ausweg mehr wissen, dann höre ich Jesus sagen: Dafür ist doch das Gebet da. Und ich höre Gott sagen:

Komm zu mir mit deiner Hilflosigkeit, mit deinen Bitten, mit deinem Suchen, mit deinem Klopfen. Komm zu mir mit deinen Fragen. Ich werde mehr tun als sie zu beantworten. Ich werde sie verwandeln.

## Das Beste am Guten ist die Güte

Als mein Großneffe eingeschult wurde, konnte ich mir kurze Zeit später am Telefon natürlich nicht die Frage verkneifen: „Na, wie gefällt's dir in der Schule?" Die Antwort kam auch prompt und scheinbar wohl überlegt: „Die Schule ist ganz gut", meinte er, „aber im Kindergarten war's besser und am besten war's im Urlaub!"

Gut, besser, am besten!

Ich erinnere mich daran, wie ich vor etlichen Jahren meinen Jüngsten, nachdem er seine Großeltern für ein paar Tage besucht hatte, beim Mittagessen fragte: „Na, schmeckst dir wieder zuhause?" Und auch da kam die Antwort: „Ja, ganz gut, aber besser hat's bei der Oma geschmeckt, und am besten bei McDonalds."

Gut, besser, am besten.

Und noch ein Beispiel. Als ich einen älteren Menschen besuche und nach seinem Ergehen frage, kann ich hören: „Ich bin zufrieden. Es geht ganz gut, aber früher war es halt besser, und am besten und schönsten war es in der Jugendzeit."

Gut, besser, am besten !

„Ich will doch nur dein Bestes" erklären Eltern ihre Entscheidung. „Du sollst es einmal besser haben" so rechtfertigt der Vater, dass er kaum Zeit für seinen Sohn hat, weil er nur seine Arbeit im Kopf hat. „Das Beste ist gerade gut genug". „Gib dein Bestes, dann wirst du gewinnen." „Nur die Besten haben eine Chance." „Am besten, Sie kommen gleich zu uns." „Unsere Nachbarn fahren ein neues Auto, die haben sich wohl verbessert." „In Zukunft hörst zu besser auf mich." „Merke Dir: Gut, ist für uns nicht gut genug."

Gut, besser, am besten – unsere Sprache verrät etwas darüber, wie wir vielfach unsere Lebensaufgaben begreifen. Es geht nicht mehr um Gut und Böse, sondern vielmehr um besser und am besten. Für einen ordentlichen Anlauf verwenden wir dafür viel Lebensenergie, um richtig abheben zu können: Höher, schneller, weiter, besser.

Schon ab dem Kleinkindalter werden wir darauf getrimmt und spätestens ab dem 3. Geburtstag benötigt heute, wie ich den Eindruck habe, ein Kind einen eigenen Terminkalender, um all die so notwendigen Lebensbeschleuniger nicht zu verpassen: Turnen, Gymnastik und Fußball, Reiten, Yoga, Klavier-, Flöten- und Geigenunterricht, Sprachförderung, Kung Fu, Karate und Schwimmkurs, Kinderchor, Töpferkurs, Theatergruppe und Ballett, Computerkurs, Modellbau- und Kleintierzüchterverein, und nicht zu vergessen der Feng Shui-Kurs für Kinder, wie ich in einem Programmheft einer Volksbildungseinrichtung entdecken konnte.

Gut, besser, am besten!

Natürlich ist es nichts Schlechtes, aus dem Reichtum der Freizeit- und Förderangebote für Kinder, Erwachsene, Berufstätige, Frauen, Rentner oder Senioren auszuwählen. Es ist nicht verkehrt, Ehrgeiz zu entwickeln in der Schule, im Sport, im Beruf. Es ist nicht verwerflich, besser zu sein und das Beste zu wollen.

Aber - ich habe den Eindruck gewonnen, dass wir zwar das Beste wollen, aber darüber vergessen das Gute zu tun.

*„Lasst uns Gutes tun, solange wir noch Zeit haben"* schreibt etwa ein Paulus in einem seiner Briefe. „Lasst uns Gutes tun!" (Eph. 6,10)

Aber, was ist das Gute, und ist das Gute auch immer das Beste?

Wir lassen uns das Gute ja gern gefallen: das gute Wort, die gute Nachbarschaft, im Guten auseinandergehen, sich gut sein.

Das Gute selbst zu tun – da machen wir schon Unterschiede. Nicht jeder kann von mir Gutes erwarten, schon gar nicht die, von denen nichts Gutes zu erwarten ist.

Natürlich tun wir Gutes: an unseren Kindern, dem Partner, den Familienangehörigen, den Freunden – und das ist richtig und wichtig und gut.

Aber ist das damit gemeint, wenn Paulus vom „Guten" spricht? Jesus sagt einmal: *„Wenn ihr denen Gutes tut, die Euch Gutes tun – was tut ihr schon besonderes. Machen das nicht alle anderen auch so?"* (Mt. 5,46ff)

Wovon also spricht Paulus, wenn er uns auffordert: *„Lasst uns Gutes tun an jedermann!"*

Nun, zwei Beispiele nennt er. Das eine: *„Wenn ein Mensch etwa von einer Verfehlung ereilt wird, so helft ihm wieder zurecht mit sanftmütigem Geist und schau auf dich selbst, dass du nicht auch versucht werdest."* (Eph. 6,1)

Es ist spannend, wie feinfühlig hier der Apostel formuliert: *„Wenn einer von einer Verfehlung ereilt wird!"* Da kann einer nicht schnell genug vor der Versuchung wegrennen; da ist einer, den die Lasten des Lebens so sehr niederdrücken, dass er gar nicht mehr laufen kann, dass er stolpert und kurz vorm Hinfallen ist. Da wird einer dann doch noch von der Versuchung eingeholt, die ihm vielleicht wie ein Trost erscheint, weil sie ihn seine Müdigkeit und Kraftlosigkeit vergessen lässt.

Das kann passieren. Und das kann jedem passieren, sagt Paulus. *„Sieh, dass du nicht selbst versucht wirst."*

Was kann man nun mit einem solchen Menschen machen: wir können ihn verurteilen, wir können uns moralisch entrüsten, wir können ihn schlagen und demütigen, ihn seine Ohnmacht spüren lassen, ihn verdammen, ihn mit einem Zeichen stigmatisieren, nach ihm treten.

Das können wir. Denn das sind die Gesetze in der Welt der Besseren und der Besten.

Wir können ihm aber auch Gutes tun, sagt Paulus: *„So helft ihm wieder zurecht mit sanftmütigem Geist!"* Und das heißt: das Gute vollzieht sich im Verzeihen, im Aufhelfen, in der Zuwendung, in der Achtung und wohl auch darin gegen den Strom der allgemeinen Meinung zu schwimmen. Das Gute vollzieht sich darin, wenn es zur *Güte* wird.

Und das zweite Beispiel schließt der Apostel gleich an: *„Einer trage des anderen Last."* (Eph. 6,2) Wir alle kennen dieses Wort, und wenn wir an „Last" denken, dann spüren wir vielleicht selbst als erstes all das, was auf unsere Schultern, auf unsere Seele, unser Herz drückt.

Wir spüren wohl auch zugleich die Sehnsucht danach, dass dieser Druck kleiner wird, die Sehnsucht, wieder frei atmen, die Sehnsucht, sich wieder ganz aufrichten zu können.

Vielleicht auch die Sehnsucht, dass ein anderer meine Last überhaupt sieht, dass meine gebeugte Haltung überhaupt auffällt und anderen nicht gleichgültig lässt. Denn damit beginnt bereits das Gute, das wir selbst brauchen und das wir anderen tun können. Dass wir einander sehen, nicht spionierend hinter zugezogenen Gardinen, nicht feige hinter anonymen Kommentaren in den sozialen Medien, sondern dass wir einander *an*sehen. Dass wir berührt werden und uns anrühren lassen. Und dann im nächsten Schritt nicht abwägen, welche Last schwerer ist oder die Schwerste, sondern überlegen, was kann ich einem anderen Gutes tun.

Natürlich kann ich nicht immer zupacken, damit es dem anderen etwas besser geht. Ich kann nicht immer die Last abnehmen, weil das vielleicht das Beste wäre. Aber ich kann dennoch etwas Gutes tun:

Ich kann vergeben, und damit die Voraussetzung schaffen, dass Lasten abgeworfen werden können;

ich kann ein gutes Wort sagen, das die Last zurechtrückt und leichter zu tragen ist;

ich kann für einen Menschen beten, damit er wieder Kraft bekommt, seine Last zu tragen.

Ich kann Gutes tun, indem ich die Last eines anderen in meinen Gedanken mittrage.

Ich kann mit-trauern, mit-leiden, mit-schweigen und damit den Platz schaffen, dass nun auch Gottes Güte Raum gewinnt.

Es ist gar nicht so schwer, Gutes zu tun, wenn wir uns von der Jagd nach dem Besseren und dem Besten etwas ablenken lassen.

Es ist gar nicht so schwer, Gutes zu tun, wenn wir uns von dem Druck befreien, damit das Beste zu erreichen.

Und es ist gar nicht so schwer, Gutes zu tun, wenn wir dabei bedenken, dass das Gute, das wir tun unter einer großen Verheißung steht. Der Verheißung von Saat und Ernte. *„Denn was der Mensch sät, das wird er ernten"* (Eph. 6,7), sagt Paulus. Wer Gutes sät, wird Gutes ernten.

Das klingt doch gut, aber: Ist das auch so?

„Was haben wir dem Kind alles Gute getan. Und was ist jetzt der Dank dafür?"

„Was haben wir der Oma alles Gute getan, und dann benimmt sie sich so garstig zu uns!"

„Was haben wir nicht alles Gute getan, und dann hat die Tante ihr Haus doch den anderen vererbt."

„Was hab ich ihm nicht alles Gute getan, und jetzt benimmt er sich, als ob er mich nicht kennt."

Wer Gutes sät, wird Gutes ernten? Geht diese Rechnung auf? Unsere Erfahrung widerspricht dem heftig.

Wollen wir vielleicht auch deshalb nur noch das Beste und vergessen darüber, das Gute zu tun?

Das Gute zu tun ist kein Geschäft mit Gewinn und Verlust.

Das Gute zu tun ist kein Handel, der darauf zielt, dass das Konto zum Schluss ausgeglichen ist.

Das Gute zu tun ist eine Haltung des Geistes, sagt Paulus.

Das bedeutet:

Ich tue Gutes, weil ein anderer das gerade *jetzt* von mir braucht.

Ich tue Gutes, weil ich in der Lage bin, Gutes zu tun.

Ich tue Gutes, weil ich selbst Gutes erfahren habe und von und aus der Güte anderer und der Güte Gottes lebe.

Denn Ja, wir ernten doch auch, wo wir nicht gesät haben.

Und wir empfangen Gutes, ohne dass wir dafür eine Gegenleistung bringen können.

Und so stehen wir auch, trotz mancher gegenteiligen Erfahrung, unter der Verheißung: Was der Mensch sät, das wird er ernten.

Wer Gutes sät, wird Gutes ernten.

Ja mehr noch, wer Gutes sät und Gutes tut, der wird zum Besten geführt, zu der Zusage Gottes, dass er uns alles Gute tun will und wir stets von seiner Güte leben.

## Segen

Der Gott,
der voller Liebe ist wie eine Mutter und gut wie ein Vater

**Er segne euch**
Er lasse euer Leben gelingen,
und eure Hoffnungen erblühen.

**Er behüte euch,**
er umarme euch in eurer Angst,
er stelle sich vor euch in eurer Not.

**Er lasse leuchten sein Angesicht über euch.**
Wie ein zärtlicher Blick erwärmt,
so überwinde er bei euch, was erstarrt ist.

**Er sei euch gnädig,**
und wenn euch Lasten zu erdrücken scheinen,
dann lasse er euch aufatmen und mache euch frei.

**Er erhebe sein Angesicht auf euch,**
**und tröste und heile euch.**

Er, der Gott der Liebe, schenke euch seinen Frieden.
Der Vater, der Sohn und der Heilige Geist.

# Liebe und Glaube

Glauben heißt „nicht zweifeln" – oder?

Herr, stärke unseren Glauben

Wer('s) glaubt, wird selig

Heilsame Wege

Die Armen im Geiste

Die Sintflut und andere Wahrheiten

Segen

## Glauben heißt „nicht zweifeln" – oder?

„Nomen est omen" – ein Name ist ein Vorzeichen. Diese lateinische Weisheit wird auch heute noch manchmal verwendet, wenn man z.b. den Eindruck hat, dass Name und Namensträger gut zueinander passen. Dabei wird in unserem Gedächtnis gleichsam ein Assoziations-Ordner geöffnet, der uns an bekannte Personen gleichen Namens erinnern lassen.

Ein burschikos auftretendes Mädchen mit Namen „Ronja" lässt z.b. an die Räubertochter aus dem gleichnamigen Buch von Astrid Lindgren denken. Nomen est omen.

Oder: Die Namen „Max oder Moriz" empfinden wir als genau passend für Jungen, die gern mal Streiche aushecken.

Oder: Ich kannte mal eine sehr hübsche junge Frau mit dem etwas ungewöhnlichen Namen „Ilka". Und was wurde aus der Ilka? Ilka, die zarteste Versuchung seit es Schokolade gibt. Nomen est omen.

Solche Assoziationen werden bei meinem Vornamen natürlich ganz sicher nicht geweckt. Und dennoch, so habe ich den Eindruck, trifft dieses „Nomen est Omen" auch etwas für meine Person zu.

Mein Vorname lautet Thomas und ich mag meinen Namen. Das war nicht immer so, gerade wenn ich an meine „Erstbegegnung" mit einem Menschen gleichen Namens während meiner Grundschulzeit, zurückdenke. Das war eine peinliche Sache.

Ich erinnere mich noch recht genau daran: Zweite Klasse Religionsunterricht, Thema: „Der ungläubige Thomas". Ich weiß noch, als unsere Lehrerin die Geschichte vom „Ungläubigen Thomas" erzählte, drehten sich bei der Nennung dieses Namens wie auf Kommando alle meine Mitschüler zu mir um: Da saß er, der Thomas, der Ungläubige. Wie peinlich und was für eine Schande.

Erst später wurde mir bewusst, dass die Übersetzung meines Namens nicht „der Ungläubige" lautet, sondern dass Thomas „Zwilling" bedeutet. Nun, wenn ich auf die Waage schaue, dann könnte man aus mir gewichtsmäßig sicher einen Zwilling machen, doch ich verstehe meinen Namen mittlerweile in einem anderen Sinn, zwar weniger als „Thomas, der ungläubige Zwilling", aber durchaus als Thomas, in dem Glaube und Zweifel nebeneinander wohnen.

Glaube, so heißt es in der Bibel, ist *ein „Nicht-Zweifeln"*. Zweifeln, das scheint der natürliche Feind und Gegner des Glaubens zu sein. Dem zweifelnden Thomas soll Jesus entgegnet haben: *„Selig sind, die nicht sehen, die nicht zweifeln, und doch glauben."* (Joh. 20,29)

Ist das einer der Wesenszüge des Glaubens, dass er nicht zweifelt? Dass der Glaube stets den Status unverrückbaren Wissens anstreben soll, um wahrer Glaube zu sein?

Sind das die wahrhaft Gläubigen, für die die Welt ihres Glaubens tiefere Realität besitzt als die profane Wirklichkeit?

Muss Glaube jeden Widerspruch ausklammern, muss er rationale Einsichten von vorneherein ausschließen und gegen jeden Widerstand an glauben?

*„Es ist aber der Glaube eine feste Zuversicht dessen, was man hofft, und ein Nichtzweifeln an dem, was man nicht sieht".* (Heb. 11,1).

Bedeutet also zu glauben: Gegen alle Vernunft zu glauben?

Gegen alle naturwissenschaftlichen Erkenntnisse,

gegen alles Wissen,

gegen alle Strömungen des Zeitgeistes?

Mittlerweile melden sich bei mir da große Zweifel. Ich zweifle daran, dass der Zweifel der Feind des Glaubens ist. Vielmehr habe ich die Überzeugung gewonnen, dass zum einen der Hauptgegner des Glaubens sich in einer ignoranten Gleichgültigkeit zeigt, und zum anderen, dass der Zweifel ein Wesenselement des Glaubens darstellt.

Für mich gehören Glaube und Zweifel zusammen. Ja ich möchte sogar so weit gehen, zu behaupten, dass das Zweifeln notwendig ist, um den Glauben lebendig zu erhalten

.

Ein Beispiel:

Wenn wir die biblischen Schöpfungserzählungen neben die Erkenntnisse der modernen Weltraumforschung und der Evolutionstheorie stellen, bringt das – wenn wir unser Gehirn nicht abschalten - unseren Glauben an den Wahrheitsgehalt der Bibel ordentlich ins Wanken. Um dieses Dilemma zu beseitigen, gibt es nach Auffassung nicht weniger Menschen nur zwei Lösungswege.

Der erste Weg lautet: Ich glaube an die Worte der Bibel und zweifele (trotz aller Beweise) an den wissenschaftlichen Erkenntnissen.

Der zweite Weg lautet: Ich glaube an die Forschungsergebnisse und bezweifele die biblischen Aussagen.

Es gibt aber auch noch einen dritten Weg, auf dem der Zweifel den Glauben sogar stärken kann. Er besteht in der, für manch einen, vielleicht unbequemen Aufgabe, darüber nachzudenken, ob denn wirklich Heilige Schrift und Wissenschaft sich einander ausschließen müssen. Ob es nicht langsam an der Zeit ist, den Erkenntnissen der modernen Forschung Respekt zu erweisen und, zumindest um der Wahrhaftigkeit willen, sich den Ungereimtheiten und den Missverständnissen im biblischen Zeugnis zu stellen und dann entsprechend Korrekturen anzubringen.

Meine Erfahrung zeigt mir, dass mir (auf diesem Weg) der Zweifel meinen Glauben dahin führen kann, nicht nur manchen (alten) Zwiespalt aufzudecken, sondern vor allem auch Antworten eröffnet, die mir nun den Unterschied verdeutlichen, zwischen der Deutungshoheit und den Grenzen der Wissenschaft und der Deutungshoheit und den Grenzen des Glaubens. Besonders anschaulich wird dies etwa beim Stichwort „Schöpfung". Die moderne Forschung kann heute nachweisen, dass das Weltbild der Bibel eindeutig falschen Vorstellungen entsprungen ist. Sie kann heute belegen, dass unser Universum seinen Anfang in einem Urknall genommen hat, sie weiß über Schwarze Löcher, Ur-suppen, Ur-Atome, Gravitation, Gase und Entstehung von Molekülen Bescheid, sucht aber weiter nach dem Zustand, der „vorher" gewesen ist. Was den Urknall ausgelöst hat und was vorher gewesen sein könnte, dies entzieht sich nach wie vor den wissenschaftlichen Bemühungen und hält dafür alle möglichen Theorien die Tür offen.

An dieser Stelle kann nun der Glaube mit seiner spirituellen Dimension an Gewicht gewinnen. Ein Glaube, der zunächst Abschied nehmen muss von einem Gottesbild, das ihn als alten Herrn mit weißem Bart zeichnet, der sich so tolle Sachen wie die Schöpfung ausgedacht hat. So wie sich das Weltbild geändert hat, muss auch unser Gottesbild eine Korrektur erfahren.

Diese Korrektur könnte etwa so aussehen, dass wir uns das „Wesen", das wir Gott nennen, mehr als eine Macht, als eine Urgewalt vorstellen, die all unser Denken übersteigt. Um das „Unvorstellbare" nun zumindest in den Bereich des Vorstellbaren zu rücken, suchen wir also mit unserer Frage nach einem korrigierten Gottesbild also ein Kraft, die unendliche Energie besitzt, die in der Lage ist, kreativ und schöpferisch zu sein und trotz Unsichtbarkeit etwas völlig Reales darstellt. Eine Kraft, der aber auch Emotionen nicht fremd sind und mit der sich kommunizieren lässt, weil sie allgegenwärtig ist.

Für solche Wesenszüge gibt es in unserem Denkvermögen nur einen annähernd adäquaten Begriff, nur eine Bezeichnung, die all diese Attribute in sich vereinigt, und das ist die „Liebe"!

Wenn wir jetzt versuchen, unsere anfänglichen Zweifel mit Glaube und wissenschaftlichen Erkenntnissen zusammenzuführen, dann sollten wir zu der Erkenntnis gelangen, dass sich Glaube und Wissen nicht mehr einander ausschließen, sondern ergänzen. Die Schöpfungsgeschichte etwa müsste dann nicht mehr als Paradebeispiel herhalten, dass die Bibel völlig danebenliegt, sondern dass erst wenn das Wissen des Glaubens und das Wissen der Forschung zusammengefügt werden, daraus das entsteht, was wir Wahrheit nennen können.

Deshalb bin ich, in meiner Rolle als oftmals zweifelnder, aber nicht ungläubiger Thomas zu der Überzeugung gekommen, dass der Zweifel letztlich dazu dienen kann, sich dem, was wir Wahrheit nennen, zumindest zu nähern. Deshalb will ich uns Mut machen, den Zweifel zuzulassen, nicht als Ausdruck des Misstrauens, sondern als Motivation, sich den Widersprüchen in unserem Leben zu stellen – den Widersprüchen in unserem Glauben an einen Gott genauso wie den Widersprüchen auf der Suche nach einem tieferen Sinns in unserem Dasein.

Denn der Zweifel, der uns vielleicht manchmal bei der Frage überkommt, ob es wirklich hinter unserem Leben, hinter unserer Welt, hinter dem Universum und hinter allem, was ist, eine Macht gibt, die wir Gott nennen – dieser Zweifel kann auch eine bewahrende Funktion besitzen. Er kann uns davor bewahren, den Glauben als „ein Ding" anzusehen, das wir besitzen und bei Bedarf hervorholen können.

Der Glaube an Gott ist ja immer ein dynamisches Geschehen. Mal ist er stark und manchmal schwach, mal anfechtbar und mal felsenfest, mal von Zweifeln zerfressen, mal Ausdruck unumstößlicher Wahrheit. Der Glaube ist nie fertig, genauso wenig wie unser Wissen und unsere Weisheit einmal abgeschlossen sein werden. Der Zweifel kann, wie wir gehört haben, dabei für beides ein hilfreiches

Werkzeug sein. Auch dafür, zu erkennen, dass Glaube und Wissen keine Gegensätze darstellen, sondern beides Gaben sind, die uns geschenkt wurden, um das zu finden, was wir in unserem Innersten wohl am meisten suchen: Erkenntnis der Wahrheit, die unser Leben trägt, auch in allen Zweifeln.

# Herr, stärke unseren Glauben

Es gab in meinem Leben vor vielen, vielen Jahren einmal einen Moment, da brach für mich die ganze Welt zusammen. Eine niederschmetternde Nachricht zog mir wie eine heiße Druckwelle nach einer Explosion gleichsam den Boden unter den Füßen weg. Ich spüre noch heute wie in mir damals ein Gemisch aus Angst, Wut und Ohnmacht entstand, das mich zunächst lähmte, um sich dann darin zu entladen, dass ich meine Bibel, in der ich seit meiner Konfirmation jeden Tag einen Abschnitt gelesen hatte, in meinem ganzen Zorn in die Mülltonne pfefferte.

Für mich war Gott in diesem Moment gestorben, mein ganzer Glaube ausgelöscht. Ich wollte nie wieder meine Hände zum Gebet falten, wollte nie wieder ein Wort an Gott richten und alles aus meinem Leben streichen, was nur im entferntesten mit einer Macht außerhalb von uns selbst zu tun hat.

Es kann Zeiten und Momente in einem Menschenleben geben, wo aller Glaube erlischt und Gott für tot erklärt wird. Viele haben sich in der Zeit nach dem zweiten Weltkrieg so geäußert und gesagt: Nach Auschwitz steht fest, dass es keinen Gott gibt.

Wer sich an die Bilder vom 11. September 2001 erinnert, wer an die vielen Terroranschläge in Spanien, Frankreich, Schweden und auch bei uns in Deutschland denkt; wer sich bewusst macht, wie unsinnige Kriege, Menschen verachtender Hass, Gewalt und Vernichtung, Ausbeutung und rücksichtlose Zerstörung unsägliches Leid anrichten, der fragt sich vielleicht auch immer wieder: Wie kann man an einen Gott glauben, der so etwas zulässt?

Sind wir also nicht nur auf dem Weg zu einer gottlosen Welt, sondern ist unsere Welt gar gottlos?

Wenn die Allmacht zu unserer Ohnmacht schweigt, wenn Kummer und Leid jedes Licht in unserem Leben absorbiert, für den kommt auch häufig der Glaube an einen fürsorglichen und liebenden Gott an sein Ende.

Aber nicht nur angesichts grauenvoller Nachrichten und Fernsehbilder, nicht nur an manchen Gräbern und an vielen Krankenbetten habe ich diesen Satz gehört: „Ich kann nicht mehr glauben!" Manchmal verabschiedet sich der Glaube auch ganz heimlich, still und leise. Er wird gestaltlos, er informiert mich nicht mehr, wird undeutlich, verdünnisiert sich und verdunstet. Er hört auf, meinem Leben eine Form zu geben und wenn ich mich an ihn erinnere, dann greife ich wie ins Leere nach ihm.

Glaube kann verlöschen, er kann aufhören, er kann seine Kraft verlieren, er kann verschüttet werden, er kann versagen – und er lässt sich wegwerfen: Aus Enttäuschung, aus Trotz, aus Resignation.

Das alles weist uns darauf hin, dass der Glaube an Gott, so wie wir ihn mit unserem Glaubensbekenntnis beschreiben – dass dieser Glaube ein ganz sensibles Gebilde darstellt.

Er kann uns vorkommen wie ein Samenkorn, das jederzeit von einer anderen Meinung, einem lästerlichen Kommentar oder einem Unglück weggepickt werden kann.

Er kann uns wie ein zartes Pflänzchen erscheinen, das ich - solange die Sonne scheint - vielleicht mit kindlichem Gemüt hege und pflege, aber wenn es nicht so wächst, wie ich mir das vorstelle, von einem Moment auf den anderen vor Wut ausreiße und wegschmeiße.

Er kann wie Sand sein, mit dem sich wunderbare Burgen bauen lassen, doch *eine* Welle aus Leid und Enttäuschung kann sie zum Einsturz bringen und wegschwemmen.

Glaube kann etwas ganz Wackliges sein.

Daneben aber gibt es auch Hoch-Zeiten des Glaubens.
Da bin ich in Stimmung, da kann ich gut glauben, da ist der Glaube ein Kinderspiel.
Da ist er stark wie ein Fels, unerschütterlich und fest, nichts kann ihm etwas anhaben.
Da trägt er mich und mein Leben.
Da gibt er mir Hoffnung und Kraft, so dass ich Büsche und Berge versetzen kann.
Da schenkt er mir Orientierung im Chaos des Lebens,
da hilft er mir auf, wenn ich gefallen bin,
da trotzt er allem, was sich schwer auf meine Seele legen will,
da ist er für mich Licht auf allen dunklen Wegen und Wärme in allen kalten Stunden.
Glaube kann etwas ganz Tragendes sein.

Ich denke, die meisten unter uns haben in ihrem Leben schon beides erfahren: Wie wacklig *und* wie tragend der Glaube sein kann. Einmal Staubkorn und einmal Fels.

Diese Erfahrung teilen wir mit ganz vielen Menschen. Denn so wie der Glaube (ganz gleich an wen oder was er glaubt) Teil unseres Menschseins ist, wie Lachen, Denken oder Fühlen, so ist jeder Glaube Schwankungen unterworfen, ist geprägt vom Auf und Ab. Er kann abnehmen und zunehmen wie die Liebe oder Vertrauen oder Lebenskraft. Er kann sich verbrauchen oder ganz plötzlich zur stützenden Säule werden.

Und das zeigt uns, dass Glaube kein Gegenstand ist, den wir haben und besitzen können. Er ist kein Bäumchen, das kontinuierlich wächst, und an das wir dann irgendwann die Hängematte eines zufriedenen Lebens aufhängen können. Glaube ist immer beides: Unerschöpfliche Kraftquelle, Lebensenergie und unerschütterlicher Halt – *und* zugleich anfällig wie ein Kartenhaus, zerbrechlich wie eine Porzellanpuppe, verdunstend wie ein Wassertropfen auf der Herdplatte.

Und weil wir die beiden Seiten des Glaubens kennen, weil wir um seine Stärke und seine Anfälligkeit wissen, weil tief in unserem Inneren seine Notwendigkeit überhaupt nicht in Frage steht und wir zumindest erahnen, dass wir letztlich nur durch den Glauben an Gott den Weg zu einem gelingenden Leben finden, deshalb steckt in vielen von uns wohl die gleiche Sehnsucht, wie sie einmal die Jünger Jesu als Bitte zum Ausdruck brachten: *„Herr, stärke unseren Glauben!"*

*„Stärke uns den Glauben!"* bitten sie Jesus. *Und er antwortete: „Wenn ihr Glauben hättet so groß wie ein Senfkorn, dann könntet ihr zu diesem Maulbeerbaum sagen: Reiß dich aus und versetze dich ins Meer! und er würde euch gehorchen."* (Lk. 17,5-6)

Vielleicht mag diese Bitte den ein oder anderen überraschen. Gerade von den Jüngern, den engsten Vertrauten Jesu, den Zeugen seiner Wundertaten, seinen Wegbegleitern sollte man doch erwarten, dass sie mit dem Glauben keine Probleme haben. Sie haben doch alles mit eigenen Augen gesehen, Jesus hautnah erlebt – da müsste doch das mit dem Glauben wirklich ein Kinderspiel sein.

Doch ihre Worte sprechen eine andere Sprache. Sie bestätigen, was wir über die Zerbrechlichkeit und Anfälligkeit des Glaubens gehört haben und weisen vor allem auf ein Phänomen hin, das ich immer wieder auch bei mir selbst beobachten kann. Das Phänomen, das sich mit den Worten beschreiben lässt: Nicht das Wunder schafft den Glauben, sondern der Glaube schafft das Wunder!

Das heißt: Ich kann Gott immer wieder in meinem Leben erfahren, ich kann seine Nähe wahrnehmen, ich kann Hilfe als seine Tat begreifen, Heilung als sein Wunder, Bewahrung und Schutz als sein gutes Geleit. Ich kann mein Leben deuten als Gottes Segensge-schichte und voll Überzeugung bekennen: *„In wie viel Not hat nicht der gnädige Gott über mir Flügel gebreitet"* (EG 317,3) – und doch muss ich zugleich bekennen, dass ich mich genauso immer wieder in Mo-menten meines Lebens wiederfinde, in denen ich das alles vergessen habe und mich nur noch Angst, Ohnmacht und Gottverlassenheit beherrschen.

Ich denke, die Jünger haben das genauso erlebt und wohl ganz schmerzlich erfahren, wie uns ihr Verhalten nach der Verhaftung Jesu zeigt. Da war aller Glaube weg, alles Vertrauen wie weggepus-tet, jegliche Überzeugung ausgelöscht. Deshalb bitten sie: *„Herr, stärke unseren Glauben!"*

Auch wenn es manchmal den Anschein hat, ist der Glaube ja nie ganz verschwunden. Man kann den Glauben nicht verlieren, aber er kann aufhören, unserem Leben Form und Inhalt und Orientierung und Halt zu geben.

Herr, stärke unseren Glauben.
Gib uns Halt unter den Füßen, wo die Gottesgewissheit wankt.
Schenke uns Augen, die Ausschau halten nach den Dingen, die uns zum Glauben bringen.
Hilf unserem Gedächtnis auf die Sprünge, damit wir uns an deine Nähe erinnern.
Räum die Hindernisse aus dem Weg, die uns vom Glauben ab-halten.
Lass uns das Senfkorn „Glauben", das Gott ja bereits durch sein Ja zu uns gelegt hat, in uns selbst entdecken.

Herr, stärke unseren Glauben.

Lass uns das Vertrauen, das wir als Kinder dem Leben entgegen gebracht haben, wieder entdecken.

Gib uns den Mut, uns fallen zu lassen und schenke uns die Offenheit, uns auch vom Glauben anderer etwas abzugucken und die Bereitschaft, uns gegenseitig stärken zu lassen.

Herr, stärke unseren Glauben!

Wir können das immer nur wieder als Bitte aussprechen, als gemeinsame Bitte: „Herr, stärke unseren Glauben." Und dabei vielleicht an das Wort von Dietrich Bonhoeffer denken, der sagt:

*„Ich glaube, dass Gott uns in jeder Notlage, ja in jedem Moment unseres Lebens so viel Widerstandskraft, so viel Glauben geben will, wie wir brauchen. Aber er gibt ihn uns nicht im Voraus, damit wir uns nicht auf uns selbst, sondern allein auf ihn verlassen."*

Ich habe übrigens damals meine Bibel nach einiger Zeit wieder aus dem Mülleimer herausgefischt. Ich habe dies getan, weil ich etwas sehr Seltsames erlebt habe, das sich sicher auch ganz anders erklären lässt als wie ich es für mich gedeutet habe.

Ich hatte damals nicht nur die Bibel weggeworfen, ich habe auch die täglichen Losungen, die ich gleichsam als „Bildschirmschoner" auf meinem Computer installiert hatte, völlig gelöscht. Als ich an einem der darauf folgenden Tage den PC wieder eingeschaltet habe, waren die Losungen wieder da. Ich weiß noch, dass ich sehr erschrocken bin, ja ich war entsetzt. Wie konnte das sein?

Ich weiß es bis heute nicht. Ich weiß nur, dass ab diesem Moment das kleine Körnchen „Glaube" in mir wieder zu wachsen begann.

Gott sei Dank!

# Wer('s) glaubt, wird selig

Manchmal kann *ein* kleiner Buchstabe den Sinn eines ganzen Satzes total verändern, ja sogar in sein Gegenteil verwandeln. Mir ist das aufgefallen an dem Titel eines Buches, das unser Landesbischof, Dr. Heinrich Bedford Strohm, mit seinem Sohn Jonas geschrieben hat: „Wer's glaubt, wird selig".

In der Bibel steht eigentlich genaugenommen: „Wer glaubt, wird selig!" (Mk. 16,16), doch beide Schreibweisen wollen an dasselbe erinnern, dass der Glaube an Gott und seinen Sohn Jesus Christus etwas bewirken kann, wonach sich eigentlich alle Menschen sehnen: Selig zu sein – oder vielleicht verständlicher ausgedrückt: Glücklich zu sein, ein zufriedener Mensch zu werden, bei allen Höhen und Tiefen des Lebens ein in sich und in Gott ruhender Mensch zu werden und dabei Sinn und Hoffnung zu finden, die selbst über dieses Leben hinausreichen. „Wer glaubt, wird selig!"

Wer sich heutzutage umhört und seinen Puls an den sogenannten Zeitgeist legt, trifft immer wieder auf diese Aussage, nur mit dem kleinen Unterschied, dass zumeist dieses „Wer's glaubt, wird selig" mit einem abwertenden Unterton verwendet wird. Ein kleiner Buchstabe nur, und doch wird mit ihm eine Jahrtausende alte Wahrheit, die unzähligen Menschen über Generationen hinweg Kraft, Trost und Hoffnung geschenkt hat, ins Lächerliche gezogen: „Wer's glaubt".

Ich höre dabei die Stimme von nicht Wenigen, die im Ton einer überheblichen Überzeugung eine neue Wahrheit verkünden. Denn wer so dumm und einfältig ist, noch an ein göttliches Wirken in unserer Welt zu glauben, gilt in unserer Gesellschaft mehr und mehr als schwach und unaufgeklärt, ja als bemitleidenswert, weil er einer alten Illusion anhängt, die doch längst widerlegt zu sein scheint.

Jedoch: Fragt man nach, lässt sich sehr rasch ein elementarer Denkfehler feststellen: Glaube wird meist gleichgesetzt mit Kirche. Halbwahrheiten und oberflächliches Wissen über diese Institution werden zur Argumentation gegen den Glauben herangezogen. Kirche und Glaube werden in einen Topf geworfen und damit zugleich reduziert auf deren Sünden in der Vergangenheit, wie Hexenverfolgung, Verteufelung der Wissenschaft, Kreuzzüge und Ausschweifungen der Päpste, und auf die Sünden der Gegenwart, wie Missbrauch von Kindern, Verschwendung von Kirchengeldern und mittelalterliche Moralvorstellungen.

Dass Kirche heutzutage für ihre Vergangenheit und auch z.T. für ihre Gegenwart kritisiert wird, kann ich gut verstehen. Denn dass Kirche im Laufe der Geschichte falsche Wege gegangen ist, dass sie die Botschaft von Jesus Christus immer wieder verraten hat, dass viele Menschen schlechte und bittere Erfahrungen mit Kirche gemacht und dass bis heute unselige kirchliche Entscheidungen Menschen ins Unglück gestürzt haben – lässt sich nicht leugnen. Und manchmal habe ich den Eindruck, dass es vielleicht das größte Wunder auf unserer Erde darstellt, dass „Kirche" überhaupt noch besteht.

Kritik an der Kirche: Ja! Und die ist auch notwendig, wie – zumindest für evangelische Christen – das Beispiel von Martin Luther gezeigt hat. „Ecclesia semper reformanda" – Kirche muss sich stets reformieren und erneuern, hat er gesagt, und damit auch der damaligen kirchlichen Lehre widersprochen, die behauptet hat, dass es kein Heil, kein Glück, keine Seligkeit außerhalb der Kirche gibt. Es heißt ja auch nicht: die Kirche macht selig, sondern: Wer glaubt, wird selig!

Ich möchte deshalb an dieser Stelle einmal der Frage nachgehen, woher denn überhaupt unser Glaube kommt. Ich lasse dabei zunächst einmal „Gott" ganz aus dem Spiel.

Wir erinnern uns: Seit Darwin's Evolutionstheorie wissen wir, dass alles Leben auf dieser Erde sich nach und nach entwickelt hat, und zwar durch Anpassung oder Mutation. So lässt sich z.b. nachweisen, dass Lebewesen, die sich nicht schnell genug, etwa auf veränderte Umweltbedingungen, anpassen konnten, ausgestorben sind.

Der Mensch gilt als ein Lebewesen, das sich besonders gut und einfallsreich auf Veränderungen einstellen konnte. Und vor allem seinem Gehirn ist es zu verdanken, dass er sich in kurzer Zeit an die Spitze allen Lebens auf dieser Erde stellen konnte und in dieser Position bis heute die Welt beherrscht.

Mit der Ausbildung von Gehirn und Intelligenz bildete sich im Menschen aber noch etwas. Etwas ganz Außergewöhnliches, das ihn von allen anderen Kreaturen unterscheiden sollte. Der Mensch entwickelte die Fähigkeit, nicht nur zu verstehen, sondern auch zu glauben.

Nun verliert aber nach der darwin'schen Evolutionstheorie ein Lebewesen alle Fähigkeiten, die er *nicht* zum Überleben braucht:

Ein Vogel Strauß kann nicht mehr fliegen, weil es für ihn wichtiger wurde, dass er schnell laufen kann. Der kurze Hals einer Ur-Giraffe mutierte zu einem langen, weil sie dadurch leichter an Nahrung kam, die ihr Überleben sicherte. Manche Tiere verloren ihr gutes Sehvermögen bei Tageslicht und erhielten Augen wie Nachtsichtgeräte, um ihre Beute effektiver jagen zu können – um nur ein paar bekannte Beispiele zu nennen.

Und nun stellt sich konsequenterweise die Frage: Warum besitzt der Mensch die Fähigkeit zu glauben, obwohl sie anscheinend nichts zu seinem Überleben beiträgt? Wir könnten doch alle auch ohne diese Fähigkeit leben und überleben.

Ein Fehler der Natur? Oder hat die Evolution vergessen, bei uns diese Fähigkeit abzuschalten?

Oder ist der Glaube nur ein Relikt, das, wie unser Jäger- und Sammlerinstinkt, der vorwiegend noch auf Flohmärkten aktiviert wird, nicht recht nützt, aber auch nicht schadet?

Ich bin überzeugt davon, dass ein tiefer Sinn darin liegt, dass wir beides besitzen: Verstand und Glaube. Ich denke, dass uns Gott mit voller Absicht beides schenken wollte, als er durch sein Schöpferhandeln die Evolution auf den Weg gebracht hat.

Deshalb sind für mich Verstand und Glaube die beiden Seite *einer* Münze. Um unsere Welt und unser Leben zu begreifen, brauchen wir beides. Denn ohne Verstand hätten wir keinen festen Boden, und ohne Glaube hätte die Welt keine Seele.

Je mehr nun der Glaube als elementare Fähigkeit unseres Menschseins missachtet oder geringschätzig betrachtet wird, desto seelenloser wird unsere Welt und damit verbunden unser Zusammenleben.

Je mehr wir unsere Fähigkeit zu glauben, dazu missbrauchen, dass wir an außerirdische Aliens, Geister und Horoskope, an die Versprechen der Werbung und an alles, was uns im Fernsehen oder in der Zeitung weisgemacht wird, - kurz gesagt, je mehr wir unsere Fähigkeit zu glauben, dazu missbrauchen an jeden „Scheiß" zu glauben, nur nicht an Gott, desto mehr verleugnen wir auch unseren Verstand.

Je mehr wir uns darum bemühen, unsere Fähigkeit zu glauben, auf der Müllkippe der Evolution zu entsorgen, desto mehr berauben wir uns selbst des wirklichen Wissens, des Vertrauens und der Hoffnung, dass die Welt mehr ist als unser Verstand zu begreifen vermag;

dass unser Leben mehr ist als eine Party von der Geburt bis zum Tod,

dass unsere Existenz mehr ist als eine zufällige Mutation in der der Evolution

und dass der Sinn unseres Lebens aus mehr besteht als aus Konsum, Fortpflanzung, Müh' und Arbeit und vielleicht ein paar schönen Momente.

Verstand und Glaube. Beides sind Fähigkeiten, die uns gegeben sind, damit wir nicht nur begreifen, wie unsere Welt funktioniert, sondern auch warum sie da ist; damit wir nicht nur wissen, was bei Geburt und Tod passiert, sondern auch woher wir kommen und wohin wir gehen; damit wir nicht nur dunkle Stellen unseres Lebens in helle verwanden können, etwa durch Heilung von Krankheit, sondern auch, wenn es dunkel bleibt, immer ein Licht der Hoffnung anzünden können.

Dazu ist der Glaube da. Er ist da, wo der Verstand keine Macht besitzt, weil allein der Glaube zuständig ist für Kraft und Trost und Mitleid und Liebe und Vergebung und Hoffnung.

Und genau aus diesem Grund gilt für alle Zeiten:

Wer glaubt, der wird selig!

# Heilsame Wege

Womit haben sich eigentlich die Menschen früher die Zeit vertrieben? In einer Zeit als es noch keine Handys, Computer, MP 3 Player und das Internet gab; als noch niemand etwas von Radio, Fernseher, Video und DVD und BluRay wusste, als es auch noch keine Bücher gab und Schriftzeichen nur einigen Wenigen bekannt waren, die sie für Staatstragendes oder Geschäftsbeziehungen auf Papyrus malten oder in Tontafeln ritzten?

Nun, die Menschen haben sich Geschichten erzählt. Geschichten von Ereignissen und Erfahrungen, Geschichten von Heldentaten und wundersamen Geschehnissen.

Unser Altes Testament ist voll von solchen Geschichten, denn das meiste von dem, was wir dort lesen, wurde z.T. erst Jahrhunderte nach den Ereignissen aufgeschrieben. Erhalten blieben sie über eine so lange Zeit, weil diese Geschichten von Generation zu Generation weiter erzählt wurden und weil es Menschen gab, die gespürt haben, dass mit diesen Geschichten Wahrheiten erzählt werden. Ewig gültige Wahrheiten über Gott und seinen Weg mit uns Menschen.

So eine Geschichte (2. Kön. 5,1-19) möchte ich Ihnen heute einmal (nach-)erzählen: Sie ist fast 3000 Jahre alt, spielt in Palästina und erzählt zunächst von einem Nachbarstamm des Volkes Israel, von den Aramäern. Und wie das so unter Nachbarn auch schon damals üblich war, lagen sie ganz häufig im Krieg miteinander.

Konflikte mit den Nachbarn – das zieht sich ja durch die ganze Weltgeschichte und wir selbst kennen das Sprichwort nur zu gut: „Es kann der Frömmste nicht in Frieden leben, wenn es seinem bösen Nachbarn nicht gefällt."

In seinen Kriegszügen konnte sich damals der König von Aram vor allem auf seinen begabten und angesehenen Feldhauptmann verlassen. Dieser General, so würden wir ihn heute wohl betiteln, trug den Namen „*Naaman*". Von ihm wissen wir, dass er damals alles besaß, was man sich nur wünschen konnte: Ansehen, Erfolg, Reichtum, Frauen und Kinder. Vielleicht wäre er der glücklichste Mensch seiner Zeit gewesen, wenn nicht ein großer Schatten auf seinem Leben gelegen hätte: Naaman war aussätzig!

Unter Aussatz müssen wir uns wohl eine Hautkrankheit vorstellen mit Jucken und Brennen, mit mürbemachenden Schmerzen und entstelltem Äußeren. Und obwohl seine Krankheit wohl nicht ansteckend war, bedrohte sie doch seine Existenz, denn „Aussätzige" setzte man aus; sie wurden aus der Gesellschaft ausgeschlossen und waren verdammt zu einem Leben in Isolation.

Naaman hätte ohne seine Krankheit wohl ein glücklicher Mann sein können. Aber – und das kennen wir selbst zur Genüge - immer scheint ein kleines Stück zum Glück zu fehlen. Immer scheinen wir nur noch einen Schritt vom perfekten Zustand entfernt zu sein. Immer wieder tut sich eine Lücke in unserem Leben auf, die uns daran hindert, in vollkommener Zufriedenheit zu leben.

Dieses Fast-glücklich- und Fast-zufrieden-Sein äußert sich meist in den klassischen „Wenn-Dann-Sätzen":

Wenn ich erst mal die Prüfung geschafft habe, dann ist alles gut.

Wenn ich erst mal meine Traumfrau gefunden habe, dann ist das Leben schön.

Wenn erst mal die Kinder aus dem Gröbsten heraus sind, dann kann ich wieder zu leben anfangen.

Wenn ich erst mal Chef bin,

wenn ich erst mal Geld habe, wenn, wenn ..

Darüber vergisst so mancher im Hier und Heute zu leben. Darüber vergessen wir, dass es eben auch zu unserem Leben dazugehört, uns seinen Schattenseiten zu stellen. Denn wer an das Leben nur Bedingungen stellt, lebt leicht daran vorbei und verpasst womöglich die Chance, sich überraschen zu lassen.

Nun, Naaman hat sich überraschen lassen, denn eines Tages kommt seine Frau zu ihm und lässt ihn mit einem Schlag wieder hoffen, dass er gesund wird. Sie erzählt von ihrer Dienerin. Ein junges, jüdisches Mädchen, das auf einem Feldzug aus Israel verschleppt wurde und nun, wie es damals üblich war, als Sklavin für ihren neuen Herrn arbeiten musste. Die hatte nun ihrer Herrin davon erzählt, dass sie von einem Propheten in Israel weiß, dem man nachsagt, dass er von Krankheiten heilen kann.

Wie den berühmten rettenden Strohhalm muss Naaman diese Nachricht empfunden haben, denn daran hat sich bis heute nichts geändert: Der ausgetrocknete Schwamm der Hoffnungslosigkeit lässt einen Menschen alles aufsaugen, was den Hauch einer Chance auf Verbesserung seiner Lage besitzt. Wer unheilbare Krankheit erfährt, wer sich in auswegloser Lage sieht, wer verzweifelt ist, der ist nur zu bereit, alles auf sich zu nehmen, jeden Preis zu zahlen, jedem Wort zu glauben, wenn es nur einen Ausweg verspricht.

Ein ganzer Berufszweig von Fern- und Nahheilern, Handauflegern, Pillendrehern, Wundermittelvertretern, Besprechern und professionellen Gesundbetern verdient sich auch heutzutage noch ihren Lebensunterhalt mit der verzweifelten Gutgläubigkeit Hoffnungssuchender, indem sie rettende Strohhalme verkaufen. Denn: Wer sich ganz unten fühlt, greift nach jeder Hand, auch wenn sie nicht geben, sondern im Grunde nur nehmen will.

Naaman will gesund werden. Er sieht den Strohhalm und greift danach ohne Fragen zu stellen. Und weil er ein mächtiger Mann mit

Einfluss und Beziehungen ist, verhält er sich auch ganz so. Er geht zu seinem Freund, dem König, und der schickt ihn nun zu seinem Amtskollegen in Israel.

Ausgestattet mit einem Begleitschreiben und kleinen Zeichen der Freundschaft wie 10 Zentner Silber, 6000 Goldgulden und 10 Festkleidern spricht Naaman beim König in Israel vor. Man verlangt ja nichts umsonst. Alles hat seinen Preis. Jeder Dienst hat Anspruch auf eine kleine Aufwandsentschädigung. So wurde und wird bis in unsere Tage Politik gemacht, so funktioniert menschliches Denken, und kleine Geschenke erhalten bekanntlich die Freundschaft und signalisieren gute Absichten.

So funktioniert das unter Menschen und nicht selten sind wir in gleicher Weise der Meinung, dass dies so auch im Umgang mit Gott funktioniert. Es soll sein Schade nicht sein, wenn er uns hilft. Wir sind großzügig, gerade wenn es um uns und unser Wohlbefinden geht.

Als der König das Begleitschreiben gelesen hat, - so erzählt die Geschichte - springt er auf, zerreißt seine Kleider und wirft Naaman den Brief vor die Füße. Was denkt er sich. „Bin ich Gott" schreit er ihn an. „Bin ich Gott, dass ich heilen und lebendig machen kann? Was soll diese Bitte, was sollen die Geschenke. Was führt dein König im Schilde. Sucht er einen neuen Anlass zum Streit, zum Krieg?"

Naaman ist verwirrt. Was hatte er falsch gemacht? Hieß es nicht, der König von Israel könnte ihn heilen? Hat er nicht deutlich gemacht, dass er nur Hilfe sucht. Waren seine Geschenke nicht Zeichen dafür, dass er es ehrlich meint? Seine Seifenblase der Hoffnung schien erneut zum Platzen verurteilt.

Doch sein Auftritt vor dem König sprach sich rasch herum und erreichte auch den Propheten Elisa. Als der davon hört, lässt er dem aramäischen Feldhauptmann ausrichten, er solle zu ihm kommen, damit er sieht, dass es in Israel wirklich einen Propheten gibt, einen Menschen, der im Namen Gottes Zeichen und Wunder wirken kann.

Erneut macht sich Naaman auf den Weg. Doch er markiert immer noch den starken, einflussreichen Herrn, der seinem Wunsch nach Heilung nun auch noch zusätzlich durch ein Großaufgebot an „Rossen und Wagen" Nachdruck verleihen will. So fährt er wie bei einem Staatsempfang vor dem Haus des Elisa vor.

Und was macht Elisa? Er zeigt sich von dieser Demonstration der Stärke unbeeindruckt. Anstatt Ehrenbezeugung und persönlicher Begrüßung, schickt er einen Boten zu Naaman und lässt ihm ausrichten, er solle sich siebenmal im Jordan waschen.

Als jener diese Nachricht hört, ist *er* es nun, dem die Galle überkocht. „Was bildet sich dieser Elisa ein, dass er mich wie einen schmutzigen kleinen Jungen zum Waschen schickt. Warum sollten die Flüsse in Israel sauberer und besser sein als in seiner Heimat. Will mich dieser kleine Prophet auf den Arm nehmen. Siebenmal waschen – das ist doch wohl ein schlechter Witz. Und: So einfach kann es ja wohl nicht sein. Elisa soll gefälligst selbst zu ihm kommen und dann eine ordentliche Heilungszeremonie mit allem Drum und Dran abhalten. Er soll seinen Gott anrufen und ihn mit seinen Händen berühren und damit den Heilungsprozess in Gang setzen.

Naaman hat konkrete Vorstellungen davon, wie er seine Krankheit losbekommt. Mit seinen Handlungsanweisungen, macht er deutlich, dass er letztlich auch die Befehlsgewalt über seinen Heilungsweg behalten will. So trägt seine Bitte um Hilfe letztlich den Charakter der Forderung.

Genauso gehen wir nicht selten mit Gott um. Wir erwarten Hilfe von ihm, aber schreiben ihm zugleich vor, wie diese aussehen soll:
Herr, mache mich heil, aber bitte so, dass es mir keinen Stress verursacht.

Herr, schenke mir Geduld, aber bitte sofort.

Herr, hilf mir, aber bitte so, dass ich genauso bequem weiterleben kann wie bisher.

Wasch mir den Pelz, aber mach mich nicht nass!

Naaman will sich schon ärgerlich und enttäuscht abwenden. Doch seine Diener reden auf ihn ein. Vielleicht ist es bei diesem Gott der Israeliten ja wirklich so einfach, dass man nur mit seiner Bitte vor ihn zu kommen braucht; dass es ausreicht, seine Nähe im Gebet zu suchen und auf seine Wegweisungen zu hören. Wer weiß?

Naaman lässt sich überreden. Er geht an den Jordan, taucht siebenmal unter und sein Aussatz fällt von ihm ab. Er ist geheilt. Gott hat ihm geholfen.

Erschüttert kehrt er zu Elisa zurück und bekennt: *„Wahrlich, nun weiß ich, dass es deinen Gott gibt, und dass es keinen anderen Gott gibt, als den, in dessen Namen du Wunder tust."* (2. Kö. 5,15)

So geht es, wenn ich einfach vor Gott komme, wenn ich einfach bei ihm Hilfe suche: Ich werde heil!

Doch *wie* wir heil werden, das müssen wir ihm überlassen. Gott heilt nicht nur, indem er einfach unsere Wünsche erfüllt, Gott ist nicht die gute Fee aus dem Märchen, bei der wir drei Wünsche frei haben. Gott heilt auch in Schmerz und Leid und Trauer. Gott heilt auch in Vergebung, in Behinderung und im Zerschlagen von Träumen.

Gott heilt so, dass wir - wie Naaman am Ende der Geschichte - in Frieden unseren Lebensweg gehen können. *„Zieh hin mit Frieden"* sagt Elisa beim Abschied zu ihm. „Geht hin im Frieden des Herrn" – so werden wir am Ende eines jeden Gottesdienstes verabschiedet.

Dies war wohl der Grund, warum Menschen vor fast 3000 Jahren begonnen haben, diese Geschichte weiter zu erzählen. Warum es ihnen so wichtig war, dass diese Wahrheit in den Menschen erhalten bleibt, um von diesem Frieden Gottes Zeugnis abzulegen.

Und dieser Frieden heißt: dass wir mit allem, was uns bewegt und umtreibt, mit allem Unheil und allem Kummer, mit aller Sehnsucht und Hoffnung einfach zu Gott kommen dürfen und sollen.

Und wir brauchen nichts mitzubringen: Keine Geschenke und keine Gaben, keine Versprechungen und Gelübde, keine Empfehlungsschreiben und keine guten Beziehungen, keine Titel und keine Orden und keine gesellschaftlichen Statussymbole – wir brauchen nur uns selbst mitzubringen mit einem offenen Herzen und dem Vertrauen, dass Gott mich heil macht, indem er mich auf heilsame Wege führt, damit wir in und mit und unter seinem Frieden durch unser Leben gehen können.

# Die Armen im Geiste

Zu den vielleicht am häufigsten diskutierten Worten der Bibel gehört mit Sicherheit die sogenannte Bergpredigt Jesu, wie sie der Evangelist Matthäus überliefert. Gleich zu Anfang dieser Wortsammlung finden wir die „Seligpreisungen" (Mt. 5,1ff), mit denen Jesus nicht nur die Gedankenwelt seiner damaligen Zeitgenossen auf den Kopf gestellt hat, sondern in gleicher Weise auch uns heute herausfordert:

*„Selig sind die Trauernden"*, sagt Jesus. *„Selig sind die Friedfertigen und die nach Gerechtigkeit hungern. Selig sind die Barmherzigen und die reinen Herzens sind."* Selig nennt er sogar die, die um seinetwillen verfolgt und verleumdet werden.

Das alles klingt durchaus gut und schön, und steht doch nach wie vor im krassen Gegensatz zu dem, wie wir unsere Welt erleben. Auf der herrschen auch nach 2000 Jahren weiterhin die Kriegstreiber und Waffenlobbyisten; es gibt kaum einen Tag, an dem wir nicht Ungerechtigkeit erleben oder davon hören. Die Barmherzigen sind letztlich die Dummen, weil sie ausgenutzt und betrogen werden. Und was kümmern uns schon Menschen, die wegen ihres Glaubens verfolgt und ermordet werden.

Dabei wissen wir: Eine Ethik nach den Worten der Bergpredigt würde unserer Welt gut tun, aber selbst christliche Politiker sind der Meinung, dass mit diesen Worten Jesu keine Politik zu machen ist.

Aber es ist nicht nur die große Politik, die in scheinbarem Widerspruch zu den Worten Jesu steht – in der Bergpredigt finden sich durchaus auch Worte, die zumindest beim ersten Hören auch meinen Widerstand herausfordern.

Konkret denke ich dabei an die erste Seligpreisung, die in der sog. Einheitsübersetzung der Bibel folgendermaßen wiedergegeben wird: *„Selig sind die Armen im Geiste, denn ihrer ist das Himmelreich."* (Mt. 5,3)

Ich weiß nicht, wie es Ihnen geht, aber handelt es sich bei den „Armen im Geiste" nicht lediglich um eine gemäßigte Umschreibung für Einfältige, Dumme, ja Schwachsinnige? Ist der christliche Glaube nur etwas für geistig Minderbemittelte? - Wohl kaum!

Und wenn Martin Luther statt der „Armen im Geiste" übersetzt: *„Selig sind, die da geistlich arm sind"* – so bringt uns das auch nicht sehr viel weiter, auch wenn es zumindest in eine Richtung weist, wie denn dieses Jesuswort zu verstehen sein könnte.

Dafür müssen wir einen Blick auf die Menschen werfen, die damals den Worten Jesu gelauscht haben. Was sind das für Menschen?

Es sind für damalige Verhältnisse einfache Leute: Bauern, Handwerker, Fischer, Hausfrauen, Kinder. Heute würden wir sagen: Es waren ungebildete Leute, Analphabeten, die weder lesen noch schreiben konnten und deren Leben von einem permanenten Existenzkampf geprägt war.

Ihre Hoffnung war ihr Glaube. Doch dieser Glaube wurde bestimmt und gelehrt von den damaligen Profis in Sachen Glauben, von den Schriftgelehrten und Pharisäern. Das waren die Theologen, die Experten in Sachen „Gott", die meinten, alles über Gott zu wissen und vor allem klar benennen konnten, was Gott von seinen Menschen will. Es waren die Wächter über Gottes Gebote, die sie natürlich auch dazu benutzten, um die Menschen zu kontrollieren, zu manipulieren, zu beherrschen, zu erziehen und letztlich damit auch von Gott fern zu halten.

Auf diesem Hintergrund spricht Jesus zu den Menschen: *„Selig sind die geistig oder auch geistlich Armen!"*

Was will er seinen Zuhörern damit sagen?

Auch wenn Ihr keine studierten Theologen seid, ist Gott Euch ganz nahe.

Um Gott nahe zu kommen, braucht Ihr zunächst einmal nichts anderes als Euren Glauben.

Einen Glauben, der ganz einfach auf Gott und seinen Gegenwart vertraut.

Einen Glauben, der sich auf Gott und auch auf seine Geheimnisse einlässt.

Einen Glauben wie ein Kind, wie es Jesus an anderer Stelle sagt.

Den einfältigen Glauben eines Kindes, das sich ohne Angst in die Arme seiner Eltern fallen lässt.

Ich denke, *das* wollte Jesus damals seinen Zuhörern vor allem deutlich machen, dass Gott kein Exklusiv-Gott für Superfromme ist. Er ist Gott für alle Menschen. Um ihm nahe zu kommen und zu sein, braucht es allein die Einfältigkeit des Glaubens, das Vertrauen wie das eines Kindes.

Dies führt uns zu einem weiteren Gedanken.

So wie wir Erwachsene und Kinder als Gegensätze empfinden, so werden häufig auch Vernunft und Glaube als Gegensätze gesehen, die einander ausschließen.

Ich denke aber, dass beides Gaben Gottes sind, sowohl unser Verstand wie auch der Glaube. Und so unterschiedlich sie sein mögen - es sind Gaben Gottes, mit denen er uns begabt, unsere Welt, unsere Existenz und auch den Sinn unseres Daseins zu erkennen.

Unser Verstand ist dazu da, um diese Welt mit ihren Gesetzmäßigkeiten zu begreifen. Der Glaube ist nötig, um sie als Schöpfung Gottes zu verstehen. Wer auf der Suche nach der Wahrheit ist, braucht beides: Verstand und Glaube. Denken wie ein Erwachsener und Glauben wie ein Kind – ich denke, dass dies ein Aspekt ist, auf den uns Jesus mit der Bergpredigt aufmerksam machen will.

Und dann könnte sich die erste Seligpreisung vielleicht auch so anhören:

Freuen dürfen sich die, die sich ganz als Kind Gottes sehen und mit kindlichem Vertrauen zu ihm kommen.

Freuen dürfen sich die, die ihre Gaben und Fähigkeiten, ihren Verstand und ihr Wissen nicht dazu benutzen, um vor Gott und den Menschen anzugeben, sondern sie als sein Geschenk begreifen.

Freuen dürfen sich die, die mit Verstand *und* Glaube nach der Wahrheit suchen, denn sie werden erkennen, dass uns nach dieser Welt die neue Welt Gottes erwartet, von der wir herkommen und auf die wir zugehen.

# Die Sintflut und andere Wahrheiten

1958 veröffentlichte Werner Keller erstmals sein Buch mit dem Titel „Und die Bibel hat doch recht". Er erregte damit weltweit Aufsehen, weil er den Versuch unternahm, biblische Geschichten und Erzählungen in ihrer historischen Richtigkeit zu beweisen.

Dieses Buch ist bis heute sehr umstritten, rückte aber die Frage nach der historischen Wahrheit der Bibel ab diesem Zeitpunkt verstärkt in den Fokus von Historikern, Archäologen und anderen Wissenschaftlern.

Es ist ja auch eine spannende Frage: Stimmt das alles, was da in der Bibel steht? Sind das nicht eher Glaubenszeugnisse als historische Wahrheiten? Haben sich nicht fromme Leute die ganzen Geschichten letztlich nur ausgedacht? Und, vielleicht die wichtigste Frage in diesem Zusammenhang: Was macht das eigentlich mit unserem Glauben, wenn sich eine biblische Geschichte als wahr oder als unwahr herausstellt?

Ich möchte dieser Frage einmal an Hand einer biblischen Geschichte nachgehen. Eine Geschichte, die wir sicher alle kennen. Die Geschichte von Noah und der Sintflut.

Ist diese Geschichte wahr oder eine Erfindung?

Nun, in den letzten 200 Jahren gab es immer wieder „wissenschaftliche" Expeditionen, die sich das Ziel gesetzt hatten, die Arche Noah zu finden. Diese Suche erwies sich aber stets als erfolglos, was nicht unbedingt verwundert, da die Chancen relativ gering sind, noch Reste eines aus Holz gebauten Schiffes auf einem mehrere tausend Meter hohen Berg (Ararat) zu finden, das vielleicht vor mehreren tausend Jahren (wenn überhaupt) existiert hat.

Anders verhält es sich dagegen mit der Historizität der Sintflut. Da ist sich die Forschung mittlerweile einig, dass sie wirklich stattgefunden hat und eine Reihe von Fakten legen es nahe, dass der Ort der Sintflut mit höchster Wahrscheinlichkeit am Schwarzen Meer anzusiedeln ist und die Naturkatastrophe an der schmalen Meerenge des Bosporus , wo es heute mit dem Mittelmeer verbunden ist, ihren Ausgang nahm.

Was war passiert? Vor über 10 000 Jahren ging die letzte Eiszeit zu Ende. Das Weltklima hatte sich damals abgekühlt und unvorstellbare Massen von Schnee und Eis überdeckten nicht nur die nördliche Halbkugel, sondern hatten damit auch so viel Wasser gebunden, dass der Meeresspiegel weit über 100 Meter unter den heutigen Stand gesunken war.

Der Bosporus war damals keine Meerenge zwischen Mittel- und Schwarzem Meer, sondern ein Landübergang zwischen Kleinasien und dem europäischen Festland. Genaugenommen war dieses Meer ein großer, Süßwasser führender Binnensee, dessen Ufer etwa 180 Meter tiefer lagen als heute. Das weiß man, weil man in dieser Tiefe Reste von Uferpflanzen und Zeugnisse von Besiedlungen gefunden hat.

Mit der Erderwärmung schmolzen nun die Eismassen und der Meeresspiegel stieg kontinuierlich an. Zuerst stieg der Meeressspiegel des Atlantiks. Der überschwemmte dann die Landenge von Gibralta und ergoss sich ins  Mittelmeer.

Nach und nach wurde dadurch der Bosporus zu einer Art natürlicher Staudamm: Auf der einen Seite das Mittelmeer und dahinter, 180 Meter tiefer, das Schwarze Meer.

Was folgte, kann man sich leicht vorstellen. Irgendwann konnte die schmale Landenge dem Ansturm der Mittelmeerwellen nicht mehr standhalten. Die Sintflut (vom althochdeutschen Wort *„Sint"*, d.h. „Überschwemmung" abgeleitet) brach über die Küstenbewohner des Schwarzen Meeres - nicht allmählich wie bei Dauerregen, wie es die Bibel erzählt – sondern wie ein Tsunami herein. In kürzester Zeit ergoss sich das salzhaltige Mittelmeer in das Schwarze Meer. Wissenschaftler haben ausgerechnet, dass sich täglich etwa die dreifache Menge eines Bodensees in die Tiefe ergoss.

Die Folge: Alle ufernahen Siedlungen, jegliche Vegetation, jeder Süßwasserfisch sowie die gesamte Tierwelt wurde zusammen mit den dort lebenden Menschen vernichtet.

Doch einige Menschen haben diese Katstrophe wohl überlebt. Vielleicht durch rechtzeitige Flucht in höher gelegene Gebiete oder vielleicht auf einem Schiff, einem Boot, einer Arche, wie es die Geschichte von Noah erzählt. (1. Mose 7 ff) Wie es mit ihnen nach der großen Flut weiterging, lässt sich heute gut rekonstruieren.

Heimatlos geworden mussten sie sich zwangsläufig auf die Suche nach einer neuen Bleibe begeben. Diese fanden sie wohl in dem südöstlich vom Schwarzen Meer gelegenen Zweistromland von Euphrat und Tigris. Nicht von ungefähr siedelten die biblischen Erzähler dort später das Paradies mit dem Garten Eden an (1. Mose 2,14), dort wissen wir die Wiege der menschlichen Zivilisation und dort entstanden die ersten Städte, aus denen sich im Laufe der Geschichte die ersten Stadtstaaten und Großreiche wie die der Sumerer oder Babylonier entwickelten. Hier fanden sich auch erste Zeugnisse einer Schrift und dort trat auch die „Geschichte von der großen Flut" ihre Reise an in die mündlichen Erzählungen, die die Überlebenden der Katastrophe einstmals mitgebracht hatten.

Erstmals schriftlich erwähnt wird sie im sogenannten *„Gilgamesch-Epos"* von Uruk aus dem frühen dritten Jahrtausend vor Christus. Auch in Ur in Chaldäa, dem Deltagebiet des Euphrat, wurde diese Geschichte erzählt. Hier hörte sie vielleicht ein Junge namens „Abram" und nahm sie später mit auf seinem Weg *in das Land, das ihm sein Gott zeigen wollte"*. (1.Mose 12,1ff). Seine Nachfahren haben diese Erzählung von einer Generation zur nächsten weitergegeben. Sie haben ihr mit „Noah" einen Helden dazu gedichtet und wohl immer weiter ausgeschmückt. Maßgeblich war aber vor allem, dass die Menschen sie in Verbindung mit ihrem Gott gesetzt haben und sie somit in ihre vielfache Wahrnehmung Gottes als Retter und Bewahrer eingereiht wurde. So kam es dazu, dass sie viele Jahrhunderte später in den Kanon der alttestamentlichen Schriften aufgenommen wurde und bis heute zum Bestandteil unserer Bibel gehört.

Soweit die Geschichte von der großen Flut, von der Sintflut, die mit großer Wahrscheinlichkeit auf ein historisches Ereignis zurückgeht.

Was bedeutet dies nun für unseren Glauben?

Was macht es mit uns, wenn sich eine biblische Geschichte, wie die von Noah, in ihren Grundzügen als historisch wahr und richtig erweist?

Lässt sich nun sagen: Und die Bibel hat doch recht?

Oder: Aha, die Geschichte wurde aus einem anderen Kulturkreis geklaut?

Oder: Das war kein göttliches Strafgericht, sondern lediglich eine sich logisch entwickelnde Naturkatastrophe?

Hilft es unserem Glauben wirklich, wenn wir biblische Erzählungen in ihrer historischen Richtigkeit beweisen können?

Vielleicht im ersten Moment,
weil ja dann auch alle anderen Geschichten wahr sein könnten,
weil das biblische Zeugnis keine menschliche Erfindung darstellt,
weil die Heilige Schrift an Glaubwürdigkeit gewinnt.
Ja, vielleicht hilft uns das – aber ich denke, es *trägt* uns nicht.

Ob alle Worte der Bibel wirklich der historischen Wahrheit entsprechen, ist – wie ich denke - für unseren Glauben letztlich nicht relevant.

Ich bin der Überzeugung, dass erst wenn mit den Biblischen Geschichten das passiert, was die Menschen damals mit ihnen erlebt haben, werden sie richtig wichtig. Denn die Menschen, die uns in der Heiligen Schrift begegnen - mit ihren Erfahrungen und Schicksalen, mit ihrem Leid und mit ihrem Glück und auch mit ihren Träumen und Visionen – sie haben all dies in Verbindung gebracht mit einem Gott, den sie als Ursache für ihr Dasein erkannten. Und weil sie ihre Geschichten, die sie erlebt haben, mit diesem Gott in Verbindung gebracht haben, wurden daraus Wahrheiten, die sie für sich und ihre Nachkommen aufbewahrt haben.

Nicht mehr die Geschichten, die häufig immer weiter ausgeschmückt wurden, waren nun das Wichtigste, sondern die Wahrheit, die dahinter stand. Die Wahrheit, dass es dieser eine Gott ist, der hilft, der tröstet, der Kraft schenkt, der behütet, der rettet, der in Not bewahrt oder das Schicksal wenden kann.

So haben die Menschen der Bibel Gott erfahren. Das ist die tiefere und ich möchte sagen, die eigentliche Wahrheit, die hinter ihren Geschichten steht und die uns nun heute dazu ermutigen möchten, diese biblischen Wahrheiten in unserem eigenen Leben zu erfahren. Dass sich diese Wahrheiten in unserem Leben bewähren. Dass wir unser eigenes Schicksal in den Menschen der Heiligen Schrift wiedererkennen und sie so für uns lebendig und wahr werden.

Und das - das kann dann unseren Glauben stärken und ihm helfen: Dass der gleiche Gott, der damals am Werk war, auch heute für uns, für jeden einzelnen da ist, in den Katastrophen und Fluten unseres Lebens, genauso wie in glücklichen Momenten.

Darin beweist sich Gott vielleicht nicht, aber er *erweist* sich darin und wird zum tragenden Grund für unser Leben.

## Segen

Unser Gott,
der uns in seinem Geist nahe ist
und der uns in Jesus seine Liebe gezeigt hat:

Er lasse sein Angesicht leuchten über euch,
über allen, denen ihr begegnet
und über allem, was auf euch zukommt.

Sein Licht verbreite einen Glanz über jeden Tag eures Lebens.
Sein Licht erhelle all eure Wege.
Sein Licht umhülle eure Höhen und Tiefen.
Seine Ewigkeit durchdringe eure Zeit,
dass Glaube, Liebe und Hoffnung neu wachsen
und dass seine Weisheit euch trägt und Kraft schenkt.

Sein Friede bewahre eure Gefühle und Gedanken
und behüte eure Tage und Nächte.

So segne und behüte euch
Der barmherzige und menschenfreundliche Gott:
Der Vater, der Sohn und der Heilige Geist.
Amen

# Liebe und

# Verantwortung

„… wie dich selbst"

Es ist dir gesagt, Mensch, was gut ist

Auf einen groben Klotz gehört ein grober Keil

Zeigt den Fremdlingen eure Liebe

Empathie, die Quelle zur Menschlichkeit

Segen

# „...wie dich selbst"

*„Liebe deinen Nächsten, wie dich selbst!"* (3. Mose 19,18)
Dieses biblische Wort kennen wir alle und wenn wir es hören, fallen uns wahrscheinlich sofort Menschen ein, bei denen die Befolgung dieses Gebotes, das Jesus aus dem mosaischen Gesetz aufnimmt, an ihre Grenzen stößt:

Da gibt es vielleicht den Kollegen, der so häufig auf der Arbeit neben mir steht, nach Schweiß stinkt und beim Reden sabbert. Da gibt es vielleicht die Nachbarin, die den ganzen Tag nichts anderes zu tun hat, als sich über andere Leute das Maul zu zerreißen. Da gibt es vielleicht den Politiker im Fernsehen, der schon so unsympathisch aussieht. Die Frau, die meinem Mann immer so lüstern hinterher schaut, den arroganten Typen aus dem Sportverein oder die Schwiegermutter, die immer in unseren Sachen herumschnüffelt.

Die Liste ließe sich endlos weiterführen – und ich bin mir sicher, dass jedem unter uns Menschen einfallen, die er nicht mag und den zu lieben unmöglich erscheint.

Es ist eine Tatsache, dass wir Zeitgenossen begegnen, die wir nicht leiden können, die uns unsympathisch sind, bei denen wir auf Abstand gehen. Die Aufforderung, sie zu lieben, stellt eine unzumutbare Zumutung dar. Ein Problem, das sich auch nicht dadurch wirklich lösen lässt, indem ich als Mensch, der versucht als Christ zu leben, sage: „Ich liebe dich, aber ich mag dich nicht!"

Nein, unter Liebe verstehen wir etwas anderes. Etwas, das aus dem Herzen kommt. Liebe muss ehrlich sein, sie muss „geschehen" und lässt sich nicht einfach befehlen.

Und auch wenn Jesus sagt: *„Wenn ihr nur die liebt, die euch lieben, was tut ihr schon Besonderes?"* (Mt. 5,46f) mag uns dies zwar einleuchten, aber erweckt nicht zwangsläufig Liebe zu allen Mitmenschen.

Doch von welcher Liebe spricht denn Jesus in seinem Gebot? Er spricht nicht von der Liebe als Ausdruck unserer Gefühle, sondern von der Liebe als Ausdruck unserer Einstellung. Und diese Liebe meint vor allem anderen die Achtung und die Wertschätzung jedes einzelnen Menschen, dessen Würde und ihre Unantastbarkeit, sowie seine Geschöpflichkeit, die wir mit ihm teilen.

„Liebe Deinen Nächsten" heißt also: Achte deinen Nächsten in seinem Menschsein; bringe ihm Respekt entgegen, ihm und seinem Wesen und seinem Aussehen. Versuche ihn so zu sehen, wie Gott ihn ansieht: Als ein Kind Gottes, so wie du selbst ein Kind Gottes bist.

Aber auch damit tun wir uns ja schwer. Bei allem guten Willen, spüren wir unseren inneren Widerstand und selbst die einfachste Form der Liebe, der Respekt, wird für uns zum Kraftakt.

Warum ist das so?

Nun, die Antwort, so denke ich, liegt in dem Nachsatz verborgen, der häufig weggelassen oder überlesen wird. Jesus sagt mit seinem Gebot auch: Liebe dich selbst!

Bei dieser Aufforderung mag manch einer erschrecken. Liebe dich selbst – solche Mitmenschen kennen wir vielleicht auch, die nur sich selbst lieben, ihren Narzissmus pflegen und dabei arrogant und überheblich wirken.

Doch Jesus stellt ja ganz bewusst beides nebeneinander: Die Selbstliebe *und* die Nächstenliebe. Damit will er zum Ausdruck bringen, dass eben beides zusammengehört.

Nun sollte man meinen, dass die Eigenliebe uns leichter fällt als die Nächstenliebe, doch meine Beobachtungen, auch an mir selbst, lassen das Gegenteil vermuten. Nehmen wir ein Beispiel:

Wie geht es Ihnen, wenn Sie am Morgen nach dem Aufstehen in den Spiegel schauen. Begrüßen Sie sich selbst mit einem freundlichen Wort oder strecken Sie sich die Zunge heraus? Lächeln Sie sich selbst an oder schimpfen Sie gleich mit sich selbst: Du schaust ja furchtbar aus. Die Falten werden immer mehr, die grauen Haare übernehmen die Herrschaft auf meinen Kopf, die Tränensäcke werden immer dicker, du bist hässlich!

Nur wer sich selbst lieben kann, kann dann auch seinen Nächsten lieben. Nur wer sich selber annehmen und akzeptieren kann mit allem, was er ist und was er kann, mit seinem Aussehen, mit seinen Stärken und Macken, mit seinen Fehlern und Defiziten, mit seiner Launenhaftigkeit und mit seinen positiven Eigenschaften, - der, und nur der kann auch seinen Nächsten annehmen, akzeptieren, respektieren, lieben.

Wer ständig an allem herumnörgelt, wer ständig unter seiner unvorteilhaften Figur leidet, für den Falten und graue Haare eine Katastrophe darstellen, wer sein Hausfrau- oder Hausmann-Dasein als permanente Frustration erlebt und seine Wut dann auf andere Menschen überträgt, indem er über sie lästert oder sie gar verleumdet, wer seine unerfüllte Lebenslust auf seine Familie überträgt, wer sich ständig als scheiternd erlebt, der nur in seinen unerfüllten Träumen lebt und bei alldem die Schuld für die eigene Unzufriedenheit nur bei anderen sucht, der lebt an dem Nachsatz von Jesu Liebesgebot schlichtweg vorbei: Liebe dich selbst!

So müssen wir wohl auch den Hass verstehen, der bei Pegida-Aufmärschen und Verlautbarungen der AfD gegen alles Fremde herausposaunt wird, der sich durch Vorurteile, Fanatismus und persönliche Fehleinschätzung verselbständigt oder der durch Lebensfrust und Realitätsverlust seine Nahrung erfährt.

Im Grunde handelt es sich dabei um den Hass auf sich selbst, der sich in Geflüchteten, Migranten, Ausländern, Vorbestraften, Unsympathischen, Außenseitern oder Sozialhilfeempfängern eine Projektionsfläche sucht, weil dieser Eigenhass auf Dauer unerträglich wäre.

Liebe dich selbst! Das erscheint mir häufig noch schwieriger zu sein als einen Nächsten zu lieben. Ist also auch diese Aufforderung eine unzumutbare Zumutung?

Durch Jesus erfahren wir, dass Gott jeden einzelnen seiner Geschöpfe, jeden einzelnen von uns liebt. Diese Liebe liebt uns so, wie wir sind und wie wir aussehen, und so, wie Gott uns gedacht hat. Wir können nicht *mehr* aus uns machen als wir sind. Wir können nur lernen, das zu lieben, was wir schon sind. Und das bedeutet: Dass wir beginnen, genauso wie Gott, gnädig und barmherzig mit uns selbst umzugehen. Schritt für Schritt Ja zu sagen zu uns selbst.

Ein erster Schritt auf diesem Weg könnte vielleicht so aussehen, dass wir uns im morgendlichen Spiegel zulächeln und uns selbst begrüßen mit den Worten:

„Guten Morgen. Ich bin ein Kind Gottes. Ich werde geliebt. Das ist schön. Darum kann ich an diesem Tag auch mich und meinen Nächsten lieben."

## Es ist dir gesagt, Mensch, was gut ist

Wir leben in einem demokratischen Land, in dem in gewissen Zeitabständen entsprechend Wahlen abgehalten werden. Nie stehen wir als Bürger so sehr im Fokus unserer Politiker als in den Tagen und Wochen vor einer Wahl.

In jeder demokratischen Wahl geht es vor allem um eins: Um die Zukunft. Auffallend ist, dass alle, die zur Wahl antreten, immer wieder betonen, dass sie für diese Zukunft gerne Verantwortung übernehmen und tragen wollen. Das finde ich gut, denn dann weiß man später, wenn das mit der Verantwortung in die Hose geht, wer Schuld hat.

Aber Verantwortung tragen ja nicht nur Politiker und Parteien. Noch ist es so, dass viele Menschen weiter auch ihre Erwartungen an die „Kirche" haben, dass erwartet wird, dass auch sie Verantwortung für unsere Gesellschaft wahrnimmt.

Ich habe mir deshalb einmal die Frage gestellt, wofür die „Kirche" eigentlich Verantwortung trägt?

Das ist auf Anhieb gar nicht so leicht zu beantworten. Und weil man bei dieser Frage schon mal leicht ins Stocken geraten kann, gibt es nicht wenige, die meinen, den Kirchenvertretern auf die Sprünge helfen zu müssen.

So erfahre ich z.B. bei manchen Begegnungen, „was Ihr von der Kirche tun müsstet". Das geht von der Forderung für mehr Einsatz für die kleinen und alten Leute, gegen oder für die schlechte Jugend, die keine Werte mehr besitzt, bis hin zur Reinerhaltung der deutschen Rasse von Ossis, Flüchtlingen und linken Spinnern.

Auch die politischen Parteien wissen sehr wohl, was Kirche zu leisten hat. Und das Erwartungsspektrum reicht da von „Mischt euch mehr ein" bis hin zu „Die Kirche sollte sich aus der Politik heraushalten".

Jeder oder doch zumindest viele haben so ihre Erwartungen an das Verantwortungsbewusstsein der Kirchen. Und es ist ja auch gut, dass wir als Kirche Verantwortung tragen und (noch) die Übernahme von Verantwortung erwartet wird?
   Doch noch einmal: Wofür?
   Für christliche Werte ? - Das klingt gut!
   Doch was sind christliche Werte? Die 10 Gebote etwa, deren wir uns bei Bedarf erinnern? Reichen die aus? Manchmal habe ich den Verdacht, dass kirchliche Verantwortung auf die Postulierung von ein paar Geboten reduziert wird, um darin ein Instrument zu haben, um anständige Bürger zu erziehen? Ist es das? Gute Menschen machen? Aber, was aber ist dann unter „gut" zu verstehen?

Nun, beim Propheten Micha findet sich ein Wort, das genau auf diese Frage antwortet. Dort können wir lesen:
   *„Es ist dir gesagt, Mensch, was gut ist, und was der Herr von dir fordert: nämlich Gottes Wort halten und Liebe üben und demütig sein vor deinem Gott!"* (Micha 6,8)

Ist das das Gute, was von den Kirchen und ihren Gläubigen erwartet wird und worin sich ihre Verantwortung für unsere Gesellschaft ausdrückt?
   Es ist zumindest das Gute, das nach den biblischen Worten von uns gefordert ist. Kein Geringerer als Gott selbst fordert dies ja von uns, wenn wir den Worten seiner Propheten trauen. Der Gott, den wir uns nur allzu gern als Geschenke bringendes Christkind vorstellen, und der zu Ostern eine seltsame Verwandlung zum Osterhasen erfährt. Der Gott, den wir uns als großzügigen Geber wünschen und der hier allerdings unterstreicht, dass er nicht nur gibt,

sondern auch nimmt: Er nimmt uns in die Pflicht, er nimmt uns in die Verantwortung, indem er sagt, was gut ist, nämlich sein Wort halten und Liebe üben und demütig sein.

Was könnte das bedeuten?

Nun, zum einen besteht das Gute darin, Gottes Wort zu halten. Das ist deshalb gar nicht so einfach, weil ja die Heilige Schrift nicht per se Gottes Wort zum Ausdruck bringt. Alles, was in der Bibel steht, wurde von Menschen aufgeschrieben und ich bin mir oft nicht sicher, ob sich das auch mit dem deckt, was Gott uns sagen will.

Das darf aber deswegen nicht gleich bedeuten, dass wir uns unsere eigene Bibel zusammenstellen und nur das anerkennen, was uns in den Kram passt. Dann könnte die Bibel rasch zur Pseudogrundlage für christlich angehauchte und staatlich subventionierte Brauchtumspflege verkommen.

Doch das Wort Gottes ist ja bei weitem mehr. Schon auf den ersten Seiten lesen wir davon, dass wir Menschen auch den Auftrag besitzen, Verantwortung zu übernehmen. Verantwortung für mich und andere, indem man sich einmischt, wo es nötig ist, und auch mal die Tische der „Geldwechsler", die uns in Parteiprogrammen, Gewerkschaftsparolen, „Hardcore-Frommen" oder sonstigen Ideologien begegnen, umzuschmeißen.

Gottes Wort halten würde dann vor allem heißen: Sich von den Worten der Bibel ansprechen, sich etwas sagen und sich betroffen machen zu lassen!

Zum zweiten besteht das Gute darin, Liebe zu üben! Hier treffen wir auf einen ganz sensiblen Bereich, weil zum einen der Grat zwischen echtem Gefühl und Gefühlsduselei sehr schmal ist, und zum anderen christliche Liebe in Gefahr steht zur Floskel zu werden. Andererseits sehe ich hier nach wie vor eine unserer ganz großen Aufgaben.

Nächstenliebe wird in unserem Sprachgebrauch häufig mit Sympathie, sich gern haben und emotionsgesteuerter Liebe gleichgesetzt. Und da wir viel zu viele Menschen kennen, die wir nicht ausstehen können, die uns auf die Nerven gehen und die wir am liebsten auf den Mond schießen möchten, winken viele gleich von vornherein ab: Nächstenliebe, nein danke!

Aber bei der Nächstenliebe geht es ja gerade nicht um Sympathie, sondern es geht um die grundlegende Einstellung, vor der Würde eines jeden Menschen Respekt zu haben, auch wenn wir ihn nicht mögen. Einen jeden Menschen die Achtung entgegenzubringen, wie wir sie für uns selbst auch wünschen.

Liebe üben könnte dann konkret bedeuten, etwa den Sorgen anderer zuzuhören; Hilfe anzubieten, wo sie gebraucht wird; sich darum zu bemühen, stets eine Atmosphäre des Vertrauens zu schaffen, um dadurch Ängste voreinander abzubauen; dem Hass entgegenzuwirken; nicht mit einzustimmen in den Chor der ewig Gestrigen „Ausländer raus!", und auf diese Weise etwas von der bedingungslosen Annahme Jesu Christi umzusetzen.

So zumindest verstehe ich das Liebesgebot und sehe in diesem Sinn unsere Aufgabe, unseren Auftrag und unsere Verantwortung.

Und schließlich das Dritte: das Gute besteht darin, demütig zu sein vor Gott. Wörtlich übersetzt heißt diese Stelle eigentlich: „Achtsam wandeln mit deinem Gott!" Achtsam, aufmerksam, ansprechbar für das, was Gott uns sagen will an Trost und Hilfe, genauso wie an Wegweisung und Verantwortung.

Das heißt für mich:

Etwas weniger Verwirrung durch theologische Sprachakrobatik,

etwas weniger Wasser in Verlautbarungen,

etwas weniger selbstherrliche Frömmigkeit,

dafür etwas mehr Hören, Zuhören, sensibel werden für das, was Gott uns und mir heute sagen will.

*„Es ist dir gesagt, Mensch, was gut ist, nämlich Gottes Wort halten und Liebe üben und demütig sein vor deinem Gott!"*

Ich halte das für kein schlechtes Programm für die Zukunft - für uns, für jeden einzelnen, für unsere Kirche, für unsere Gesellschaft und auch für unsere Politiker und Parteien, besonders für die, die ein „C" in ihrem Namen tragen.

Deshalb lassen Sie uns in die kommende Zeit gehen:

mit der **Einsicht**, dass wir gerade als Christen Verantwortung tragen für alle Menschen;

mit der **Absicht**, in Wort und Tat einzustehen für Gerechtigkeit, Liebe und Frieden,

und mit der **Aussicht**, dass Gott uns begegnet, wenn wir dem Geringsten unserer Mitmenschen Gutes tun.

Dazu schenke Gott seinen Segen.

# Auf einen groben Klotz gehört ein grober Keil

Die meisten unter uns kennen sicherlich das Sprichwort: „Auf einen groben Klotz gehört ein grober Keil". Wenn man dabei ans Holzhacken denkt, so hat dieses Sprichwort sicher seine Richtigkeit: Da gehört auf einen groben Klotz ein grober Keil.

Doch so, wie wir dieses Sprichwort verwenden, bezieht es sich ja nicht aufs Holzhacken, sondern auf unseren Alltag und speziell auf unsere Verhaltensweisen im Umgang miteinander. Ob in der Familie, in der Nachbarschaft, auf der Arbeit und manchmal auch in der Kirche sind Begegnungen nicht selten eben von dieser Vorgabe geprägt: Auf einen groben Klotz gehört ein grober Keil.

Wir alle kennen das: Der Umgang mit unseren Zeitgenossen ist oft schwierig und mit bestimmten Menschen erweist er sich als besonders schwierig. Und so fällt uns bestimmt der ein oder andere ein, der uns wie ein „grober Klotz" vorkommt. Denn - von welcher Seite man auch immer solche Menschen betrachtet – wir erleben sie als abweisend oder unzugänglich, als dickköpfig oder launisch, als mürrisch oder einfach als Ekel. Wie immer man ihnen auch begegnet, wir kommen nicht mit ihnen zurecht. Liebevolles Zureden prallt genauso von ihnen ab wie vernünftiges Reden.

Der Umgang mit solchen Menschen ist nicht nur schwierig, er bereitet auch Ärger. Er verletzt uns und macht uns nicht selten aggressiv. Deshalb wissen wir uns oft nicht anders zu helfen als so, wie es das Sprichwort empfiehlt: „Auf einen groben Klotz gehört ein grober Keil!"

Jedoch, so sehr diese Behandlung für Holzklötze erfolgreich sein mag – wer mit Menschen zu tun hat, der sollte nicht auf ihnen herumhacken, um Kleinholz aus ihnen zu machen. In der Bibel heißt es dazu: *„Vergelte nicht Böses mit Bösem"!* (Röm. 12,17)

Das ist leichter gesagt als getan. Zu sehr scheint in jedem Menschen dieses „Wie Du mir, so ich Dir" zu stecken. Schon von Kleinauf bringen wir unseren Kindern bei: „Lass dir nichts gefallen! Wehr dich!" Und Sprichworte wie „Wie man in den Wald hineinruft, so schallt es heraus" besitzen allgemeine Zustimmung. Zwar soll der Klügere nachgeben, aber in Wirklichkeit steht man dann häufig als der Dumme da. Dann schon lieber ein „grober Keil" sein, denn schließlich lieben wir nichts mehr als recht zu haben und recht zu behalten. Lieber zurückschlagen als die andere Wange auch noch hinzuhalten.

„Vergelte nicht Böses mit Bösem!" Wie kommt ein Paulus, von dem diese Worte stammen, dazu, so etwas zu verlangen? Muss man sich nicht gegen das „Böse" wehren?
Müssen Ungerechtigkeit und Dummheit nicht bekämpft werden? Müssen den „groben Klötzen" nicht ihre Grenzen aufgezeichnet werden?
Klar muss man das! Doch die entscheidende Frage ist ja: Mit welchen Mitteln? Deshalb fügt Paulus hinzu: *Lass dich nicht vom Bösen überwinden, sondern überwinde das Böse mit Gutem."* (Röm. 12,21)
So einfach ist das. Ist das so einfach?

Ich würde darauf mit einem klaren „Nein" antworten. Es ist alles andere als einfach, dem Bösen Gutes entgegenzusetzen. Denn selbst wenn ich das Gute will, bedeutet dies noch lange keine Garantie dafür, dass mir das auch gelingt.
Wer das Gute will, benötigt dazu eine besondere Fähigkeit.
Diese Fähigkeit ist jedem Menschen geschenkt.
Diese Fähigkeit steckt in jedem von uns drin.
Diese Fähigkeit besitzen nur wir Menschen.
Die Fähigkeit zu lieben!

Diese Fähigkeit wird zumeist reduziert auf den alleinigen Bereich der Sympathie, die wir bestimmten Menschen und nicht selten auch materiellen Dingen entgegenbringen. Doch dies ist gleichsam ja nur ein Nebenprodukt der Liebe. Bei „Liebe" geht es vornehmlich um Einfühlungsvermögen, also um Empathie, und es geht um Achtung und Respekt vor einem anderen. Diese Hauptbedeutung von „Liebe" und die Fähigkeit dazu, die in uns allen angelegt ist, - diese Liebe sehe ich unter uns Menschen mehr und mehr verkümmern. „Klötze und Keile" sind wie in Urzeiten wieder salonfähig geworden und ich befürchte, dass wir Menschen auf dem schlechtesten Wege sind, unsere Menschlichkeit zu verlieren, dass wir auf dem schlechtesten Weg sind, uns in „grobe Klötze" zu verwandeln, die nur noch mit groben „Keilen" um sich schlagen.

Als einziges Heilmittel gegen diese Tendenz, sehe ich in unserer Fähigkeit zu lieben. Ich bin der Überzeugung, dass wir einer immer kälter werdenden Welt, dass wir dem sozialen Klimawandel in unserer Gesellschaft, nur entgegentreten können, indem wir das Gute in uns und in anderen wiederentdecken.

Ich bin der Überzeugung, dass in unserer Gegenwart nichts notwendiger ist, als dass wir die „Liebe", die in uns allen steckt, wiederbeleben. Dass es unsere vorrangigste Aufgabe wäre, in jedem „Klotz", der uns begegnet, das verletzliche und häufig angstbesetzte Leben zu entdecken, das genauso in jedem „Klotz" steckt. Auch in uns!

Wir gehen ja in der Regel davon aus, dass immer nur die anderen „Klötze", dass immer nur die anderen schwierige Zeitgenossen sind. Doch dem ersten schwierigen Menschen begegnen wir immer dann, wenn wir in einen Spiegel schauen. Was sehen wir da?

Wir sehen einen Menschen, der sich in der Regel zunächst einmal selbst in den Mittelpunkt des Universums stellt. Das heißt: So, wie ich bin, was ich denke und tue, meine Ansichten und Vorstellungen

– das ist das Normale! Und alles, was davon abweicht, ist unnormal und lässt uns dann zwangsläufig andere Menschen als schwierig einordnen.

Liebe beginnt aber mit der Selbsterkenntnis, dass ich auch ein grober Klotz sein kann. Doch die Liebe sagt dann nicht: Keil drauf! Die Liebe sagt: Weil du ein genauso grober Klotz bist oder sein kannst, wie alle anderen auch, habt ihr doch alle etwas gemeinsam. Denn im Grunde sind doch letztlich alle Menschen solche Klötze. Aber es sind „Klötze", in denen die Fähigkeit zu lieben versteckt ist. Dies ist eine Gemeinsamkeit, die uns nicht nur untereinander verbindet, sondern nun auch die Chance bietet, den Teufelskreis aus Klotz und Keil zu durchbrechen, indem wir uns darum bemühen, statt Signale des Keils, Signale der Liebe, der Empathie, der Achtung auszusenden. Die könnten dann z.B. lauten:
„Ich will dich nicht unterkriegen.
Ich will dich nicht verletzen.
Ich will dir nichts wegnehmen.
Ich will, dass du lebst und glücklich wirst. Denn das Gleiche wünsche ich mir für mich selbst ja auch."

Natürlich könnten wir jetzt anmerken, dass sich das zwar wunderbar anhört, aber unsere Erfahrung daran erinnert, dass Menschen trotz unserer guten Bemühungen unzugänglich bleiben. Das kann sehr wehtun, wenn sie uns das Wort im Munde herumdrehen, wenn sie unsere guten Absichten missdeuten oder hinter unserem Rücken reden. Und es tut umso mehr weh, je näher uns diese Menschen stehen.
Wer Signale der Liebe aussendet statt Keile auszuteilen, riskiert natürlich immer etwas. Er macht sich selbst verletzbar und Gegner können das auch ausnutzen. Aber ohne dieses Risiko sehe ich auch

keine Hoffnung, einen Weg aus dem gegenseitigen Aufeinander-schlagen zu finden.

Diese Hoffnung nährt sich davon, dass wir manchmal ja auch er-leben dürfen, wie wirklich das Böse durch das Gute überwunden wird. Wie Risse heilen, wie Gräben übersprungen werden und Men-schen sich öffnen.

Natürlich: Eine Garantie dafür gibt es nicht. Aber es gibt unseren Glauben, der darauf hofft, dass letztlich doch das Gute über das Böse siegt. Der Glaube, dass Jesus von Nazareth, von dem uns die Evan-gelien erzählen, dass dieser Mensch, - an dem sich andere Menschen mit ihren Keilen ausgetobt haben, wie eben nur Menschen grausam gegeneinander sein können – dass dieser Mensch nicht gescheitert ist mit seinen Signalen der Liebe. Dass sein Kreuz nicht der Beweis gegen das Gute ist, sondern ein Zeichen für das Gute und für die Liebe und für Versöhnung. Und, dass sein Kreuz nicht den Triumph des Bösen über das Gute signalisiert, sondern seine Überwindung durch die Liebe.

## Zeigt den Fremdlingen eure Liebe

Ich befinde mich auf dem Grenzbahnhof zwischen Nordmazedonien und Serbien. Wenige Schritte von mir entfernt stehen serbische Milizen, bewaffnet mit Schlagstock, Pistole und Maschinengewehr. Sie haben mich aus dem Zug, der mich von Athen aus nach Hause bringen sollte, herausgezogen, mir meinen Pass abgenommen und mir im Befehlston einer fremden, aggressiv klingenden Sprache etwas zugeschrien, was ich nicht verstehen konnte. Hals und Brust fühlen sich an wie zugeschnürt. In meinem Kopf hämmert und rauscht es als ob ich Drogen genommen hätte. Ohnmächtig stehe ich da und bin wie gelähmt. Die Angst hat mich völlig im Griff. Erst nach und nach löst sich der Schock und mein Gehirn fängt langsam wieder an zu denken. Was ist hier los? Was habe ich getan? Und – schlimmer noch – was wird mit mir geschehen?

Ich stehe hier allein, in einem fremden Land, weit und breit nichts als eine klapprige Holzbaracke, die wohl als Bahnhofsgebäude dient. Mein Zug fährt weiter. Ich fühle mich noch verlorener. Ich denke: Wenn diese Milizen mich jetzt zusammenschlagen oder erschießen – wen würde es kümmern? Wer würde es merken? Wenn sie mich gefangen nehmen und mich irgendwohin verschleppen – was könnte ich daran ändern?

Ich fange an zu beten, versuche wieder ruhiger zu werden und dadurch ein paar vernünftigen Gedanken in mir wieder mehr Raum zu verschaffen.

Ohne dass ich es recht merke, tauchen wie aus dem Nichts plötzlich Männer auf. Ihre Gesichter erinnern mich an die Bösewichter aus Karl May's Erzählung „In den Schluchten des Balkan". Es sind fremde, ausgezehrte, unrasierte Gesichter, und sie sprechen diese aggressive Sprache, die ich nicht verstehen kann und deshalb für mich umso bedrohlicher wirkt. Ich wage kaum hinzusehen, versuche mich in Gedanken so klein wie möglich zu machen, am liebsten unsichtbar.

Doch mit einem Mal steht einer dieser Männer neben mir. Er schaut mich an: „Du Deutsch?" – Ich nicke. Ein winziger Funke Hoffnung blinkt für einen kurzen Moment in meinem Kopf. „Was machen?" fragt mich der Fremde. Ich erzähle in einfachem Deutsch, was mir passiert ist. Er nickt mir zu. Er hat mich verstanden. Dann geht er zu den Milizen, redet mit ihnen. Kommt zurück. Er erzählt mir, dass ich zurückfahren muss in eine Stadt, deren Namen ich nicht kenne, weil sie in der fremden Sprache eine andere Bezeichnung trägt. Ich habe kein Durchreisevisum durch Serbien, erklärt er mir, und ich muss mir den Stempel dafür in der serbischen Botschaft holen.

Ich spüre, wie sich etwas in mir löst. Kein Visum. Ich wusste nicht, dass ich das brauche. In Athen hätte ich genügend Zeit gehabt, mir eines zu besorgen. Also zurück. Aber wie? Ich habe nur eine Fahrkarte in die andere Richtung und kein Geld mehr. Der Fremde sagt mir, dass er das Problem lösen wird. Ich brauche mir keine Sorgen zu machen.

Diese Geschichte habe ich 1993 erlebt, als die EU wegen der Balkankriege ein Embargo gegen Serbien verhängt hatte. Sie umfasst noch eine Reihe weiterer bedrückender, aber auch befreiender Erlebnisse bis sie mich schließlich zu einem „Happy End" führte. Tief eingegraben hat sie sich in mein Gedächtnis, auch deswegen, weil mir auf der Zugfahrt nach Saloniki, wo ich mein Visum bekam, noch ein weiterer Fremder begegnete. Ein Chinese aus Hong Kong mit Namen „Eric". Eric mein Schutzengel, der mich nicht nur auf seine Kosten mit in seinem Hotelzimmer wohnen ließ und mich nicht nur auf der erneuten Fahrt Richtung Heimat bis Wien begleitete und auf mich aufpasste, sondern mir auch zum Trost wurde. „Trust in God"

– Vertrau auf Gott! sagte er zu mir; mir, einem Pfarrer, der es sich in dieser Situation nicht selber sagen konnte.

Warum habe ich Ihnen von diesem Erlebnis erzählt?

Seit Jahren beherrscht nun schon die Asylpolitik als „Mutter aller Probleme" die täglichen Schlagzeilen. Zigtausende von Flüchtlingen drängen in unser Land. Sie sehen fremd aus. Sie sprechen eine fremde Sprache und durch die Fernsehbilder werden in manch einem Assoziationen von Terroristen geweckt, die mittlerweile auch nach Mitteleuropa Gewalt, Blut, Schrecken und Tod gebracht haben. So wundert es nicht, dass viele Leute Angst haben. Denn der Mensch hat grundsätzlich Angst vor allem Fremden.

Was Angst macht, vor dem muss man sich schützen. Was Angst macht, das darf man hassen. Was Angst macht, dem muss man entgegenwirken, wenn es sein muss mit allen Mitteln. Und weil es sich in einer anonymen Masse „besser und leichter" hassen lässt, gehen die Ängstlichen auf die Straße, gründen Angsthasen-Parteien wie etwa die AfD oder schließen sich zu Angsthasen-Bewegungen zusammen wie etwa Pegida. Und das Schlimme: Diese Angst vor dem Fremden wirkt wie eine Infektionskrankheit, sie wirkt ansteckend. Und wer einmal eine Infektionskrankheit hatte, der weiß, dass man dann nicht mehr klar im Kopf sein kann.

„Angst" kann zu einer ansteckenden Seuche werden.

Fremde sind keine ansteckende Krankheit, auch wenn manch einer, wie zu „guten, alten Zeiten des 1000-jährigen Reiches", sie als Ungeziefer ansieht, vor dem man sich schützen muss.

Ich habe keine Angst vor Menschen aus fremden Ländern und fremden Kulturen. Was mir viel mehr Angst macht sind jene, die uns mit ihrer kollektiven Dummheit Angst vor ihnen machen wollen.

Ich habe keine Angst vor Fremden, denn ich bin ja selbst immer dann ein „Fremder", wenn ich ein anderes Land besuche.

Nun kommen viele von diesem „Fremden" zu uns und in unser Land. Und *sie* sind es, die in ihrer Angst gefangen sind. Sie kommen voller Furcht vor dem, was sie erwartet und wie sie wohl aufgenommen werden. Sie kommen mit der Angst, die viele von ihnen traumatisiert hat. Sie kommen mit Bildern in ihren Köpfen von Krieg, Gewalt, Terror, Vergewaltigung, Ermordung von Kinder, geköpften Angehörige, zerstörten Städten und Häusern.

Als „Wirtschaftsflüchtlinge" und „Asyl-Touristen" werden sie (nicht nur) von den Angsthasen-Parteien in diffamierender Weise bezeichnet, weil denen in ihrem geistigen Angsthasen-Dünnschiss keine anderen Argumente einfallen. Sie zeigen damit nicht ihre angebliche Sorge vor einer kulturellen Überfremdung – nein! Sie demonstrieren nichts anderes als ihre ganze Menschenverachtung, die nicht einmal mehr den Anstand besitzt, ein Minimum von Respekt aufzubringen vor dem Leid und der Trauer dieser Menschen.

Eine Schande ist das.

Eine Schande für unser Land.

Eine Schande für unsere so hoch gelobte Kultur.

Vor über 20 Jahren stand *ich* als Fremder in einem fremden Land, voller Angst vor den Menschen, die da in einer fremden Sprache auf mich einredeten. Am eigenen Leib musste ich erfahren, was es bedeuten kann als Fremder in einem fremden Land zu sein. Sich unberechenbaren Mächten ausgeliefert zu fühlen, sich an Leib und Leben bedroht zu wissen, obwohl ich doch niemandem etwas Böses antun wollte.

Ich weiß aber auch, wie es sich anfühlt, wenn da einer - wie ein Geschenk des Himmels - vielleicht seine eigene Angst überwindet, mich in meiner Angst wahrnimmt, auf mich zukommt und mir seine Hilfe anbietet. Er hätte mich hassen können, weil er ja als Serbe auch unter dem Embargo der EU zu leiden hatte. Aber er machte nicht mich verantwortlich. Er sah in mir einfach einen Menschen, einen Mitmenschen, einen Menschen wie er selbst.

Wenn wir Angst haben, fühlen alle Menschen gleich. Die Tränen eines geflüchteten Syrers schmecken genauso wie meine Tränen; die Sehnsucht nach Frieden teilen wir genauso wie eine Familie aus Afghanistan; in der Fremde das Gefühl zu erhalten, willkommen zu sein, löst in uns die gleiche Freude aus wie bei einem Iraner oder Iraker.

Wann kapieren wir endlich, dass wir auf dieser Welt sind, um uns gegenseitig als Mitglied der einen, großen Menschenfamilie zu sehen.

Wann kapieren wir endlich, dass wir durch Hass und Ausgrenzung, durch Feindbilder und Diskriminierung, durch Gewalt und Schrecken an unserem Leben vorbeileben und uns dadurch zu Anhängern der Dunkelheit, der Finsternis und böser Kräfte machen, die wir doch eigentlich fürchten.

Und wann schreiben wir uns endlich hinter die Ohren, was schon ein Mensch der Bibel vor über 3000 Jahren in die Herzen der Menschen legen wollte, wenn er auch zu uns heute die Worte spricht:

*„Der Herr, Euer Gott, ist größer als alle Götter und mächtiger als alle Herrscher. Er ist gerecht und unbestechlich. Den Waisen und Witwen verhilft er zu seinem Recht. Er liebt die Fremdlinge und Ausländer und gibt ihnen Nahrung und Kleidung. Zeigt auch Ihr den Fremden und Flüchtlingen eure Liebe. Denn ihr habt selbst einmal als Ausländer in Ägypten gelebt."* (5. Mose 10,19)

# Empathie, die Quelle zur Menschlichkeit

Seit 1930 – also seit fast 90 Jahren - wird von der „Ökumenischen Arbeitsgemeinschaft für Bibellesen" für jedes neue Jahr ein Vers aus der Bibel als Jahreslosung ausgewählt. Und so, wie vielleicht manch einem sein Konfirmationsspruch das Leben lang begleitet, können und wollen uns auch die Worte der jeweiligen Jahreslosung so ein Wegbegleiter durch ein Kalenderjahr sein:

Indem wir uns immer wieder daran erinnern;

indem wir hin und wieder darüber nachdenken

und indem wir wohl vor allem überlegen, was uns dieses Wort heute und in unserem Alltag sagen könnte.

Für das Jahr 2018 wurde damals ein Wort aus der Offenbarung des Johannes ausgewählt und lautete: *„Gott spricht: Ich will dem Durstigen geben von der Quelle des lebendigen Wassers umsonst".* (Offb. 21,6)

Ich muss gestehen, dass ich beim ersten Hören nicht so recht glücklich darüber war, was die Ökumenische Arbeitsgemeinschaft für Bibellesen da ausgesucht hatte. Ich konnte mir nur schwer vorstellen, wie dieses Wort die Menschen in ihrem Alltag abholen wollte mit Worten, die dermaßen von Metaphern überfrachtet sind, das ihre Bedeutung wohl nur von theologischen Insidern und regelmäßigen Bibellesern zu verstehen war.

Zu den „Durstigen" fielen mir spontan verschiedene Bier-Werbungen ein, bei „Quelle" musste ich an das ehemalige Versandhaus denken, bei „Wasser" denke ich mir: Naja, das kommt wie der Strom aus der Leitung, und bei dem Wort „umsonst" war sofort die Frage da: Wo ist der Haken? Denn im Leben gibt es ja doch nichts umsonst. Selbst der Tod ist nicht umsonst, denn er kostet ja das Leben.

Ich denke, eine der Ursachen, warum immer mehr Leute mit dem Glauben, dass Gott durch die Worte der Heiligen Schrift zu uns Menschen spricht, nichts mehr anfangen können, darin liegt, weil uns in der Bibel eine Sprache begegnet, die uns oft nur fremd und unverständlich vorkommt, da sie häufig archaische Züge trägt und einer Lebenswirklichkeit entstammt, die nichts mehr mit unserem heutigen Leben zu tun hat.

Für die Hörer und Leser der Worte der Johannesoffenbarung war klar, dass mit den „Durstigen" all jene angesprochen waren, die für ihr Leben auf der Suche nach Sinn, Halt, Trost und Hoffnung waren.

Für sie war klar, dass „Wasser" – gerade in wüstennahen Gegenden – über Leben und Tod entschied.

Für sie war klar, dass es die reinste Form von Wasser nur direkt an seiner Quelle gibt. So verwundert es auch nicht, dass um solche Quellen in biblischen Zeiten heftige Auseinandersetzungen und Kriege geführt wurden, weil ihr Besitz letztlich über den Fortbestand ganzer Sippen und Völker entschied.

Die Verheißung, die Gott durch die Worte des Sehers Johannes in dessen Offenbarung den Menschen gibt, malt also ein Bild von einem Leben in Frieden, Erfüllung und Getragen-Sein. Damit sich diese Verheißung nun bereits in der Gegenwart erfüllen kann, schenkt Gott den Menschen etwas. Johannes drückt es in einem für seine Hörer leicht verständlichem Bild aus: Gott schenkt (also umsonst) Leben spendendes und erhaltendes Wasser direkt von der Quelle!

Nun - welches Bild könnte Johannes heute verwenden, damit es jeder gleich auf Anhieb richtig versteht?

Für mich ist die Antwort klar, weil ich der Meinung bin, dass es in der Bibel und in unserem Glauben immer nur um das *Eine* geht, um die „Liebe". Deshalb meint das „lebendige Quellwasser" einmal mehr, nur hier eben in einem anderen Bild, die Liebe Gottes. Ich bin überzeugt davon, dass die Geschichte Gottes mit uns Menschen sich um nichts anderes dreht als um eben diese Liebe. Aber – aufgepasst – der Hauptwesenszug dieser Liebe besteht nicht aus irgendeiner Form von Sympathie, das wird häufig verwechselt oder gleichgesetzt. Der Hauptwesenszug der Liebe Gottes, um die es hier geht, besteht in dem, was wir „Empathie" nennen.

„Empathie" bedeutet die Fähigkeit, sich in einen anderen einzufühlen. Und die Geschichte der Menschheit begann ja doch genau in dem Moment, in dem der erste Mensch sich seiner empathischen Fähigkeit bewusst wurde und diese auch praktizierte. Denn Menschlichkeit definiert sich allein durch Empathie. Wenn wir nicht mitfühlen wollen, wenn wir uns nicht mehr einfühlen können – was sind wir dann? Was unterscheidet uns dann von triebgesteuerten Wesen? Sind wir dann wirklich noch Menschen, sind wir menschlich? Ohne Empathie hören wir auf, Menschen zu sein!

„Lebendiges Wasser" – es ist ein Bild für Liebe und Empathie. Beides sind Fähigkeiten, die Gott nur uns Menschen gegeben hat. Wenn wir nun auf dem Hintergrund diese Worte lesen, dann könnten und müssten sie vielleicht so lauten:
Gott spricht: Ich habe in jeden Menschen meine Liebe und damit die Fähigkeit zur Empathie gelegt. Wer diese Fähigkeit nun gegenüber allen Menschen nutzt und lebt, der wird sein Leben als erfüllend, sinnvoll und getragen erfahren.

Es gibt nicht wenige Menschen, die die Erfüllung dieser Verheißung in ihrem Leben spüren und erleben konnten. Viele Geschichten in der Bibel erzählen genau davon. Auch die Geschichte von Jesus aus Nazareth erzählt von nichts anderem als davon, wie Gott selbst sich in uns Menschen einfühlt, indem er ein Mensch wird. Genau das bedeutet Liebe. Und alle Menschen zu lieben, heißt nicht, alle sympathisch zu finden. Alle Menschen zu lieben bedeutet, sich in „meinen Nächsten" einzufühlen. Mich gedanklich in ihn hineinzuversetzen. Nicht nur meinen, sondern auch seinen Ängsten, Sorgen und Hoffnungen nachzuspüren.

Das ist mit „Liebe" gemeint. Und solche Liebe sollte mir dann, sehr rasch verdeutlichen: Der andere, der Nächste – und sei er mir noch so fremd – er ist nicht viel anders als ich selbst. In ihm wohnen die gleichen Gefühle wie in mir. Er ist kein Fremder, der mir Angst machen muss. Er ist genauso auf diese Welt geworfen und muss sich den Höhen und Tiefen des Lebens stellen.

Darum geht es. Darum geht es in unserem Leben. Darum geht es in unserem Zusammenleben. Darum geht es, wenn wir auf der Suche nach Sinn, Erfüllung und Glück sind, dass wir das begreifen und verinnerlichen:

Wenn wir unsere Fähigkeit zur Empathie auf der oftmals verstaubten Festplatte unseres Lebens aktivieren, wenn wir Einfühlungsvermögen und Mitgefühl wieder mehr Raum geben, dann … dann kann sich schon jetzt, schon heute die Verheißung Gottes erfüllen, dass Frieden, Erfüllung und das Wissen darum, getragen zu sein in unser Leben einziehen.

Dann erhält auch die Hoffnung neues Leben. Die Hoffnung, dass der eingeschlagene Weg der Menschheit

hin zur weiteren Selbstvergöttlichung,

hin zur totalen Unterwerfung, etwa unter eine gefühlslose, künstliche Intelligenz, an der so eifrig gebastelt wird,

hin zu einer am Ende selbstzerstörerischen Gier und damit hin zur Entmenschlichung des Menschen durch den Menschen, dass dieser Weg, auf dem wir uns befinden, nicht mehr Gegenwart und Zukunft beschreibt, sondern dass es Hoffnung gibt. Hoffnung, dass es immer mehr Leute wie Gott an Weihnachten machen und (wieder) Mensch werden. Und ist das nicht das Entscheidende an unserem Dasein? Es kann doch um nichts anderes gehen, als dass wir nicht nur „biologisch" als Mensch auf die Welt kommen, sondern dass wir in einem viel tieferen Sinn als Mensch zur Welt kommen, indem wir auch „menschlich" und mitmenschlich werden durch Einfühlen und Mitfühlen, durch Empathie.

## Segen

Unser Herr und Gott, der euch verspricht:
Ich bin bei euch alle Tage –
der schenke euch, was ihr als seine Kinder braucht.

Er gebe euch Augen, die erkennen,
was den anderen bewegt.
Er befähige eure Hände aufzugreifen,
was dem anderen hilft.
Er schenke euch einen Mund, der spricht,
was anderen gut tut.
Er begleite eure Füße auf Wegen,
die ihr mit anderen geht durch ihre Tiefen und Höhen.

Sein Geist wirke in euch und durch euch,
dass Glaube, Liebe und Hoffnung immer wieder neu wachsen
und Frucht bringen, die bleibt.

Sein Friede bewahre eure Gefühle und Gedanken
und behüte eure Tage und Nächte.

So segne euch der barmherzige und gnädige Gott:
Der Vater, der Sohn und der Heilige Geist.

# Liebe und Alltag

Alles ist an Gottes Segen

Hab ich mir's doch gleich gedacht

Heiliger Zorn

Lachen, die Musik der Seele

Von Buckeln und anderen Macken

Seelenhygiene

Von der Größe klein zu sein

Kultur der Vergebung

Man sieht nur mit dem Herzen gut

Segen

# Alles ist an Gottes Segen

Es gibt Tage, an denen man sehr rasch zu der Erkenntnis gelangt, man wäre am besten erst gar nicht aufgestanden. Ich bin sicher, dass jeder schon solche Tage erlebt hat. Da tappt man ins Bad, haut sich unterwegs den Fuß an, weil man vergessen hat, Hausschuhe anzuziehen; die Seife fällt einem herunter; die Zahnpastatube ist leer, und als die Hoffnung aufkeimt, mit einer guten Tasse Kaffee, der zwischenzeitlich durch die Maschine gelaufen ist, kommt alles wieder ins Lot, muss man feststellen, dass man vergessen hat, Kaffeepulver einzufüllen.

Es gibt Tage, an denen man – wie es so schön heißt – mit dem falschen Fuß aufgestanden ist und an dem nichts klappt: Der Bus fährt einem vor der Nase weg; die wichtigen Anrufe lassen sich nicht erledigen, weil die Gesprächspartner nicht erreichbar sind; das Internet fällt aus; man verpasst den Postboten mit dem erwarteten Päckchen und muss bis zum nächsten Tag warten, um es abzuholen; die Wäsche hat sich total verfärbt, weil man das rote T-Shirt übersehen hat; das Kopfkissen, das zum Lüften am offenen Fenster lag, ist pitschnass, weil es zwischenzeitlich geregnet hat.

Es gibt Tage, da scheint alles in unguter Weise zusammenzupassen; da gelingt einem nichts; da geht alles schief. Da steht man im Stau, da findet man keinen Parkplatz, da steht man an der falschen Kasse an und hat dann auch noch den Geldbeutel vergessen.

Solche Tage gibt es. Nur gut, dass wir wissen: Solche Tage gehen auch vorbei und Morgen wird es ganz gewiss besser.

Doch es gibt nicht nur Tage, an denen alles verkehrt läuft. Es gibt auch ganze Lebensabschnitte, in denen einen scheinbar das Unglück verfolgt.

Da rasselt einer durch die Prüfung, da wird man krank, da geht eine Beziehung in die Brüche, da verliert einer seinen Arbeitsplatz, da gerät eines der Kinder auf die schiefe Bahn, da stirbt ein geliebter Mensch, da wird man im Betrieb gemobbt, da fühlt sich einer als Versager, da gerät man in finanzielle Nöte, da wird man übers Ohr gehauen oder da platzen Lebensträume wie Seifenblasen.

Auch das gibt es und jeder kann sicher seine je eigene Geschichte dazu erzählen und dabei zugleich fragen: Warum ist das so? Liegt das an mir? Bin ich zu dumm oder einfach unfähig? Ist das Schicksal oder Zufall? Wer trägt die Schuld?

Wer darauf eine rasche Antwort sucht, der sollte die nächste Buchhandlung aufsuchen. Dort findet sich in langen Regalen eine Unmenge von Ratgebern für alle Lebensfragen. Eine ganze Industrie hat sich auf das Versprechen spezialisiert, die ungelösten Fragen und Probleme unseres Lebens zu beantworten. Es gibt kaum einen Bereich, zu dem es keine guten Ratschläge gibt. Gegen gutes Geld erfahren wir dann, wie wir unser Leben optimieren können, damit wir gerüstet sind gegen die Unwägbarkeiten des Alltags und die Katastrophen unseres Lebens. Geht man nach den Verkaufszahlen dieser Ratgeber, dann müssten wir eigentlich umgeben sein von lauter glücklichen, positiv denkenden, selbstbewussten, schlanken, zufriedenen, sorgenfreien und erfolgreichen Menschen.

Aber irgendetwas muss wohl nicht geklappt haben. Der Lehrsatz, dass man alles erreichen kann, wenn man nur will; dass einem alles gelingt, wenn man sich nur genügend anstrengt; dass ein erfolgreiches Leben nur eine Frage des positiven Denkens ist – diese Meinung wird jeden Tag vom Leben selbst ad absurdum geführt. Denn jeden Tag werden wir – manchmal auf bittere Weise – daran erinnert, dass ein gelingendes Leben nicht selbstverständlich ist, dass bei allem, was der Mensch kann und leistet, unser Leben letztlich stets unter dem Vorzeichen der Unverfügbarkeit steht.

Wir mögen viel können, aber eben nicht alles.

Wir mögen uns anstrengen, aber nicht alles gelingt.

Wir mögen guten Willen zeigen, und erfahren doch unser Scheitern.

Wir mögen vorbeugen und müssen uns dennoch beugen.

Wir mögen positiv denken und doch erfahren, dass das allein nicht ausreicht.

Wir mögen alle guten Ratschläge beachten und doch versagen

Wir mögen uns selbst verwirklichen und doch am Leben vorbei leben.

Warum ist das so? Warum stoßen wir immer wieder an Grenzen? Warum funktioniert das Prinzip „Ursache und Wirkung" nicht in allen Bereichen meines Lebens: Ich denke positiv, dann ist alles positiv. Ich strenge mich an, dann kommt der Erfolg von alleine. Ich bin ein guter Mensch, dann ist das Leben auch gut zu mir.

Eine mögliche Antwort darauf findet sich in einem Lied in unserem Gesangbuch, das mit den Worten beginnt: *„Alles ist an Gottes Segen und an seiner Gnad' gelegen"*. (EG 352)

Ist das die Antwort?

Ich denke schon, dass da etwas dran ist an dieser uralten Antwort Gottes auf unser Leben. Denn mit dem Segen Gottes beginnt ja z.B. die Geschichte des Volkes Israel, als Gott zu Abraham spricht: *„Ich will dich segnen und du sollst ein Segen sein."* (1. Mose 12,2)

Über die Jahrtausende haben Menschen um diesen Segen Gottes gebetet, wenn sie ihre Felder bestellt haben, wenn sie Entscheidungen treffen mussten, wenn sie in Not geraten sind, wenn sie ihren Alltag meistern mussten.

Diese Bitte um den Segen Gottes ist leider in vielen Bereichen unseres Lebens verlorengegangen und für Menschen, die mit Kirche und Glaube nichts mehr am Hut haben, ist der Segen als Gottes Antwort auf unser Leben schon völlig aus deren Gedächtnis verschwunden.

Nur hie und da lassen wir ihn bewusst oder unbewusst zu, wenn etwa ein Kind getauft wird, bei der Konfirmation, bei einer kirchlichen Trauung oder einem christlichen Begräbnis. Doch man kann sich des Eindrucks nicht erwehren, dass der Segen Gottes dann eher als rührige Zutat verstanden wird, nach dem Motto „Schaden kann es nicht".

Doch was bedeutet es denn, von Gott gesegnet zu werden? Unter seinem Segen zu stehen? Um seinen Segen zu bitten? Welche Erfahrungen stecken hinter der Aussage: „Alles liegt an Gottes Segen"?

Mit seinem Segen gibt uns Gott Anteil an seiner Schöpferkraft.

Mit seinem Segen zerschlägt er in heilsamer Weise unsere Allmachtsphantasien.

Mit seinem Segen spricht er uns zu, dass unsere Bemühungen nicht ins Leere laufen sollen.

Mit seinem Segen verspricht er uns, dass wir unser Leben eben nicht alleine meistern müssen.

Mit seinem Segen schenkt er uns, wenn wir uns als gescheitert erleben, Kraft zum Neubeginn.

Mit seinem Segen versichert er uns, dass wir auch in allen Alltagsproblemen nicht irgendwelchen dunklen Mächten ausgeliefert sind, sondern „von guten Mächten wunderbar geborgen" sind.

Mit seinem Segen antwortet er auf die Fragen unseres Lebens, selbst wenn sie ein Geheimnis bleiben.

Mit seinem Segen zeigt uns Gott, dass wir keine Zufallsprodukte der Evolution sind, sondern seine gewollten und geliebten Geschöpfe.

Ja, ich bin sicher:
„Alles ist an Gottes Segen und an seiner Gnad' gelegen".

# Hab ich mir's doch gleich gedacht

Vor kurzem bin ich auf eine kleine Geschichte gestoßen, die mich zum Nachdenken gebracht hat:

*In einer Stadt ging eine ältere Dame ins Zentrum. Sie hatte Hunger und holte sich an einer Imbissbude eine Suppe. Sie stellte die Suppe auf einen der Imbisstische und hängte ihre Tasche an einen Stuhl. Dann ging sie sich einen Löffel holen. Als sie zurückkam, saß dort ein Afrikaner, der ihre Suppe löffelte.*

*Zuerst war die alte Frau ziemlich erschrocken. Dann fasste sie sich ein Herz, ging zu dem Mann hin und begann mit ihm aus dem Teller zu löffeln. Der Afrikaner lächelte ihr freundlich zu. Nach dem gemeinsamen Essen spendierte er ihr sogar einen Kaffee und verabschiedete sich höflich. Mehr sprachen sie nicht miteinander.*

*Nun wollte die Frau auch gehen und griff nach ihrer Tasche – aber die war weg! „Hab ich mir's doch gleich gedacht, so ein Gauner", fluchte sie innerlich. Hilflos blickte sich die alte Dame um und entdeckte ihre Handtasche, die am Nachbartisch hing. Dort stand auch ihre Suppe, die inzwischen kalt geworden war.*

Als ich diese Geschichte gelesen hatte, habe ich mir als erstes die Frage gestellt, warum mich diese Erzählung eigentlich so anspricht? Und ich denke, es liegt daran, dass uns hier mit wenigen Worten eine typische Verhaltens- und Denkweise begegnet, die ich nicht nur bei anderen, sondern auch bei mir selbst beobachten kann:

Tasche weg + Ausländer = Gauner !

Alle Denkmuster, gestrickt aus Zeitungsnotizen, Nachrichten im Fernsehen und Warnungen der Polizei, die sich tief in unsere Gehirnzellen eingegraben haben, sie explodieren gleichsam, wenn wir

Ähnliches wie die alte Dame erleben. Sie bestätigen gleichsam im Bruchteil einer Sekunde alle Klischees und Vorurteile, mit denen wir vor allem aus der rechten politischen Ecke bombardiert werden:

Ausländer, Flüchtlinge, Migranten, Muslime, Zigeuner und alles was von der deutschen Ur-Norm abweicht – sie stehen unter dem Generalverdacht, Terroristen und Bombenleger zu sein, die - ohne irgendetwas zu unserem Gemeinwesen beigetragen zu haben - sich an unseren Fleischtöpfen (oder Suppen) satt essen wollen, die uns unsere Arbeitsplätze wegnehmen und unsere Frauen begrapschen oder gar schänden wollen, die keinen Unterschied zwischen Mein und Dein kennen, und überhaupt ja gar nicht in unser Land passen und deshalb im höchsten Grade unsere deutsche Gartenzwergidylle stören.

So in etwa läuft das leider in vielen Köpfen ab. Und weil diese Denkmuster täglich frei Haus geliefert werden, braucht man gar nicht viel Hirn dazu, eben genauso gedanklich zu reagieren, wie die alte Dame in unserer Geschichte.

Der Boden, auf dem solche Denkmuster entstehen, besteht vor allem aus zwei Baustoffen: aus Misstrauen und aus Angst.

Beides sind zunächst einmal durchaus gute Eigenschaften. Denn berechtigte Angst kann uns vor Gefahren schützen und ein gewisses Misstrauen kann uns vor bösen Überraschungen bewahren. Doch beides wird heutzutage in unserer Gesellschaft als Freibrief instrumentalisiert, um andere Menschen zu diskriminieren, Vorurteile zu schüren und Hass und Menschenverachtung salonfähig zu machen. Noch wissen die meisten Menschen in unserem Land, dass dies kein guter Weg ist. Aber das Geschrei der Populisten und Gehirnamputierten wirkt einschüchternd und erzeugt ein Gefühl der Ohnmacht. Nicht wenige der vielen sozial engagierten Menschen, die in Unterstützergruppen, Willkommensteams, in diakonischen Einrichtungen und fantasievollen Initiativen etwas für ihre „Nächsten" tun wollen, - seien es nun Flüchtlinge oder Langzeitarbeitslose oder in Armut Lebende - sind von ihrer ehrenamtlichen Arbeit ausgebrannt. Nicht weil es ihnen „zu viel" wird, sondern weil sie als „Gutmenschen" beschimpft werden oder weil ihre Mitmenschlichkeit als Vaterlandsverrat bezeichnet wird, oder weil ihr Einsatz - etwa zur Integration von Flüchtlingen mit Ämtermarathon, Wohnungssuche und dem Finden eines Ausbildungsplatzes – durch staatlich angeordnete Nacht- und Nebelaktionen zunichte gemacht wird, bei der häufig gerade junge Leute aus ihren Betten gezerrt werden, um in Abschiebehaft genommen zu werden. Eine Praxis, die – verzeihen Sie den Vergleich – an „beste Gestapo und Stasi-Zeiten" erinnert.

Doch kehren wir zurück zu den Gedanken der alten Frau aus unserer Geschichte. „Hab ich mir's nicht gleich gedacht" konstatiert sie, als sie entdecken muss, dass ihre Tasche weg ist.

Dass es etwas anderes sein könnte als Diebstahl, kommt ihr nicht in Sinn.

Dass alles Fremde nicht nur Bedrohung, sondern auch Bereicherung sein kann, das kommt uns nicht in den Sinn.

Dass Mitmenschlichkeit spätestens dann beginnen sollte, wenn der andere meine Hilfe braucht, das kommt uns nicht in den Sinn.

Dass der Mensch erst in dem Moment zum Mensch wird, wenn er anfängt, Empathie für seinen Mitmenschen zu empfinden, das kommt uns nicht in den Sinn.

Dass wir beginnen, „unmenschlich" zu werden, wenn wir das vergessen, das kommt uns nicht in den Sinn.

Dass der andere genauso gut auch ich sein könnte, das kommt uns nicht in den Sinn.

Dass es nicht unser Verdienst ist, dass wir in einem der reichsten Länder der Welt geboren wurden, das kommt uns nicht in den Sinn.

Dass uns Würde und Respekt nur zukommt, wenn wir sie auch anderen geben, das kommt uns nicht in den Sinn.

Oder vielleicht doch? Manchmal? Ein bisschen?

Ich vermute, dass die alte Dame aus unserer Geschichte sich geschämt hat, als sie ihren Irrtum entdeckte. Vielleicht hat sie bei sich gedacht, wie schnell man doch mit seinen Vorurteilen bei der Hand ist. Vielleicht ist sie auch noch einen Schritt weitergegangen und hat sich vorgenommen, andere Menschen weniger mit Angst und Misstrauen anzuschauen und dafür mehr mit dem Herzen.

Angeblich sieht man ja mit dem Herzen am besten. Ob das immer so ist, weiß ich nicht. Aber ich weiß, dass das Herz einen anderen immer zuerst mit Respekt vor seinem Menschsein anschauen sollte. Denn das Menschsein und die Würde als Mensch, die haben wir mit allen anderen acht Milliarden Bewohnern dieser Erde gemeinsam. Das Menschsein verbindet uns. Das zu denken und zu wissen und zu leben – das wäre schon mal eine gute Basis für alles Mit- und Nebeneinander auf unserem Lebensweg.

# Heiliger Zorn

Regen Sie sich leicht auf? Gehören Sie zu den Menschen, die gleich einen Leserbrief verfassen, wenn Ihnen eine andere Meinung nicht gefällt? Haben Sie sich schon mal bei dem Gedanken erwischt, ihren Fernseher zum Fenster hinauszuwerfen, wenn das Bild eines bestimmten Politikers auf dem Bildschirm erscheint? Gehören Sie zu den Wutbürgern und würden bei einem Aufmarsch auch mal gerne mitplärren „Wir sind das Volk"!? Packt Sie die Wut, wenn bei Netto nicht gleich eine 2. Kasse aufgemacht wird, wenn Ihnen jemand den Parkplatz vor der Nase wegschnappt oder wenn ein Kassenpatient im Klinikum ein „Luxusbett" erhält, weil er Stadtrat ist?

Ich habe manchmal den Eindruck, dass sich immer mehr Leute über immer belanglosere Dinge aufregen. Da regen sich z.B. Leute auf, weil auf einer Seife eine Moschee abgebildet ist. Und wissen Sie, *wer* sich darüber aufregt? Diejenigen, die sich fragen, wie man sich nur darüber aufregen kann. Und schwups tobt in den sogenannten sozialen Medien des Internets ein Shitstorm.

Da lässt der Papst verlautbaren, dass sich Katholiken nicht wie die Karnickel vermehren müssen. Und wer regt sich darüber auf? Richtig: Der Zentralverband der deutschen Rassekaninchenzüchter, denn schließlich seien die Langohren keine wild rammelnden Rammler.

Da sagt ein Karl Lagerfeld in einem Interview, dass Jogginghosenträger die Kontrolle über ihr Leben verloren hätten. Und wer regt sich auf? Genau: Der Bundesverband der Schlabberkleidungshersteller.

Oder, ein letztes Beispiel: Da regt sich ein Taxifahrer darüber auf, dass ihm ein Fußgänger vors Auto läuft. Und wie macht er seinem

Ärger Luft? Er fährt den Fußgänger gleich richtig über den Haufen. (das ist tatsächlich passiert)

Die Reihe solcher Beispiele ließe sich bis ins Unendliche fortsetzen. Immer mehr Menschen regen sich über alles und jedes auf. Abgesehen davon, dass solche Aufregungen ungesund sind, fragt es sich, woher das eigentlich kommt? Haben wir nichts Besseres zu tun?

Ist es vielleicht die Angst, Schwäche zu zeigen oder das Lebensprinzip: Ich lass mir nichts gefallen?

Ist es vielleicht das manische Bestreben, einfach Recht zu behalten, ohne darüber nachzudenken, ob man überhaupt Recht hat?

Liegt es an dem krankhaften Gefühl vieler Leute, nicht richtig ernst genommen zu werden oder irgendwelchen Mächten ausgeliefert zu sein, gegen die man sich nun wehren muss?

Die richtige Antwort weiß ich auch nicht. Ich weiß nur, dass ich, je älter ich werde, mir immer häufiger überlege, ob es sich überhaupt lohnt, sich aufzuregen. Denn Aufregungen sind ja, wie gesagt, gesundheitsschädlich und wenn ich mich aufrege, dann geht es mir hinterher nicht unbedingt besser.

Sollten wir uns also am besten gar nicht aufregen?

Ich meine nicht!

Denn es gibt ja Dinge, über die man sich durchaus aufregen sollte. Denn noch schlimmer als die Menschen, die sich über alles aufregen, sind ja m.E. diejenigen, denen alles gleichgültig ist. Für mich sind dies zwei der großen Volkskrankheiten unserer Zeit: Die von Dummheit geprägte Dauernörgelei und die schweigende Gleichgültigkeit.

Die Alternative heißt für mich, zu fragen, an welcher Stelle mein *„heiliger Zorn"* gefragt und gefordert ist? „Zorn" muss ja nicht generell etwas Schlechtes sein, aber auch nicht jeder Zorn verdient das

Prädikat „Heiliger Zorn". Damit wir uns recht verstehen, will ich Ihnen anhand einiger Beispiele nicht vorenthalten, wo *mich* der heilige Zorn packt:

Es macht mich wütend, wenn Menschen immer noch in vielen Ländern wegen ihres Glaubens verfolgt und getötet werden.

Es macht mich wütend, wenn ich aus erster Hand von Flüchtlingen höre, die in ihrem Herkunftsland ausgepeitscht wurden, etwa weil sie sich zum Christentum bekannt haben.

Es macht mich wütend, dass es immer noch Länder gibt, die sich als zivilisiert bezeichnen, obwohl es in ihnen die Todesstrafe gibt.

Es macht mich noch wütender, wenn auch in unserem Land sich Stimmen erheben, die nach der Todesstrafe schreien.

Es macht mich wütend, wenn die Menschen immer noch nicht aus der Geschichte gelernt haben und den Krieg als Fortsetzung der Politik mit anderen Mitteln verstehen.

Es macht mich wütend, wenn Terroristen mit dem Gehirn eines Regenwurmes antike Denkmäler einfach so in die Luft sprengen

Es macht mich wütend, wenn ich daran denke, dass ich in einem Land lebe, in dem jedes Jahr für 180 Milliarden Euro Waffen exportiert werden.

Es macht mich wütend, wenn ich höre, dass tausende von Geflüchteten in Ghettos („Transitzentren") zusammengepfercht werden sollen, nur damit der Staat Geld spart und die Asylsuchenden leichter unter Kontrolle zu halten sind. (Damit kennen wir Deutsche uns ja aus: Sammellager für die „Umsiedlung")

Es macht mich wütend, wenn ich den Eindruck gewinne, dass Verantwortliche den Rechtspopulisten in den Hintern kriechen, indem sie alles dafür tun, Integration zu verhindern und dadurch Konfliktfelder schaffen, die dann wieder als Argument für ihre Asylpolitik herhalten können.

Es macht mich wütend, wenn ein ganzes Gesellschaftssystem daran arbeitet, uns ständig für dumm zu verkaufen, weil jeder alles verspricht und keiner etwas davon einhält – angefangen von unseren ehrenwerten Politikern über geistig verwirrte Parteien bis hin zu den Konzernen, die nur unser bestes wollen, nämlich unser Geld, unsere Abhängigkeit und unsere Unmündigkeit.

Und es macht mich wütend, dass so viele all dem, was uns wirklich aufregen sollte – Ausbeutung der natürlichen Ressourcen, Förderung der Klimaerwärmung, Grundlagen schaffen für noch mehr Armut für die Armen und noch mehr Reichtum für die Reichen, Lohngerechtigkeit, bezahlbare Wohnungen, gleiche Bildungschancen für alle u.v.a.m. – dass so viele dem gleichgültig gegenüberstehen.

Und es ist erschütternd zu erleben, wie etwa Menschen mediale Aufmerksamkeit erhalten, weil sie z.B. so „standhaft" ihren ganzen Zorn durch alle gerichtlichen Instanzen gezogen haben, nur weil ein paar Zweige aus Nachbars Garten über ihren Zaun wachsen.

Der „heilige Zorn" – ich denke, es täte uns gut, darüber einmal genauer nachzudenken. Vielleicht helfen Ihnen dabei sogar einige Abschnitte aus der Bibel. Da begegnen wir nämlich gar nicht so selten diesem „heiligen Zorn":

Etwa, wenn ein Mose beim Anblick des Goldenen Kalbes die Gebotstafeln zornig zerstört. (2. Mose 32,19)

Oder denken wir an einen Propheten wie Amos, der nach Bethel reist, um den dort fromm versammelten Besuchern mitzuteilen, dass Gott auf deren scheinheilige Gottesdienst-Shows pfeift. (Am. 5,21)

Oder nehmen wir selbst Jesus als Beispiel, den der heilige Zorn packt angesichts des Devotionalienhandels am Rande des Jerusalemer Tempels. (Mt. 21,12-13)

Ich fühle mich oft ohnmächtig, wenn ich daran denke, worüber sich Leute aufregen. Und ich spüre die Ohnmacht noch häufiger, wenn ich darüber nachdenke, worüber sie sich *nicht* aufregen. Dann helfen mir zwei Gebete.

Das eine lautet: *„Herr, lass' Hirn vom Himmel regnen."*

Und das andere, wahrscheinlich wesentlich „bessere" Gebet lautet:

*„Herr, schenke mir die Gelassenheit, Dinge hinzunehmen,*
*die ich nicht ändern kann,*
*schenke mir den Mut zum heiligen Zorn für die Dinge,*
*die ich ändern kann,*
*und schenke mir vor allem die Weisheit,*
*das eine vom anderen zu unterscheiden.*

## Lachen, die Musik der Seele

In einem irischen Segensspruch heißt es einmal:
*„Nimm dir Zeit, um zu lachen.*
*Lachen ist die Musik der Seele".*

Eine schöne Deutung wird hier dem Lachen zugesprochen: Lachen als Musik der Seele. Das klingt gut, auch weil das Lachen ja das Wohlbefinden fördert.

Vielleicht können Sie sich noch daran erinnern, wie Sie das letzte Mal aus vollem Herzen gelacht haben, so dass es einem die Tränen in die Augen trieb und der Bauch wehgetan hat. Wie war das, dieses Grundgefühl der Freude? Hatte das nicht etwas Befreiendes? War das nicht einfach nur schön, in lauter fröhliche Gesichter zu blicken! Lachen ist gesund, sagt der Volksmund und beim Lachen werden sicher irgendwelche „Glückshormone" ausgeschüttet, die dazu führen, dass wir uns manchmal sogar danach auf die Suche begeben, wo das Lachen garantiert scheint. „Da gibt's was zu lachen" so sagen wir, wenn sich ein Gast ankündigt, der für seine Witze berühmt ist, oder wenn im Fernsehen Sendungen laufen, die sich aufs Lachen spezialisiert haben, wie etwa Kabarett, Comedy oder Komödien.

In unserem Alltag gibt es allerdings häufig nichts zum Lachen und an manchen Orten erscheint das Lachen geradezu verboten oder wird als unpassend angesehen: Etwa bei einer Konzertaufführung, bei einer Trauerfeier, bei einer Prüfung, in einer Kirche oder gar in einem Gottesdienst. Obwohl – mir ist aufgefallen, dass das Lachen mittlerweile auch vor der Kirchentür nicht mehr Halt machen muss. Ganz gezielt und durchaus beabsichtigt darf sich in die feierliche Strenge und gesittete Stille der Gottesverehrung heutzutage auch schon mal „Lustiges" mischen. Da treten dann etwa bekannte Entertainer auf, da wird gerne z.b. am Faschingssonntag die Predigt mit einem Augenzwinkern in gereimter Form vorgetragen, da verpacken Liedermacher die christliche Botschaft in witzige Songs und da erlaubt sich der ein oder andere Prediger schon mal einen Witz von der Kanzel zu erzählen.

Das war nicht immer so. Als das Christentum im römischen Weltreich Staatsreligion wurde und nach und nach das gesamte bürgerliche Leben bestimmte; als aus ihm vor allem Sittenstrenge und totale Unterwerfung unter die kirchliche Autorität abgeleitet wurde, da stand auch das Lachen auf dem Index. Die passende Geschichte dazu schrieb vor Jahren der Schriftsteller Umberto Eco mit seinem Roman „Der Name der Rose". Darin wird in einem abgeschiedenen Kloster von einigen der dort lebenden Mönche das Lachen als ein Werk des Teufels betrachtet und deshalb gibt es plötzlich Angst, Mord und Tod in den alten Gemäuern.

Jahrhunderte lang wurde in dem christlich geprägten Abendland das Lachen eher in die Nähe des Sündhaften gerückt, nicht zuletzt wohl auch deswegen, weil Orte für Gelächter, wie Wirtshäuser und Jahrmärkte mit ihren Gauklern, in „schlechtem Ruf" standen und im Widerspruch zu einem gottwohlgefälligen Leben standen.

Solches Denken steckt noch heute in nicht wenigen Köpfen und führt zu der grundsätzlichen Frage, wie sich Humor und geistliches Leben zueinander verhalten. Passen Christentum und Lachen überhaupt zusammen? Darf man, wenn es um Gott geht, Witze machen? Christsein ist doch eine ernste Angelegenheit. Man spricht ja auch vom „Heidenspaß" und nicht vom „Christenspaß."

Ist Gott ein humorloser Gott? Gab es bei den Einladungen, die Jesus den Ruf eines Fressers und Säufers einbrachten, nur ernste Gespräche?

Auf meinem Gottes- und Jesus-Bild gibt es auch die Farbe „Humor". Und solchen Humor entdecke ich auch in der Bibel, wenn auch manchmal nur zwischen den Zeilen.

Denken wir z.B. an den Turmbau zu Babel (1. Mose 11,5). Es hat etwas Groteskes an sich und bringt mich zum Schmunzeln, wenn ich lese, wie Gott erst vom Himmel herabsteigen muss, um den riesigen Turm der Menschen über-haupt zu sehen.

Lachen kann ich auch, wenn ich an manche Kirchenvorstandssitzungen, Pfarrkonferenzen oder kirchliche Versammlungen denke und dann dazu den Text über den Aufstand in Ephesus (Apg. 19,32) lese, wo es heißt: *„Etliche schrien so, etliche anders. Und die Versammlung war verwirrt. Und die meisten wussten gar nicht, warum sie zusammen gekommen waren."*

Schmunzeln lässt sich sicher auch über das Wort aus den Sprüchen (17,22), das uns die Weisheit nahelegt: *„Ein fröhliches Herz tut dem Leibe wohl, aber ein betrübtes Gemüt vertrocknet das Gebein"*

Oder bei Sirach 30,21 ff. können wir lesen: *„Gib dich nicht der Trübsal hin, quäl dich nicht selbst mit nutzlosem Grübeln! Freude und Fröhlichkeit verlängern das Leben des Menschen und machen es lebenswert. Überrede dich selbst zur Freude, sprich dir Mut zu und vertreibe den Trübsinn! Der hat noch nie jemand geholfen, aber viele hat er umgebracht... Ein fröhliches Herz sorgt für guten Appetit und auch für gute Verdauung."*

Zu meinem Bild von Gott gehört auch der Humor – das hat auch ein Pfarrer lernen müssen, der sich darüber ärgerte, dass die Kirschen auf seinem Baum immer weniger wurden. Er hatte einige Kinder im Verdacht, wusste es aber nicht genau und hängte deshalb eines Tages ein Schild in den Baum, auf dem stand: „Gott sieht alles!" Am nächsten Morgen sieht er schon von weitem, dass jemand etwas dazu geschrieben hat. Und er liest: „Aber er petzt nicht!"

Und auch das fällt mir noch zum Humor ein. Ein Ort, wo er scheinbar so gar nicht hingehört und doch auch seinen Platz haben darf. So erinnere ich mich an eine ganze Reihe von Gesprächen mit Trauernden, bei denen im Erinnern an den Verstorbenen nicht nur geweint, sondern auch gelacht wurde. Das war keineswegs unangebracht oder peinlich, sondern da war auch etwas Befreiendes zu spüren, das die Lähmung der Trauer zumindest für Momente aufhob. Das hat allen gut getan, das war Musik für die Seele.

Ich bin gerne fröhlich. Ich lache gerne. Ich empfinde Lachen als ein Geschenk. Lachen können verstehe ich auch als eine gute Gabe Gottes. Gott hat uns nicht nur die Fähigkeit gegeben: zu denken, zu lieben, kreativ zu sein und zu weinen, sondern auch zu lachen!
Denn Lachen ist die Musik der Seele.
Gönnen wir unserer Seele immer wieder diese Musik.
Deshalb wünsche ich uns, dass wir dazu häufig Grund und Anlass finden.

## Von Buckeln und anderen Macken

Es gibt Momente in unserem Leben, in denen wir uns unglücklich fühlen. Ich bin überzeugt, dass jeder Mensch solche Momente kennt. Da wurden wir vielleicht enttäuscht, da hat etwas nicht geklappt, da sind wir womöglich verlassen worden, da fühlen wir uns übersehen und übergangen, da ärgern wir uns über uns selbst oder leiden ganz allgemein an diesem Leben.

Solche Momente gibt es und sie sind gar nicht so selten. Vielleicht fragt dann sogar einer: Was soll das Ganze? Welcher Sinn liegt in unserem Dasein? Lohnt es sich überhaupt zu leben?

Solche Gedanken und Fragen vergehen in den meisten Fällen wieder. Manchmal braucht es nur einen kleinen Schubser, damit wir erkennen: Es gibt ja doch auch viel Schönes; es gibt so vieles, wofür wir dankbar sein können und: Es lohnt sich zu leben.

Es gibt ein kleines Buch, das genau diesen Titel trägt: „Hundert Gründe, warum es sich lohnt zu leben", zusammengetragen von Werner und Marion Küstenmacher. Dieses Buch enthält gleichsam 100 solcher Schubser, die uns Mut machen wollen und unseren Blick auf das richten, was unser Leben reich und erfüllt machen kann. Mein Lieblingsgeschichte aus diesem Buch ist überschrieben: „Es lohnt sich zu leben, weil wir glücklicherweise Macken haben"; und diese Erzählung möchte ich ihnen nicht vorenthalten:

*Wenn ein Mann und eine Frau sich in einander verlieben, dann geschieht das nur selten gleichzeitig. Einer der beiden verliebt sich zuerst, und er muss um den anderen Partner werben.*

*Der Mensch hat dabei viele Möglichkeiten, und die schönsten davon sind Verstand und Phantasie. Beides sind Gottesgaben, die wir durchaus auch zu diesem Zweck mitbekommen haben.*

*Es gibt eine schöne Anekdote, die von dieser himmlischen Phantasie der Liebe handelt:*

*Moses Mendelssohn, der Großvater des berühmten Komponisten Felix Mendelssohn-Bartholdy, war ein feiner Mensch, aber von hässlicher Gestalt. Seit seiner Geburt war er mit einem Buckel gestraft und wurde deswegen viel gehänselt. Eines Tages besuchte er einen Händler in Hamburg, der eine wunderschöne Tochter namens Frumtje hatte, und Moses verliebte sich unsterblich in sie. Es dauerte etwas, bis er es endlich wagte, sich ihr zu erklären.*

*Frumtje muss geschockt gewesen sein und konnte wohl nur mühsam ihre Abneigung gegenüber dem hässlichen jungen Mann verbergen. Aber Moses blieb hartnäckig und fragte die Angebetete: „Glauben Sie, dass Ehen im Himmel geschlossen werden?" „Oh, ja", antwortete die fromme Frumtje, und Moses fuhr fort:*

*„Bevor ein Junge geboren wird, so gibt ihm Gott noch im Himmel bekannt, welches Mädchen er zur Frau bekommen wird. So wurde auch mir meine zukünftige Braut gezeigt, und Gott sagte: „Deine Frau wird besonders liebenswert sein, aber leider wird sie einen Buckel haben."*

*„Oh nein, Gott!" rief ich zu ihm, „das wäre furchtbar. Ich bitte dich, mach sie wunderschön, und gib mir den Buckel!"*

*Bald darauf heirateten die beiden, und führten, so wird erzählt, eine lange, glückliche Ehe.*

Es lohnt sich zu leben, gerade wenn wir „Macken" haben.

Es lohnt sich zu leben, weil wir Fehler haben und Fehler machen, weil wir nicht perfekt sind.

Manchmal ärgern wir uns darüber und versuchen, unsere Macken zu verbergen, sie zu beseitigen oder zu unterdrücken.

Eine ganze Industrie lebt von unserem Ärger und verspricht uns, dass wir uns selbst optimieren können, so dass die „Buckel" in unserem Leben entweder kleiner werden oder ganz verschwinden. Sie verspricht, dass wir dann glücklicher sind und zufriedener und mehr Freude am Leben haben.

Das mag in einzelnen Fällen stimmen – und doch: Sind es nicht gerade zumindest die kleinen Fehler und die kleinen Macken, die uns liebenswert oder wenigstens interessanter machen?

Und: Haben wir uns schon einmal gefragt, wer eigentlich darüber bestimmt, was als Macken und Fehler zu bewerten ist? Wer redet uns das ein, dass wir zu dick sind oder nicht attraktiv genug? Wer redet uns ein, dass wir etwa zum alten Eisen gehören und nichts mehr wert sind? Wer redet uns ein, dass wir zu schüchtern oder zu brav oder zu unscheinbar sind? Wer redet uns ein, dass wir nur Mittelmaß und nichts Besonderes sind?

Ich denke, es lohnt sich auch einmal darüber nachzudenken, warum sich so viele Menschen dem Diktat unterwerfen, nach dem nur Jugendlichkeit, Schönheit, makelloses Aussehen, sportliche Figur, faltenfreie Haut, Leistungsfähigkeit und ständige Selbstoptimierung zählen.

Woher kommt unser Drang zur Perfektion? Was erwarten wir davon? Und - falls wir je diesen Zustand erreichen - was geschieht dann? Ist dann alles gut? Fängt dann nicht vielmehr der Kampf von neuem an. Der Kampf darum, den Zustand der Perfektion zu erhalten?

Ich habe den Verdacht, dass in diesem Kreislauf die Wurzeln dafür liegen, dass das Leben von manch einem als sinnlos empfunden wird. Dieses ständige Streben nach Perfektion, nach Glück, nach Erfolg und nach Selbstverbesserung; dieser ständige Wunsch, das „Krumme" gerade zu biegen; diese ständigen Anstrengungen „Macken und Makel" zu besiegen – sie führen nicht zur Erfüllung, zur Freude am Leben, zum Glück und auch nicht zur Zufriedenheit. Sie entpuppen sich letztlich immer nur als gepanschte „Energy-

Drinks", die den Lebensdurst nicht löschen, sondern einen nur noch durstiger machen.

Nun ist es nicht so, dass es keine Alternativen gäbe. Es gibt viele Beispiele dafür, wie sich „aus der Not eine Tugend machen" lässt. Als „alternative Lebensweisen" lassen sich diese Beispiele überschreiben, die von „Aussteigern", „Zurück zur Natur-Bewegungen", von selbstgewählter „Armut", von „Wald- und Baumhaus-Menschen", von meditativer Versenkung, von esoterischen Fantasiewelten oder von asketisch lebenden Veganern erzählen.

Bei allem Respekt vor diesen alternativen Lebensweisen, drängt sich mir dennoch die Frage auf, ob hier nicht letztlich der „Buckel" von der einen auf die andere Schulter geschoben wird, ob das „Glaubensbekenntnis" der Perfektionisten nur gegen das Glaubensbekenntnis der „Alternativen" ausgetauscht wird, ob dieser Weg letztlich nicht doch auch am Leben vorbeiführt.

Ich habe aus der eingangs erzählten Geschichte vor allem eines gelernt: Bevor ich beginne, gegen meine „Lebensbuckel" anzukämpfen, sie zunächst nicht nur wahrzunehmen und anzuschauen, sondern insbesondere „Ja" zu ihnen zu sagen. Dabei hilft mir der Gedanke, dass ja jeder Mensch als „perfekter" Mensch in unsere Welt hineingeboren wird, selbst wenn er mit einem geistigen oder körperlichen Handicap behaftet ist und ganz gleich, wo er auf unserer Erde das Licht der Welt erblickt. Er ist perfekt, weil er in sich eine Fähigkeit trägt, die nur wir als Menschen in uns tragen, die Fähigkeit zu lieben.

Dieser Fähigkeit wird häufig wenig Beachtung geschenkt, weil wir stets immer nur die „Buckel" sehen, an uns und an anderen. Wir begegnen einem anderen und schon arbeitet das Sortiersystem in unserem Kopf, werden unsere imaginären Schubladen geöffnet: Erfolgsmensch oder Verlierer, schön oder hässlich, sympathisch oder unsympathisch, Einheimischer oder Ausländer, schwarz oder weiß, gefährlich oder nett, angstmachend oder vertrauenswürdig, reich oder arm, zum Verlieben oder Depp, selbstbewusst oder schüchtern.

Wir vergessen darüber, dass wir alle derselben „Schublade" entspringen und uns mit allen Menschen eben diese Fähigkeit, zu lieben, verbindet.

Es verbindet uns aber noch mehr: Nicht nur die Fähigkeit zu lieben, sondern auch der Wunsch geliebt zu werden. Geliebt zu werden, so wie wir sind, auch und gerade mit unseren „Buckeln". Geliebt zu werden, nicht aufgrund unseres tollen Aussehens, unserer Erfolge, unserer Selbstoptimierung oder unserer Leistungsfähigkeit. Deshalb sollte die Aktivierung unserer Liebesfähigkeit als erstes bei uns selbst einsetzen. Dabei gilt es zu unterscheiden zwischen Selbstverliebtheit, die sich zu Narzissmus und Arroganz auswachsen kann, und der „Selbstliebe", die einfach „ja" sagt zu mir selbst, so wie ich bin, mit meinen Fehlern und Schwächen, mit meinen Stärken und Fähigkeiten, mit meinen Buckeln und meiner Einzigartigkeit.

Das schließt natürlich nicht aus, mich weiterzuentwickeln, dazuzulernen, aus Fehlern zu lernen, etwas für meine Gesundheit zu tun oder mich zu pflegen. Es erinnert aber auch daran, dass wir nicht dem Trugbild erliegen sollten, wir könnten mehr aus uns herausholen als in uns drinsteckt.

Es geht darum „ja" zu sagen, zu mir selbst und dann auch zu jedem anderen meiner Mitmenschen. Bei jeder Begegnung nicht die Buckel des anderen zu zählen, sondern sich bewusst zu machen, dass er genau wie ich, die Fähigkeit besitzt zu lieben und deshalb auch in ihm der Wunsch steckt, geliebt zu werden. Es geht letztlich also immer um die Liebe. Die Liebe, die ich als Gottesgeschenk empfinde, weil sie nur von einem Gott der Liebe herkommen kann,

weil sie eine unsichtbare Kraft darstellt, von deren Existenz wir alle überzeugt sind und

weil ich nur in ihr *das* sehen kann, was unserem Leben Sinn und Richtung gibt.

Lieben und geliebt werden – darum geht es im „Spiel unseres Lebens". Ein Spiel, bei dem ich gewinne, wenn ich darum kämpfe, dass der andere gewinnt.

# Seelenhygiene

Es ist kurz nach acht Uhr. Wie jeden Morgen mache ich mich auf den Weg, um die Zeitung aus meinem Briefkasten zu holen. In einem neunstöckigen Haus nehme ich natürlich den Aufzug. Als ich die Kabine betrete, umfängt mich ein bekannter Duft. „Aha", denke ich, „die ältere Dame aus dem 8. Stock hat ihre Zeitung schon geholt." Es riecht eindeutig nach ihr. Ein bisschen penetrant, aber nicht unangenehm.

Als ich unten ankomme, wartet schon der gehbehinderte Mann aus dem 6. Stock. Ich bitte ihn, noch einen kurzen Moment zu warten, da ich gleich wieder mit nach oben fahren will. Mit der Zeitung in der Hand betreten wir beide den Fahrstuhl. Jetzt riecht es, nein stinkt es nach einer Mischung aus Knoblauch, kaltem Schweiß und einer Note Alkohol. Nur gut, dass ich im 3. Stock aussteigen kann.

Unser Geruchssinn ist zwar bei Weitem nicht so ausgeprägt wie bei manchen Tieren, dennoch gehört er zu den fünf wesentlichen Sinnen unseres Körpers. Manches können wir gut riechen, bei anderen Gerüchen rümpfen wir die Nase. Weil unser Geruchssinn eine solch bedeutende Rolle spielt, wird er auch aktiv, wenn es um die Beurteilung eines anderen Menschen geht: „Den kann ich gut riechen", sagen wir, oder: „den kann ich nicht riechen!" und meinen damit: Den oder die kann ich gut leiden, einen anderen nicht.

Die Wissenschaft hat dieses Phänomen natürlich schon ausgiebig untersucht. So spielt etwa bei der Partnerwahl unser Geruchssinn eine wesentliche Rolle, ja er signalisiert sogar, wann der beste Zeitpunkt für eine „Paarung" vorliegt.

Und auch diese Erkenntnis verdanken wir der Forschung: Wer gut riecht, hat bessere Chancen, von anderen als sympathisch eingestuft zu werden. Wer gut riecht, strahlt Selbstbewusstsein aus und signalisiert zudem, dass er die Grundspielarten der Körperpflege beherrscht.

Und umgekehrt: Wer nicht gut riecht, weckt Ekel und Abscheu, wirkt ungepflegt und schwach. Meist gehen wir, wenn wir so einem Menschen begegnen, ja bewusst oder unbewusst auf Abstand. So muss es nicht verwundern, dass eine riesige Industrie sich deshalb unseres Geruchsinns angenommen hat. In Deutschland wurden zuletzt 13,3 Milliarden Euro pro Jahr für Körperpflege ausgegeben und 14,5 Milliarden Euro für Kosmetik und Parfüms. Das ist ein Geschäft, das wie eine Gelddruckmaschine funktioniert, denn Sauberkeit ist nicht nur eine Frage der Körperhygiene, sondern auch des Wohlbefindens. Gut zu riechen ist nicht nur ein Anspruch an die eigene Nase, sondern auch ein Signal an meine Umgebung. Zudem wissen wir, was passiert, wenn wir unsere Körperpflege vernachlässigen. Das Ergebnis lässt sich meist schon nach einem Tag feststellen: Wir fangen an zu stinken. Und mit jedem Tag ohne Hygienemaßnahmen würden wir uns der Kategorie nähern, die bereits an den Geruch von Verwesung erinnert.

Kein Wunder also, dass die meisten Menschen unserer Tage viel Zeit, Geld und Energie aufwenden, um als zivilisiert, sauber und wohlriechend aufzutreten.

Wer es sich leisten konnte, hat sich darum auch schon in früheren Zeiten bemüht. Wir wissen das aus dem Alten Ägypten und wir kennen dies aus den feudalen Zeiten des 17. und 18. Jahrhunderts, in denen zwar das Baden noch als gesundheitsgefährdend betrachtet wurde, aber der Körpergestank mit viel Puder und Parfüm kaschiert werden konnte. (Ich stelle mir immer gerne vor, wie sich diese Herrschaften dann einmal im Jahr selbst gegen eine Wand warfen, damit die ganze Puderkruste abbröckeln konnte).

Nun - wohin will ich jetzt eigentlich hinaus mit diesen ganzen Gedanken um Gerüche und Körperpflege, die ja noch zu ergänzen sind durch den ganzen Körperkult, den wir betreiben, mit Gesundheitswahn, Fitnesstraining, Schönheitsoperationen, Jugendideal und dem strengen Befolgen aller Modetrends.

Vielleicht ahnen Sie es ja schon. Denn es gibt ja nicht nur eine Körperhygiene, sondern auch eine „Psychohygiene". Wir bestehen nicht nur aus einem Leib, sondern auch aus Geist und Seele. Am vielleicht eindrücklichsten lässt sich das an der Tendenz ablesen, dass körperliche Erkrankungen mittlerweile von seelischen Belastungsstörungen eingeholt worden sind. Stress, Burnout, Depressionen und generell psychosomatische Erkrankungen sind weiter auf dem Vormarsch. Chronische Schmerzen, Rückenbeschwerden, auch Krebserkrankungen – ihre Ursachen liegen immer häufiger in psychischen Problemen. Überforderung, Überlastung, gestiegenes Arbeitstempo, der Zwang zur ständigen Selbstoptimierung, Freizeitstress, überzogene Erwartungshaltungen, denen wir genügen sollen – das alles macht krank. Das alles macht auch unsere Seele krank.

Manchmal gewinne ich sogar den Eindruck, dass dies durchaus gewollt ist – von den Verantwortlichen in Politik und Wirtschaft, von den anonymen Bossen, die mit ihrem Reichtum die Welt steuern, von den Drahtziehern in den Konzernen und an den Börsen. Denn wer unter Druck steht, der sieht zu, dass er nur noch über die Runden kommt. Der hat keine Zeit mehr zum Nachdenken, zum Hinterfragen, zum Informieren. Der will nach der Arbeit nur noch entspannen und vielleicht noch etwas für seine Körperpflege tun. Wer unter Stress steht, dem reicht das Bildungsniveau einer Bildzeitung oder die Nachrichten-App auf seinem Smartphone. Und wenn er doch das Bedürfnis verspürt, die Welt an seinem geistigen Stuhlgang teilhaben zu lassen, dann schreibt er Hassbotschaften auf Facebook oder macht einen Familienausflug zu den Demonstrationen von Pegida und AfD.

Bei allem Respekt, den ich versuche, jedem Menschen entgegenzubringen – wenn ich solchen Personen begegne, dann rümpfe ich die Nase. Nicht aus Respektlosigkeit, sondern weil ich einen bestimmten Geruch wahrnehme. Das ist kein Körpergeruch, das ist nicht das falsche Deo, das ist nicht das eklige After Shave – es ist ein Geruch, der von der Seele herrührt. Es gibt Menschen, deren Seele riecht. Es gibt Menschen, deren Seele stinkt. Manchmal bis zum Himmel. Es gibt Menschen, die riechen toll und dennoch stinken sie, vielleicht, weil sie sich nie um ihre Seelenhygiene gekümmert haben. Dabei wäre es so einfach – denn was ist denn Seelenhygiene?

Seelenhygiene bedeutet, dass ich meine Seele überhaupt wahrnehme. Dass ich mir bewusst werde, dass ich, dass Sie, dass jeder Mensch eine Seele besitzt. Dass ich meiner Seele Beachtung schenke und mir einen Moment Zeit gönne, der Frage nachzusinnen, was ihr vielleicht gut tun könnte. Zu schauen, wo sie verletzt wurde, hinzusehen auf die Schrammen, die sie erlitten hat. Nachzufragen, was sie beschäftigt – und sich dann auf die Suche zu begeben nach dem eigentlichen Wesen meiner Seele, jeder Seele – nämlich der Liebe.
Der Sitz der Liebe ist die Seele. Und alles um sie herum gehört letztlich der Welt der Dunkelheit an. Unser Körper ist Teil der Dunkelheit, weil er anfällig ist für Krankheiten und irgendwann stirbt. Unsere Sorgen und Probleme gehören der Dunkelheit an, genauso wie unsere Oberflächlichkeit oder unsere Angst oder unsere Rechthaberei oder Besserwisserei, oder unsere Geltungssucht oder unsere Arroganz und Überheblichkeit. Auch unser Kleingeist gehört zur

Welt der Dunkelheit, unsere Minderwertigkeitsgefühle, genauso wie unsere Resignation oder Ohnmacht.

Seelenhygiene fragt uns danach, wer oder was unser Leben bestimmen soll: Die Dunkelheiten in uns oder die Liebe. Je mehr Raum wir den Dunkelheiten geben, desto mehr verkümmert unsere Seele, desto mehr verkümmert unsere Liebe – die Liebe zu uns selbst, die Liebe zu unseren Mitmenschen, die Liebe zu allen Menschen und auch die Liebe zu Gott, der ja die Liebe ist und in unserer Seele wohnt.

Seelenhygiene bedeutet letztlich, sich immer wieder nur die *eine* Frage zu stellen: Was kann die Liebe, mit der sich Gott selbst in meine Seele gelegt hat, was kann diese Liebe für mich und für andere tun, damit sie groß wird und sich damit stärker als alle Dunkelheiten erweist?

Deshalb: Suchen Sie nach der Liebe in Ihnen und entdecken sie, was sie alles kann. *„Denn Gott ist die Liebe. Und wer in der Liebe bleibt, der bleibt in Gott und Gott in ihm."* (1. Joh. 4,16)

# Von der Größe, klein zu sein

Ich besuche meinen Enkel. Er ist knapp drei Jahre alt. „Ich glaube, Du bist schon wieder größer geworden", sage ich – und automatisch reckt er beide Arme in die Höhe, um mir zu zeigen: „So groß bin ich schon!"

Groß-werden und Groß-sein – das steckt scheinbar schon in den Kinderschuhen bei uns Menschen. Groß sein, Großes leisten, Großes erreichen, Größe zeigen: All dies ist in unserem Sprachgebrauch ganz positiv besetzt. Es kommt einer inneren Verneigung gleich, wenn wir von „großen Europäern, großen Entdeckern, großen Politikern, großen Sportlern oder großen Schriftstellern" sprechen. Und diese versteckte Verneigung deutet an, dass wir im Grunde auch gerne „groß" sein würden; dass wir irgendetwas Großes, etwas Außergewöhnliches leisten möchten, das uns aus der großen Masse der Menschen hervorhebt und uns das Gefühl schenkt, aus einer allgemeinen Mittelmäßigkeit herauszuragen.

„Größe" – damit soll zumeist etwas angezeigt werden, um die besondere Bedeutung hervorzuheben. Wenn ein Kind erkennt: „Bald bin ich groß", dann drückt es damit aus, dass es irgendwann zu den Großen dazugehört und ihnen gleichgestellt ist. Die „große Liebe" beschreibt herausragende Gefühle. Mit einer großen „Leistung" grenzt man sich vom Mittelmaß ab.

Besonders aufgefallen ist mir in diesem Zusammenhang die Bewertung durch Historiker, die bestimmten Personen der Weltgeschichte den Beiname „der oder die Große" gegeben haben: Rames der Große, Alexander der Große, Karl der Große.

Fragt man allerdings nach, wofür sie diese Auszeichnung erhalten haben, dann lässt sich ein durchaus fragwürdiges Bild dieser Gestalten entdecken:

Der ägyptische Pharao Ramses II. konnte sich zwar über die längste Regierungszeit freuen, aber er trat in dieser Zeit vor allem auch als Fälscher und Betrüger auf, der unzählige, kolossale Bauwerke mit seinem Namen versah, die eigentlich seine Vorgänger errichtet hatten, oder er rühmte sich kriegerischer Erfolge, die in Wirklichkeit eher deftige Niederlagen waren. Dennoch sprechen wir von ihm als „Rames, der Große".

Alexander der Große eroberte ein riesiges Weltreich. Kann man aber wirklich von „Größe" sprechen, wenn man an die unzähligen Opfer an Männern, Frauen und Kinder denkt, die durch seine Feldzüge versklavt, verstümmelt oder umgekommen sind?

Karl der Große schuf als erster Kaiser ein mitteleuropäisches Reich und setzte sich vehement für die Christianisierung der unterworfenen Völker ein. Zigtausende von Menschen ließ er bei diesem gottwohlgefälligen Projekt niedermetzeln, wenn sie nicht ihren alten Göttern abschwörten.

Verdient das wirklich die Bezeichnung „groß"? Entspricht dies wirklich unserem Denken, dass derjenige der Größte ist, der die meisten Schlachten gewonnen hat, der über das größte Reich regieren oder der am unbeugsamsten seinen Willen durchsetzen konnte?

Wir merken schon, dass „Groß-sein" und „Größe" nicht immer etwas Positives anzeigen müssen. Zwar ist der Drang nach dem „Großen" scheinbar in uns Menschen angelegt, vielleicht als Impuls oder Motivation hin zu Veränderungen und Verbesserungen, vielleicht weil das Prinzip des „schneller, höher und weiter" nicht nur für den Bereich des Sports gilt, vielleicht weil darin zumindest zum Teil der Grund allen Fortschritts liegt, vielleicht weil der Mensch zeigen möchte, was in ihm steckt, und er - selbst gottgleich - Schöpfer sein will, etwa vom größten Hochhaus der Welt oder von der größten Bombe oder von der größten Torte, wie das alles im Guinnessbuch der Rekorde nachzulesen ist.

Der Drang nach dem „Großen" scheint in uns angelegt zu sein. Groß sein, wichtig sein, bedeutend sein, herauszuragen aus dem Mittelmaß – bei den meisten Menschen lässt sich diesen Wunsch, diese Sehnsucht beobachten oder spüren.

Selbst unter den Jüngern war dies wohl ein Thema, wenn sie etwa nach dem Zeugnis der Evangelien Jesus fragen, wer denn der Größte von ihnen wäre. Jesus hat damals auf ein Kind gedeutet und geantwortet: *„Wer der Kleinste unter euch ist, der ist groß."* (Mt. 18,4)

Hier finden wir einmal mehr einen Hinweis darauf, dass unsere Werte bei Gott nicht selten eine Umdeutung erfahren, ja gerade in ihr Gegenteil verkehrt werden. In der neutestamentlichen Überlieferung kündigt Jesus so eine Umwertung häufig mit den Worten an: „Ich aber sage euch …"

Ich aber sage euch: Das Kleine ist groß und das Große ist klein.

Das ist sicher nicht immer so, aber es kann uns nachdenklich stimmen. Es kann uns sensibel machen für unsere eigenen Bewertungen und Einschätzungen. Sensibel dafür, einmal nachzudenken über das Große und das Kleine.

Denn welche Aussagen bestimmen häufig unser Denken? „Diese Aufgabe ist mir zu groß" – „Wir sind doch nur so wenige" – „Wir haben nur geringe finanzielle Mittel" – „Ich bin doch nur Mittelmaß" – „Ich bin doch nicht wirklich in irgendetwas richtig gut" – „Die Verantwortung ist mir zu groß" – „Ich bin doch nur ein kleines Licht".

Hinter solchen Worten, die auch mal gerne als „realistisches Denken" deklariert werden, verbirgt sich nach meinem Empfinden eine große Portion Frustration, Ohnmacht und Selbstzweifel. Seit Kindesbeinen werden wir infiziert, dass nur das Große Bedeutung besitzt. Und wenn wir es nicht schaffen groß und erfolgreich zu sein, dann legt sich die Enttäuschung des Lebens groß und niederdrückend wie ein Schleier über unser Gemüt. Dann fühlen wir uns klein und meinen, wir haben am Lebensglück vorbeigelebt. Ja, im Lebensglück sehen wohl die allermeisten Menschen ihr eigentliches Ziel. Und so suchen wir gemeinsam das Glück in allem Großen und Bedeutenden:

In der großen Liebe, in dem großen Gehalt, im großen Wurf oder im großen Schnäppchen. Wir halten Ausschau nach dem großen Glück, das wir nur in Großem zu finden meinen, dabei steht es häufig hinter uns, ist klein und unscheinbar und kann doch gerade deshalb Erfüllung und Freude schenken.

Kleine Kinder finden wir goldig, kleine Tierbabys finden wir süß, ein kleines Geschenk kann große Freude bereiten, ein kleines Lächeln kann einen schlechten Tag in einen guten verwandeln, eine kleine Umarmung kann uns trösten, ein kleines Lob kann uns aufbauen, ein kleines Wort kann uns Mut machen.

In der Geschichte vom Rangstreit unter den Jüngern heißt es: *„Jesus nahm ein Kind und stellte es neben sich, und sprach zu ihnen: Wer dieses Kind aufnimmt in meinem Namen, der nimmt mich auf; und wer mich aufnimmt, der nimmt den auf, der mich gesandt hat. Denn wer der Kleinste ist unter euch allen, der ist groß."* (Mt. 18,5)

Im Kleinen das Große zu finden. Das Klein-Sein nicht als Makel, sondern als Geschenk zu entdecken. Das Kleine nicht verachten, sondern darin Sinn und Erfüllung erfahren. Auch das gehört zur guten Botschaft des einen, großen Gottes, der sich an Weihnachten so klein wie ein Kind macht, ja eigentlich noch kleiner. So klein, dass er in unser Herz passt. Vielleicht machen wir uns mal wieder auf, den kleinen Gott in uns zu suchen, um ihn dann ganz groß in unserem Leben werden zu lassen. Denn dann, und vielleicht nur dann, können wir spüren, dass wir bei Gott ganz groß und wichtig sind, weil seine Liebe zu uns, die wir so klein sind, unendlich groß ist.

# Kultur der Vergebung

„Wer hat denn diese Sauerei angestellt?"

Ich blicke meine drei Söhne der Reihe nach an und deute dabei auf die Dreckspuren, die sich gleichmäßig über den Flur verteilt haben. Eigentlich könnte ich mir diese Frage sparen, denn ich weiß genau, was jetzt kommt: Wie auf ein unhörbares Kommando hin gehen drei Zeigefinger in die Höhe. Aber nicht etwa, um damit ein Schuldeingeständnis zu signalisieren, nein: Die drei Finger weisen eindeutig in Richtung des Nächsten, und dazu tönt es im einmütigen Chor: „Ich war es nicht!"

Es ist schon ein Phänomen, das sich von klein auf durch unser Leben zieht: Das Phänomen, Schuld grundsätzlich erst einmal abzuschieben, seine Unschuld zu beteuern, als möglichst unbescholten dazustehen und sich der Verantwortung zu entziehen.

Ganz gleich ob in der Familie oder auf der Arbeit, in der Schule oder im Verein, - und ganz gleich, welche Fehler oder Versäumnisse auftreten, stets wird ein Schuldiger gesucht, und diese Suche beginnt immer bei den anderen, nie bei sich selbst. Leuchtende Vorbilder unterstützen dieses Verhaltensmuster.

Nehmen wir z.B. mal hochbezahlte Fußballer. Welche Gründe nennen die nach einem verloren gegangen Spiel? Schuld für die Niederlage waren die schlechten Platzverhältnisse oder der Schiedsrichter oder die destruktive Spielweise des Gegners oder einfach das Pech, das man gehabt hat. - Sicher, alles gute Gründe, die aber doch letztlich nur vom eigenen Versagen ablenken und die Schuld weiterreichen.

Oder nehmen wir als Beispiel unsere Politiker. Da wird in der Regel die größte Wahlniederlage immer noch schön geredet. Dabei ist die eigene Handlungsweise nie falsch. Fehler machen immer nur die anderen. Nur keine Nestbeschmutzung, denn wenn es um Machterhalt geht, kann man sich keine Moral leisten. Schuld an einer falschen Flüchtlingspolitik, Schuld an der „kalten" Steuererhöhung, Schuld am Fachkräftemangel, Schuld an der chaotischen Bildungspolitik, Schuld dass Reiche immer reicher und Arme immer ärmer werden, Schuld, dass Wahlversprechen nicht eingelöst werden – immer tragen andere oder anderes die Schuld.

Und wenn es hart auf hart kommt, dann wird erst einmal solange gelogen und abgestritten bis die Wahrheit dann doch ans Licht kommt.

Woher kommt diese Haltung?
Wir wissen doch: „Nobody is perfect!"
Wir wissen doch: „Irren ist menschlich!"
Wir wissen doch: „Man kann es nicht allen recht machen!"
Und doch projizieren wir in uns dieses Bild eines fehler- und schuldfreien Menschen, dem wir nacheifern und durch Lügen, Selbstrechtfertigungen und moralische Arroganz zu entsprechen versuchen.

Es ist das Bild vom „guten Menschen", der wir gern sein möchten. Ja, vielleicht ist es das Bild vom Menschen, so wie Gott ihn einmal gedacht hat. Doch dieser Gedanke wird uns unangenehm, denn sobald Gott ins Spiel kommt, stehen wir in der Gefahr, dass unsere Selbsttäuschung durchschaut wird und der Umgang mit Verantwortlichkeiten plötzlich eine neue Qualität bekommt.

Diese Erfahrung durften und mussten auch Menschen um Jesus machen, sie mussten erfahren, wie peinlich und schwer es ist, eigenes Versagen oder Schuld zuzugeben, und durften doch zugleich erleben, wie befreiend es wirkt, zu sich selbst zu stehen und auf die beschwerlichen Wege der Selbstrechtfertigung zu verzichten.

Denn was passiert eigentlich, wenn ich Schuld eingestehe? Was passiert, wenn ich mich hinstelle und bekenne:

Ja, ich habe einen Fehler gemacht.

Ja, da habe ich mich meiner Verantwortung entzogen.

Ja, da habe ich Mist gebaut

Was passiert da?

Sie werden sich sicherlich noch daran erinnern, als die Ratsvorsitzende der Evangelischen Kirche in Deutschland, die damalige Bischöfin Margot Käßmann, unter Alkoholeinfluss Auto gefahren ist. Sie hat sich einen Tag später hingestellt und ihre Schuld öffentlich bekannt und die Konsequenzen gezogen.

Und was ist daraufhin passiert?

Von allen Seiten wurde ihr Respekt gezollt für diesen Weg. Viele haben erkannt: Ich kann ein guter Mensch sein, aber weil ich ein Mensch bin, kann ich auch Fehler machen. Wenn ich aber nun zu diesen Fehlern stehe, dann mag ich zwar die Konsequenzen tragen müssen, aber es öffnet sich auch eine Tür. Die Tür der Vergebung.

Deshalb noch einmal die Frage:

Was passiert, wenn ich Schuld eingestehe?

Sicher, die Fassaden meiner makellosen Selbstdarstellung mögen Risse bekommen.

Sicher, es ist nicht angenehm Verantwortung und Konsequenzen eines Fehlverhaltens oder einer Fehlentscheidung zu tragen.

Sicher, ich gestehe damit ein, dass ich nicht so perfekt bin, wie ich gerne sein möchte.

Aber! Aber ich kann mir wieder in die Augen schauen, und was vielleicht noch entscheidender ist: Wer Schuld eingesteht, dem vergibt man leichter.

Wer Fehler zugibt, der darf auch Fehler machen, und wer Verantwortung übernimmt, der wird vertrauenswürdig.

Deshalb würde ich mir für unsere Welt, für unser Land, für unseren Umgang miteinander eine „*Kultur der Vergebung*" wünschen.

Eine Kultur der Vergebung, die nicht ständig danach lechzt, Schuldige zu verfolgen, zu finden und zu verurteilen.

Eine Kultur der Vergebung, die darauf verzichtet, sich mit der eigenen Schuld hinter der Schuld anderer zu verstecken.

Eine Kultur der Vergebung, in der das Zugeständnis von Fehlern als etwas Positives respektiert wird und nicht als Legitimation, nun andere an den Pranger zu stellen und für den Rest ihres Lebens zu stigmatisieren.

Eine Kultur der Vergebung, die nicht Fünfe immer gerade sein lässt, die aber darum weiß, dass es kein Leben ohne Schuld gibt und deswegen Barmherzigkeit übt und Liebe lebt.

Eine Kultur der Vergebung, die uns Menschen menschlicher machen würde, weil wir in jedem anderen Menschen uns selbst sehen könnten.

Eine Kultur der Vergebung, die liebt und verzeiht, und uns dadurch wieder zu dem werden lässt, wie uns die Liebe des Anfangs, die wir Gott nennen, gedacht hat: Ebenbilder dieser Liebe und Kinder ihrer Schöpfung.

## „Man sieht nur mit dem Herzen gut"

„Man sieht nur mit dem Herzen gut!"

Sie werden wahrscheinlich diesen Satz aus dem „Kleinen Prinzen" von Antoine de Saint-Exupéry kennen und mit mir zustimmend nicken: Ja, da ist wohl etwas dran, dass man nur mit dem Herzen gut sieht.

Warum geben wir dem Autor eigentlich Recht, wenn er seinen Helden – den kleinen Prinzen – diesen Satz sagen lässt? Denn objektiv betrachtet, kann man doch mit dem Herzen gar nicht sehen. Es ist im Grunde doch nur eine Maschine, die unseren Blutkreislauf in Bewegung hält.

Alles richtig. Doch irgendwann haben wir ja dem Herzen noch eine andere Bedeutung gegeben. Das Herz wurde zum Sitz und zum Bild für die Liebe.

Wer kennt nicht die Aufschrift auf T-Shirts oder Autoaufklebern mit dem Herzen: „I love Bayreuth" heißt es da z.B. Beispiel und anstelle des „love", des „lieben" ist da ein Herz abgebildet.

Oder: Das kennen wir auch: „Ein Herz für Kinder". Da gibt es sogar in der Vorweihnachtszeit eine eigene Fernsehsendung dazu. Ja, wir lieben Kinder, wir haben ein Herz für Kinder und für Tiere und für unser Auto und für Schuhe und für den uralten Lieblingspullover. Wir lieben gern, wir lieben alles Mögliche und: Wir werden auch gerne selbst geliebt, und am liebsten um unserer selbst willen.

Nun ist das mit der „Liebe" aber so eine Sache. Jeder Mensch besitzt ja die Fähigkeit zu lieben. Diese Fähigkeit wird uns praktisch mit unserer Geburt in die Wiege gelegt. In jedem Menschen wohnt

Liebe. Sie gehört gleichsam zur Grundausstattung unseres Lebensweges. Und je mehr ein Kind Liebe erfährt, desto größer wird wohl seine Fähigkeit wachsen, selber zu lieben.

Es ist kein Geheimnis, dass Menschen und gerade auch junge Menschen, die nur wenig oder gar keine Liebe erfahren, häufig zu Gewalt und Verrohung neigen. Wer keine Liebe erfährt, bei dem verkümmert die Liebe, die in ihm wohnt. Da wächst dann vielmehr die Dunkelheit, die ja auch in jedem Menschen steckt – die Dunkelheit, die Lieblosigkeit.

Darum finde ich gut, dass es solche Aktionen wie „Ein Herz für Kinder gibt", um gerade jenen die Chance zu geben, dass sich ihre Liebe entfalten kann, die wenig oder gar keine Liebe erfahren.

„Ein Herz für Kinder" – das haben eigentlich alle Menschen, abgesehen von ein paar unrühmlichen Ausnahmen. Das wollen wir uns ja auch nicht nachsagen lassen, dass wir für die Kleinsten der Kleinen kein Herz haben. So spenden z.B. ganz viele Leute gerne und durchaus auch reichlich für arme Kinder, für hungernde Kinder, für kranke Kinder.

Und dies über Grenzen hinweg. Es wird kein Unterschied gemacht, wo diese Kinder zuhause sind, ob nun in Kriegsgebieten wie in Syrien, ob in Palästina, wo es etwa überhaupt keine staatliche Fürsorge für behinderte Kinder gibt, sei es in Hungergebieten wie Äthiopien oder Eritrea oder sei es bei uns in Deutschland, wo z.B. SOS-Kinderdörfer Elternlosen ein familiäres Heim bieten.

Alles gut und schön und wichtig.

Aber ist Ihnen schon mal aufgefallen, dass unser Herz und unsere Liebe sich nach einer Altersbeschränkung richtet, weil unser „Herz für Kinder" eben nur für Kinder gilt und nicht für Erwachsene?

Ist Ihnen schon mal aufgefallen, dass es keine Aufkleber gibt mit „Ein Herz für Flüchtlinge", „Ein Herz für Arbeitslose", „Ein Herz für Migranten"?

Ist Ihnen schon mal aufgefallen, dass wir durchaus bereit sind für arme, kleine, süße „Negerlein" zu spenden, solange sie nicht vor unserer Haustür stehen?

Ist ihnen schon mal aufgefallen, dass wir entsetzt sind und gar voller Mitgefühl, wenn wir Bilder sehen, wie in islamischen Ländern Christen ausgepeitscht, verfolgt und getötet werden, aber unser Mitleid wie ein Kartenhaus in sich zusammenfällt, sobald sie sich unter Lebensgefahr bis in unser Land durchgekämpft haben, um hier mit dem Vorwurf konfrontiert zu werden, sie seien ja nur Wirtschaftsflüchtlinge.

Ist Ihnen schon mal aufgefallen, dass wir der Aussage „Man sieht nur mit dem Herzen gut" nickend zustimmen, zugleich aber unser Herz erblindet, wenn einige Gehirnamputierte ohne jegliche Kultur die Rettung der abendländischen Kultur fordern und uns einreden: „Man sieht nur mit der Angst gut"?

Ist Ihnen schon mal aufgefallen, dass wir letztlich nur die lieben, die wir eh mit unserem Herzen ansehen. Dass wir den unermesslichen Vorrat an Liebe, den wir darüber hinaus für unseren Lebensweg mitbekommen haben, verkümmern lassen?

Ich bin der tiefen Überzeugung, dass am Anfang aller Zeit und allen Seins die „Liebe" war. Die Liebe des Anfangs, die wir später Gott genannt haben. Diese Liebe hat alles ins Dasein gerufen. Vermischt mit der Dunkelheit des Anfangs steckt sie deshalb in allem, was es gibt, und so auch in uns. Ja Gott selbst wohnt mit seiner Liebe in uns. Deshalb ist er immer bei uns, deshalb kann er unsere Gebete zu jeder Zeit und an jedem Ort hören, deshalb besitzen wir die Fähigkeit zu lieben. Mehr und mehr glaube ich fest daran, dass darin der Sinn unseres Dasein, dass darin die Aufgabe unseres Lebens hier auf der Erde besteht: Die Schöpfung und alle Geschöpfe mit den Augen der Liebe, mit den Augen des Herzens zu betrachten.

Stellen Sie sich vor, alle Menschen würden sich gleichsam die „Brille der Liebe" aufsetzen, alle würden durch die Liebe sehen. Was würde passieren?

Wir würden entdecken, dass die gleiche Liebe, die in mir wohnt, auch in jedem anderen Menschen steckt.

Wir müssten nicht nach Geboten und Regeln fragen, denn die Liebe würde uns sagen, was gut und richtig ist.

Wir würden erkennen, dass jeder Mensch aus der Liebe des Anfangs entstanden ist und wir – bei allen Unterschieden – zu der einen, großen Liebes-Familie gehören.

Wir würden bemerken, dass es zwar weiterhin Leute gibt, die wir nicht so gerne mögen, die uns vielleicht unsympathisch sind, die uns ärgern, aber wir könnten ihnen dennoch mit Respekt und Achtung begegnen.

Wir würden entdecken, dass ein Leben ohne Gewalt möglich ist und könnten das Dogma vom „Recht des Stärkeren" ad absurdum führen.

Wir würden die Erfahrung machen, dass Hilfsbereitschaft, Mitleid und Anteilnahme nicht Ausdruck der Schwäche oder Dummheit sind, sondern selbstverständlicher Ausdruck der Liebe, die uns wohnt.

Und wir könnten uns von der Erkenntnis überraschen lassen, dass man wirklich nur mit dem Herzen und damit wirklich nur mit der Liebe gut sieht.

Wunschdenken, Traum, Utopie? Natürlich!
Und doch!

Und doch: „Wenn viele kleine Leute an vielen kleinen Orten dieser Welt, gemeine die ersten kleinen Schritte tun – dann kann dies die Welt verändern."

Es fragt sich nur, ob wir das wollen.

Es fragt sich, ob wir den ersten kleinen Schritt gehen wollen.

Es fragt sich, ob wir uns nur allein mit einem „Herz für Kinder" begnügen wollen.

Es fragt sich, ob wir Brillenträger der Liebe und des Herzens sein wollen.

Für mich ist die Antwort klar.

*Sie* sollten für sich selbst eine Antwort finden.

# Segen

Gott segne uns und schenke uns Zeit, um zu arbeiten;
es ist der Preis des Erfolges.

Gott segne uns und schenke uns Zeit, um nachzudenken;
es ist die Quelle der Kraft.

Gott segne uns und schenke uns Zeit, um zu spielen;
es ist das Geheimnis der Jugend.

Gott segne uns und schenke uns Zeit, um zu lachen;
es ist die Musik der Seele.

Gott segne uns und schenke uns Zeit, um zu lesen;
es ist die Grundlage des Wissens.

Gott segne uns und schenke uns Zeit, um freundlich zu sein;
es ist das Tor zum Glücklichsein.

Gott segne uns und schenke uns Zeit, um zu lieben;
es ist die wahre Lebensfreude.

So segne uns
Gott der Vater und der Sohn und der Heilige Geist.

# Stichwortverzeichnis

# Bibelstellen

## Gesangbuchlieder (EG)

| 1 | Macht hoch die Tür | 21, 23, |
|-----|------------------------|---------|
| 115 | Jesus lebt, mit ihm auch ich | 67, |
| 317 | Lobe den Herren | 192, |
| 352 | Alles ist an Gottes Segen | 246, |
| 361 | Befiehl du deine Wege | 59, |
| 518 | Mitten wir im Leben sind | 34 |

## Abkürzungen

| Am. | Amos (Prophet) |
|------|----------------|
| Apg. | Apostelgeschichte |
| Eph. | Epheserbrief |
| Hebr. | Hebräerbrief |
| Hes. | Hesekiel (Ezechiel) |
| Jer. | Jeremia (Prophet) |
| Jes. | Jesaja (Prophet) |
| Joh. | Johannesevangelium |
| Kön. | Bücher der Könige |
| Kol. | Kolosserbrief |
| Kor. | Korintherbriefe |
| Lk. | Lukasevangelium |
| Mt. | Matthäusevangelium |
| Mk. | Markusevangelium |
| Offb. | Offenbarung des Johannes |
| Phil. | Philipperbrief |
| Pred. | Prediger Salomo |
| Ps. | Psalmen (Psalter) |
| Röm. | Römerbrief |
| Sir. | Jesus Sirach |
| Spr. | Sprüche Salomos |

# Quellen

BAYER, Thomas: „Am Anfang war die Liebe"; Paramon 2016

BEDFORD-STROHM, Heinrich und Jonas:
       „Wer's glaubt, wird selig"; Kreuz Verlag 2013

BIBEL, Die: Revidierte Lutherbibel mit Apokryphen 2017

BONHOEFFER, Dietrich: „Widerstand und Ergebung,
       DBW Band 8, Seite 30f;

BREITENBACH, Roland: „Es wird Friede sein",
       in: Weihnachtsheft Evangelisches Hilfswerk 1994

EVANGELISCHES GESANGBUCH (EG),
       Ausgabe für die Evangelisch-Lutherischen
       Kirchen in Bayern und Thüringen, 1994

HOFFNUNG FÜR ALLE, Die Bibel 2006

MIETHE, Mirjam und DÍAS, Daylin Santos (Hrsg.):
       „Hab ich mir's doch gleich gedacht!" Neues Buch 2017

KÜSTENMACHER, Werner Tiki und Marion:
       „100 Gründe, warum es sich lohnt zu leben",
       Pattloch 2003, Seite 26ff;

SCHWEDE, Alfred Otto: „Järv-Lauri"; Quelle unbekannt

# Nachwort

In fast 40 Jahren Berufsleben als Pfarrer entdeckt man immer wieder Segensgebete, Geschichten oder andere Texte, die irgendwann einmal dann in Predigten, Ansprachen oder Andachten mit eingeflossen sind.

Neben den oben genannten Quellen, trifft dies sicherlich auch bei dem ein oder anderen Beitrag in diesem Buch zu. Da mir bei einigen Autorenschaft und Herkunft nicht mehr bekannt sind und ich auch über Suchmaschinen im Internet die Urheberschaft nicht ausfindig machen konnte, kann ich mich nur auf diesem Wege bei allen bedanken, die mich mit ihren Gedanken inspiriert haben und hoffe auf ihre Zustimmung, ihr „geistiges Eigentum" mit zu verbreiten.

Bedanken möchte ich mich an dieser Stelle auch bei all den vielen Menschen, die mich gerade in den letzten Jahren begleitet haben und denen ich begegnen durfte. Häufig stellte sich erst mit zeitlichem Abstand heraus, welche Impulse sie für mein eigenes Nach- und Weiterdenken gesetzt haben, sei es, dass ich an ihren Fragen und Antworten teilnehmen konnte, oder sei es, dass sie mir mit Trost, Rat oder konstruktiver Kritik zur Seite standen.

Ihnen allen und die mich auf irgendeine Art und Weise inspiriert haben, danke ich und wünsche ihnen besonders: Alles Liebe!

Zeitfracht Medien GmbH
Ferdinand-Jühlke-Straße 7
99095 Erfurt, Deutschland
produktsicherheit@kolibri360.de